Scott Adams

Das Dilbert Prinzip

Scott Adams

Das Dilbert Prinzip

Die endgültige Wahrheit über Chefs, Konferenzen,
Manager und andere Martyrien

Aus dem Amerikanischen übersetzt von
Markus Schurr und Wolfram Ströhle

REDLINE WIRTSCHAFT
bei verlag moderne industrie

Bibliografische Information Der Deutschen Bibliothek
Die Deutsche Bibliothek verzeichnet diese Publikation in der Deutschen
Nationalbibliografie; detaillierte bibliografische Daten sind im Internet
über http://dnb.ddb.de abrufbar.

Deutsche Taschenbuchausgabe 2003 REDLINE WIRTSCHAFT bei verlag
moderne industrie, 80992 München
http://www.redline-wirtschaft.de

Deutsche Ausgabe 1997 verlag moderne industrie, 86899 Landsberg

Lizenziert durch Copyright Promotions GmbH, Ismaning

Aus dem Amerikanischen übersetzt von Markus Schurr und
Wolfram Ströhle.

Umschlaggestaltung: Lisa Beth Cohen
Satz: abc.Mediaservice GmbH, Buchloe
Druck und Bindearbeiten: Himmer, Augsburg
Printed in Germany 81300/020301
ISBN 3-478-81300-X

Inhaltsverzeichnis

Für Pam

Vorwort

Glänzende Aussichten

Heutzutage kann offenbar jeder Idiot mit einem Laptop ein Wirtschaftsbuch zusammenschreiben und damit Kohle machen. Darauf hoffe ich natürlich auch. Es wäre wirklich eine herbe Enttäuschung, wenn sich der Trend änderte, bevor dieses Meisterwerk in Druck geht.

Wie einige von Ihnen vielleicht wissen, zeichne ich hauptberuflich Cartoons. Es ist für einen Cartoonisten eine Herausforderung, ein ganzes Buch zu schreiben. Cartoonisten sind darin geübt, sich kurz und bündig auszudrücken. Alles, was ich in meinem Leben gelernt habe, läßt sich erschöpfend in einem Dutzend Punkte zusammenfassen, von denen ich einige schon wieder vergessen habe.

Sie wären sicher einigermaßen verwirrt, wenn Sie sich eine dicke Schwarte kauften, die nur zwölf Sätze enthält, besonders wenn einige davon auch noch „Lückenfüller" sind. Deshalb gedenke ich mich aus Gründen der „Qualitätssicherung" oft zu wiederholen, damit ein paar Seiten mehr herausspringen. Absatzpolitisch formuliert heißt das Werterhöhung. Und für Ihr Lesevergnügen werde ich viele farbige, aber unnötige Metaphern einstreuen. Genaugenommen sind die Metaphern in diesem Buch überflüssiger als ein Floh im Hemd.[*]

---

[*] Ich kann nicht versprechen, daß der Rest genausogut wird.

Einleitung

Warum geht es in der Arbeitswelt so absurd zu?

Die meisten Themen meines Comic strips „Dilbert" haben mit Situationen am Arbeitsplatz zu tun. Ich greife immer wieder bizarre und phantastische Elemente auf wie sadistische sprechende Tiere, koboldähnliche Buchhalter und Angestellte, die sich in Spüllappen verwandeln, nachdem man die Lebenskraft aus ihnen herausgewrungen hat. Und doch höre ich am häufigsten diesen Kommentar:

„Das ist ja genau wie in meiner Firma."

Egal wie absurd ich den Comic strip gestalte, die Erfahrungen, die die Leute am Arbeitsplatz machen, holen mich immer wieder ein. Hier ein paar Beispiele aus der sogenannten Wirklichkeit:

- Ein führendes Technologie-Unternehmen kündigt gleichzeitig zwei neue Programme an: erstens ein Arzneimittel-Testprogramm an einer willkürlichen Auswahl von Probanden, zweitens ein Programm zur „Steigerung der Würde des einzelnen".
- Eine Firma kauft Laptops für den Einsatz auf Dienstreisen. Aus Furcht vor Diebstahl präsentieren die Manager eine geistreiche Lösung: Die Laptops sollen dauerhaft auf den Schreibtischen der Angestellten installiert werden.
- Eine Speditionsfirma organisiert sich neu, um Aufgaben und Ziele genauer abzustecken. Das Management entscheidet, die Änderungen bekanntzugeben, indem sie jede Abteilung anweist, Festwagen für eine „Qualitäts-Parade" zu bauen.
- Ein Manager einer Telekommunikationsfirma will den „Team"-Geist seiner Abteilung stärken. Er hält eine Sitzung ab, um dem versammelten „Team" mitzuteilen, er werde von nun an immer einen Baseball-Schläger mit sich führen und jedes Teammitglied solle während der Arbeit einen Baseball dabeihaben. Einige Teammitglieder hängen sich den Baseball um den Hals, damit sie ihn nicht zu tragen brauchen. Andere stellen sich in Gedanken vor, wie sie dem Manager den Schläger abnehmen und diesen an ihm ausprobieren.

- Eine Firma beschließt, statt Gehaltserhöhungen Prämien zu vergeben, wenn fünf von sieben Unternehmenszielen erreicht würden. Am Jahresende werden die Arbeitnehmer informiert, sie hätten lediglich vier von sieben Zielen erreicht – daher keine Prämien. Eins der Ziele, das sie verfehlt hätten, sei die „Arbeitsmoral der Angestellten".

Tausende von Menschen haben mir Geschichten von ihren Arbeitsplätzen erzählt (meistens durch E-Mail), die sogar noch absurder sind als die obigen Beispiele. Als ich diese Geschichten zum ersten Mal hörte, wunderte ich mich nur. Nach sorgfältiger Analyse habe ich jedoch eine komplexe Theorie entwickelt, um die Existenz solcher bizarrer Verhaltensweisen zu erklären: Menschen sind Idioten.

Einschließlich meiner Wenigkeit. Jeder ist ein Idiot, nicht nur Menschen mit schlechten Zensuren im Abiturzeugnis. Der einzige Unterschied ist, daß wir in verschiedenen Dingen und zu verschiedenen Zeiten Idioten sind. Egal wie klug einer ist, er verbringt einen Großteil des Tages damit, ein Idiot zu sein. Das ist die zentrale Prämisse dieses hochgelehrten Werkes.

Die obligatorische Selbsterniedrigung

Ich reihe mich stolz in die Kategorie der Idioten ein. Für die meisten Menschen der Neuzeit ist Dummheit keineswegs ein allumfassender, vierundzwanzigstündiger Zustand. Sie ist ein Zustand, in den jeder viele Male am Tag hineinschlittert. Das Leben ist einfach zu kompliziert, als daß man immer die richtige Antwort parat haben könnte.

Kürzlich brachte ich meinen Piepser zur Reparatur, weil er, nachdem ich die Batterien ausgewechselt hatte, nicht mehr funktionierte. Der Reparateur nahm ihn mir aus der Hand, klappte den Batteriedeckel auf, drehte die Batterie herum und gab ihn mir zurück, und das alles mit einer einzigen, wohlgeübten Handbewegung. Das nahm mir viel Freude an meiner berechtigten Empörung über die Qualität des Produktes. Der Reparateur dagegen schien ziemlich amüsiert. Wie übrigens auch die anderen Kunden in der Reparaturannahme.

An diesem Tag und in dieser Situation war ich ein vollkommener Idiot. Trotzdem schaffte ich es irgendwie, ein motorisiertes Fahrzeug zum Reparaturgeschäft und wieder zurück zu lenken. Es gehört zu den Wundern der menschlichen Natur, daß man viele Male am Tag in die Dummheit hineinschlittern kann, ohne die Veränderung zu bemerken oder dadurch unschuldige Zuschauer umzubringen.

Meine Qualifikationen

Jetzt, da ich zugegeben habe, daß ich nicht imstande bin, die Batterie meines Piepsers auszutauschen, fragen Sie sich vielleicht, wie ich überhaupt darauf komme, ich könnte qualifiziert sein, Autor eines solch bedeutenden Buches wie diesem zu sein. Sie werden von meiner Bildung und meinen umfassenden Erfahrungen wahrscheinlich beeindruckt sein.

1. Ich habe eine Firma davon überzeugt, daß sie dieses Buch veröffentlichen muß. Das scheint vielleicht nicht viel zu sein, aber es ist mehr als das, was Sie heute geleistet haben. Und es war nicht einfach. Ich mußte mit Leuten zu Mittag essen, die ich nicht einmal kannte.

2. Ich habe siebzehn Jahre in einer kleinen Zelle in einem Großraumbüro gearbeitet. Die meisten Wirtschaftsbücher werden von Beratern und Professoren geschrieben, die nicht viel Zeit in einer solchen Zelle zugebracht haben. Das ist, als berichte man aus erster Hand über eine Kannibalenmahlzeit, obwohl man nur gedörrtes Rindfleisch kennt. Ich für meinen Teil habe an dem einen oder anderen Knöchelchen genagt.

3. Ich bin gelernter Hypnotiseur. Vor Jahren habe ich Unterricht genommen, um zu lernen, wie man Menschen hypnotisiert. Dabei habe ich auch gelernt, daß Menschen geistlose, irrationale und leicht zu manipulierende Dummköpfe sind. (Ich glaube, ich habe für diese Erkenntnis 500 Dollar bezahlt.) Und das gilt nicht bloß für die sogenannten guten Untertanen – es gilt für alle. Es liegt an der Art, wie unsere Gehirne verdrahtet sind. Man faßt zuerst einen Entschluß und findet dann vernünftige Gründe dafür. Trotzdem sind wir aufgrund der seltsamen Kartographie unserer Wahrnehmung felsenfest davon überzeugt, daß unsere Entscheidungen auf Vernunft beruhen. Dies ist nicht der Fall.

Bedeutende Wissenschaftler haben in Untersuchungen[*] bewiesen, daß der für rationales Denken zuständige Bereich des Gehirns erst aktiv wird, nachdem man etwas getan hat. Diese Tatsache bestätigt sich in der Hypnose, wenn man bei einer Versuchsperson irgendeine vollkommen irrationale posthypnotische Beeinflussung verursacht und die Person später fragt, warum sie getan hat, was sie tat. Sie wird darauf bestehen, daß es zu dieser Zeit einen Sinn ergab, und sich dabei einer Logik bedienten, die noch unnatürlicher erscheint als Pavarotti in der Rolle des Leadsängers von den Toten Hosen.

Ein Hypnotiseur kommt schnell dahin, daß er der Verbindung zwischen dem Verstand einer Person und ihren Handlungen überhaupt nicht mehr traut. Der Hypnoseunterricht, den ich hatte, hat jedenfalls meine Weltsicht fundamental verändert.

4. Statistiken glaubt sowieso niemand. Das spart mir als Autor enorm viel Zeit und mögliche Schuldgefühle, die ich hätte, wenn ich Statistiken erfinden müßte. Jeder „normale" Mensch tendiert dazu, den Untersuchungen zu glauben, die seine augenblickliche Meinung bestätigen, und alles andere zu ignorieren. Deshalb ist jede Quellenangabe, die ich machen könnte, um meine Recherchen zu legitimieren, Verschwendung. Wenn wir uns darauf einigen können, daß es sinnlos ist, Sie mit solchen Verweisen in Ihrer Meinung erschüttern zu wollen, erspart uns das eine Menge Ärger.

Das heißt aber nicht, daß ich Statistiken ignorieren werde – ganz im Gegenteil. Ich werde in diesem Buch durchweg auf wissenschaftliche Untersuchungen ver-

---

[*] Sie waren bedeutende Wissenschaftler, aber nicht derart bedeutend, daß ich mich an ihre Namen erinnern würde, und auch nicht so bedeutend, daß es Sie interessieren würde. Ich bin mir aber sicher, daß es stimmt, weil ich es in einer Zeitschrift gelesen habe.

weisen, die aber natürlich alle erfunden sind. Meine Untersuchungen sind allerdings besser lesbar als solche wissenschaftlichen Arbeiten, und die Wirkung ist letztlich dieselbe.

Bei genauerem Nachdenken sind die meisten der Untersuchungen, denen man in den Medien begegnet, entweder völlig irreführend oder voreingenommen. Vorliegendes Buch unterscheidet sich davon nicht, außer daß ich Ihre Intelligenz nicht unterschätze. Wie könnte ich auch?

Die Rolle der Intelligenz im Arbeitsleben

Ich habe keine Ahnung, warum die Wirtschaft funktioniert, ich bin mir jedoch sicher, daß es nicht an der Genialität der Manager liegt. Meine Vermutung ist, daß die ganzen absurden Aktivitäten der Manager sich in der Summe irgendwie ausgleichen und dann prima Dinge dabei herauskommen, die man unbedingt kaufen muß, wie etwa Mehrzweckgemüseschneider oder Spaghetti-Eis. Addieren Sie dazu noch das Gesetz von Angebot und Nachfrage, und Sie haben so ziemlich die gesamte Wirtschaftstheorie beschrieben.

Neunzig Prozent aller Unternehmensgründungen scheitern. Offenbar hat man in zehn Prozent der Fälle Glück, und das reicht, um die moderne Wirtschaft in Gang zu halten. Ich wette, daß uns genau das von den Tieren unterscheidet. Tiere haben nur in neun Prozent der Fälle Glück. Das scheint leider zu stimmen: Ich spiele mit meinen Katzen Strip-Poker, und sie gewinnen dabei selten. Es ist schon soweit gekommen, daß sie beim Geräusch meines elektrischen Rasierers wie der Blitz um die Ecke zischen.

Die Welt ist so kompliziert geworden, daß wir uns alle mit Täuschungsmanövern durch den Arbeitstag mogeln, in der Hoffnung, nicht als die Idioten demaskiert werden, die wir in Wirklichkeit sind. Die Welt ist für mich ein einziges Irrenhaus, bevölkert von Menschen, die unablässig damit beschäftigt sind, die blödsinnigen Dinge, die sie tun, zu rationalisieren.

Unsere Dummheit tritt nicht nur im Arbeitsleben zutage, aber hier bemerken wir sie vielleicht am häufigsten. Im Privatleben tolerieren wir absonderliches Verhalten. Es scheint sogar normal zu sein. (Wenn Sie mir nicht glauben, sehen Sie sich 'mal Ihre Familie an.) Dagegen glauben wir, daß bei der Arbeit jeder von Logik und vernünftigem Denken geleitet werden sollte. Hier sticht jede Absurdität heraus wie eine tote Nonne im Schnee.[*]

Ich bin überzeugt, daß es am Arbeitsplatz nicht absurder zugeht als im täglichen Leben, nur fällt absurdes Verhalten hier mehr auf.

Ich finde es wahnsinnig komisch, daß wir uns immer ernst nehmen. Unsere eigene Blödheit erkennen wir nur schwer, die Blödheit anderer dafür um so besser. Diese Spannung bestimmt die Wirtschaft:

> Wir erwarten, daß andere rational handeln,
> auch wenn wir uns selbst irrational verhalten.

Es ist zwecklos, von Leuten, mit denen man zusammenarbeitet, oder überhaupt von irgend jemandem rationales Verhalten zu erwarten. Wer sich mit der Tatsache abfindet, von Idioten umgeben zu sein, wird feststellen, daß Widerstand sowieso nichts bringt. Man wird dann ganz locker und kann sich auf Kosten anderer köstlich amüsieren. Insofern kann dieses Buch sehr gesund sein.

---

[*] Falls eine tote Nonne Ihnen Angst macht, stellen Sie sich einfach vor, daß sie bloß schwer verwundet ist und wieder gesund wird.

Die Evolution der Idioten

Wissenschaftler glauben, die Menschen seien das grandiose Ergebnis einer Milliarden Jahre langen Evolution. Ich kann hier nicht die gesamte Evolutionstheorie erläutern, aber man kann sie auf folgende Weise zusammenfassen.

Die Evolutionstheorie (Zusammenfassung)

Zunächst gab es ein paar Amöben. Einige mutierte Amöben paßten sich besser der Umgebung an und wurden zu Affen. Dann kam das Total Quality Management.

Ich lasse einige Details aus, aber die Theorie hat selbst auch einige Lücken, nach denen man am besten nicht fragt.

Jedenfalls brauchten wir viele Jahre, um diese hohe Evolutionsstufe zu erreichen. Das gemächliche Entwicklungstempo war in Ordnung, weil es nicht viel zu tun gab, außer herumzusitzen und zu hoffen, nicht von Wildschweinen aufgefressen zu werden. Dann fiel jemand auf einen spitzen Stock, und der Speer war erfunden. Damit fing der ganze Ärger an.

Ich war nicht dabei, aber ich wette darauf, daß ein paar Menschen meinten, der Speer würde niemals die Fingernägel als bevorzugtes Kampfinstrument ersetzen. Diese Menschen beschimpften die Speerbenutzer wahrscheinlich mit „Kosenamen" wie „Moschusochse" oder „Höhlenhyäne". (Da es die Handelsmarine damals noch nicht gab, war man im Fluchen noch nicht besonders gut.)

„Vielfalt" war damals allerdings nicht angesagt, deshalb hat sich die „Sag-nein-zum-Speer"-Fraktion dann wahrscheinlich doch noch zur Speerspitze bekehrt.

Das Gute an einem Speer war, daß fast jeder kapierte, wie er funktionierte. Er hatte im wesentlichen ein Merkmal: das spitze Ende. Diesem Grad an Komplexität waren unsere Gehirne gewachsen, und nicht nur die Gehirne der Intellektuellen – auch der einfache Mann konnte mit einem Speer umgehen. Das Leben war gut, abgesehen von gelegentlichen Seuchen, einer allgemeinen Lebenserwartung von sieben Jahren…und dem sehnlichen Wunsch, das Leben möge schon nach dem vierten enden. Darüber, daß Speere zu kompliziert seien, beklagte sich eigentlich niemand.

Da kam plötzlich (evolutionär gesprochen) ein Mutant daher und erfand die Druckerpresse. Von da an ging es schnell bergab. Heute, nur einen Moment später, wechseln wir schon die Batterien unserer Laptops, während wir in glänzenden Objekten aus Metall, in denen alkoholfreie Getränke und Erdnüsse serviert werden, am Himmel herumflitzen.

Für die meisten unserer gegenwärtigen Probleme mache ich Sex und Papier verantwortlich, und zwar deshalb: Nur einer in einer Million ist intelligent genug, um eine Druckerpresse zu erfinden. Als die Gesellschaft nur aus einigen hundert affenähnlichen, in Höhlen lebenden Menschen bestand, waren die Chancen ziemlich gering, daß einer von ihnen ein Genie sein würde. Aber die Menschen hatten weiterhin Sex, und mit jedem Deppen, der zur Bevölkerung hinzukam, stiegen auch die Chancen eines überdurchschnittlich begabten Klugscheißers. Sobald aber mehrere Millionen Menschen auf der Erde herumrennen, die alle wohl oder übel[*] Sex haben, stehen die Chancen leidlich gut, daß sich eines Tages eine schwangere Affenmutti auf ein Feld hockt und die Ausnahme herauspreßt, die die Druckerpresse erfindet.

Als wir erst die Druckerpresse hatten, waren wir schon so ziemlich dem Untergang geweiht. Weil jetzt jedesmal, wenn ein neuer Klugscheißer eine gute Idee hatte, selbige aufgeschrieben und allen mitgeteilt wurde. Auf jeder guten Idee konnte man aufbauen. Die Zivilisation explodierte, die Technik war geboren, die Komplexität des Lebens steigerte sich geometrisch. Alles wurde größer und besser.

Außer unseren Gehirnen.

Die Technik, die uns umgibt, die Management-Theorien, die ökonomischen Modelle, die unser Verhalten voraussagen und leiten, die Wissenschaft, die uns hilft, achtzig zu werden – all das haben wir einem verschwindend kleinen Pro-

---

[*] Falls Sie noch nicht versucht haben, wohl oder übel Sex zu haben, sollten Sie das unbedingt nachholen.

zentsatz überdurchschnittlich intelligenter Menschen zu verdanken. Die anderen treten Wasser, so schnell sie können. Für sie ist die Welt zu komplex. Die Evolution blieb auf Ausnahmen beschränkt. Dank der Druckerpresse konnten überdurchschnittlich intelligente Menschen ihr Genie entfalten und vermitteln, ohne es genetisch weiterzugeben. In der Evolution gab es einen Kurzschluß. Wir bekamen noch vor der Intelligenz Wissen und Technologie.

Wir sind ein Planet von fast sechs Milliarden Dummköpfen und leben in einer Zivilisation, die von einigen tausend überraschend intelligenten Ausnahmen gestaltet wurde.

Ein wahres Beispiel

Kodak brachte eine Einwegkamera namens Weekender („Wochenendausflügler") heraus. Kunden fragten bei der Firma telefonisch an, ob man die Kamera auch unter der Woche benutzen könne.

Der Rest dieses Buchs baut auf meiner Theorie auf, daß wir alle Idioten sind. Sicher gibt es auch andere plausible Erklärungen dafür, warum die Arbeitswelt so absurd erscheint, aber mir fällt keine einzige ein. Falls doch, schreibe ich noch ein Buch für Sie. Ich verspreche Ihnen, daß ich nicht aufhören werde, nach einer Antwort zu suchen – bis Ihnen das Geld ausgeht.

1

Das Dilbert-Prinzip*

Ich thematisiere in meinem Cartoon „Dilbert", der in mehreren Zeitungen erscheint, oft den „bösen Chef". Das Material geht mir niemals aus. Ich bekomme jeden Tag mindestens 200 E-Mail-Mitteilungen, meistens von Leuten, die sich über ihre eigenen, unbedarften Manager beklagen. Nachfolgend ein paar meiner Lieblingsgeschichten, die angeblich alle wahr sind:

- Ein Vizepräsident besteht darauf, daß die neuen, batteriebetriebenen Produkte der Firma mit einer Kontrolleuchte ausgestattet werden, die leuchtet, wenn das Gerät abgeschaltet ist.

- Ein Arbeitnehmer schlägt vor, Prioritäten zu setzen, damit man im Unternehmen weiß, wie die begrenzten Mittel eingesetzt werden sollen. Die Antwort des Managers: „Warum können wir unsere Mittel nicht in allen Bereichen konzentrieren?"

- Ein Manager möchte Software-Programmierfehler schneller auffinden und beheben lassen. Er bietet dafür Anreize: 20 Dollar für jeden Fehler, den die Leute von der Qualitätssicherung finden, und 20 Dollar für jeden Fehler, den die Programmierer korrigieren (dieselben Programmierer, die die Fehler verursachen.) Ergebnis: Es entsteht sofort ein reger verdeckter Handel

---

* Dieser Artikel erschien ursprünglich am 22. Mai 1995 im Wall Street Journal. Die Reaktion darauf war gewaltig und führte zur Entstehung dieses Buches.

mit „Programmierfehlern". Der Plan wird nochmals überdacht, als ein Angestellter bereits in der ersten Woche 1700 Dollar einsteckt.

Geschichten wie diese veranlaßten mich, die erste jährliche Dilbert-Umfrage
durchzuführen, um herauszufinden, welche Management-Praktiken den Angestellten am meisten auf die Nerven gingen. Dabei wurden die üblichen Kandidaten genannt: Qualitätssicherung, Empowerment, Reengineering und
ähnliches. Den ersten Platz in dieser höchst unwissenschaftlichen Umfrage bekamen jedoch „Idioten, die ins Management befördert werden".

Dies schien wie ein subtiler Wandel des alten Konzeptes, aufgrund dessen fähi-
ge Arbeiter befördert wurden, bis sie ein Niveau erreicht hatten, auf dem sie
nicht mehr kompetent waren – am besten beschrieben durch das „Peter-Prinzip". Heute werden unfähige Arbeiter offenbar gleich ins Management befördert, ohne jemals das vorangehende Stadium der Kompetenz durchlaufen zu
haben.

Als ich 1979 zu arbeiten begann, beschrieb das Peter-Prinzip das Management
ganz gut. Heute denke ich, daß wir alle gern zu jenen glorreichen Jahren zu-
rückkehren würden, als man einen Chef hatte, der einmal zu etwas getaugt hatte.

Ich werde ganz nostalgisch, wenn ich daran denke. Damals hofften wir alle, auf
ein Niveau jenseits unserer Fähigkeiten befördert zu werden. Jeder Arbeiter
bekam irgendwann einmal die Chance, die Firma persönlich in den Abgrund zu
steuern und zugleich großzügige Prämien und Aktienbezugsrechte einzustrei-
chen. Es war eine Zeit, als Inflation gleichbedeutend war mit der jährlichen Gehaltserhöhung für alle, eine Zeit, als wir offen zugaben, daß die Kunden keine
Rolle spielten. Es war eine Zeit der Freude.

Wir wußten es damals nicht zu würdigen, aber das vielfach unterschätzte Peter-Prinzip verschaffte uns stets einen Chef, der verstand, was wir für unseren Lebensunterhalt taten. Zugegeben, er traf durchweg die falschen Entscheidungen – schließlich hatte er keine Fachkenntnisse im Management. Aber zumindest waren es die sachkundigen Entscheidungen eines erfahrenen Veteranen aus dem Schützengraben.

Ein Beispiel

Chef: „Als ich Ihren Job hatte, konnte ich mit einem einzigen Schlag einen siebeneinhalb Zentimeter langen Stift durch eine Metallummantelung treiben. Wenn Sie nochmal zu spät kommen, mache ich dasselbe mit Ihrem Kopf."

Kleinliche Menschen fanden eine Menge Einwände gegen das Peter-Prinzip, aber im großen und ganzen funktionierte es. Vor kurzem hat das Peter-Prinzip jedoch dem „Dilbert-Prinzip" Platz gemacht. Das grundlegende Konzept des Dilbert-Prinzips ist, daß die unfähigsten Arbeiter systematisch dorthin versetzt werden, wo sie den geringsten Schaden anrichten können: ins Management.

Diese Strategie hat sich allerdings als nicht so erfolgreich herausgestellt, wie man annehmen könnte.

Vielleicht sollten wir von der Natur lernen. Dort wird der schwächste Elch von australischen Dingo-Hunden zur Strecke gebracht und getötet und sichert damit das Überleben des Stärkeren. Das ist ein hartes System – besonders für die Dingos, die den ganzen weiten Weg von Australien herfliegen müssen. Aber der Ablauf in der Natur ist der richtige, und dem wird wohl jeder zustimmen, außer den Dingos vielleicht und dem fraglichen Elch…und den Flugbegleitern. Doch der springende Punkt ist, daß wir alle besser dran wären, wenn die unfähigsten Manager, statt neue Strategien auszutüfteln, von Dingos aufgefressen würden.

Offenbar haben wir die Naturgesetze auf den Kopf gestellt. Wir befördern systematisch die Leute mit der geringsten Befähigung. Die branchenübliche Rationalisierung für die Beförderung von Idioten (das Dilbert-Prinzip auf den Punkt gebracht) lautet in etwa so: „Er kann zwar weder programmieren noch ein Netzwerk entwerfen, und als Verkäufer ist er eine Null. Aber er hat wirklich schöne Haare…"

Wenn die Natur anfinge, sich wie moderne Unternehmen zu organisieren, könnte man beispielsweise erleben, daß eine Gruppe Berggorillas ein „Alpha"-Eichhörnchen als Leittier hat. Und es wäre nicht das geschickteste Eichhörnchen, sondern das Eichhörnchen, mit dem niemand zu tun haben will.

Ich sehe vor mir, wie die anderen Eichhörnchen um einen alten Baumstumpf versammelt Zeug daherreden wie: „Wenn ich ihn noch einmal 'Ich mag Nüsse' sagen höre, bringe ich ihn um." Wenn die Gorillas das hören, hangeln sie sich von ihren Bäumen herunter und befördern das unbeliebte Eichhörnchen. Die anderen Eichhörnchen werden zur Strafe Quality-Teams zugeteilt.

Der Leser fragt sich jetzt vielleicht, ob die Beschreibung des Managers nach dem Dilbert-Prinzip auf ihn paßt. Hier ein kleiner Test:

1. Glauben Sie, daß alles, was Sie nicht verstehen, deshalb einfach zu tun ist?

2. Haben Sie das Bedürfnis, haarklein zu erklären, warum „Gewinn" die Differenz zwischen Einnahmen und Ausgaben ist?

3. Finden Sie, daß Arbeitnehmer Beerdigungen immer auf den Urlaub legen sollten?

4. Sind die folgenden Worte eine Form der Verständigung oder dummes Geschwätz:
   Die Führungsgruppe für Dienstleistungen im gewerblichen Bereich wird die Organisation erweitern, um auf dem Weg zu einem Market-Facing-Organization-Modell (MFO) fortzufahren. Zu diesem Zweck konsolidieren wir das Ziel-Management für Dienstleistungen im gewerblichen Bereich in einem abteilungsübergreifenden Team.

5. Wenn Leute Sie ungläubig anstarren, wiederholen Sie dann, was Sie eben gesagt haben, lauter und langsamer?

Geben Sie sich nun einen Punkt für jede Frage, die Sie mit „Ja" beantwortet haben. Glückwunsch, wenn Ihr Ergebnis größer als Null ist – Sie können zukünftig mit Aktienoptionen rechnen.

(Die Formulierung von Frage vier stammt aus einem wirklichen Firmenmemorandum.)

Das Dilbert-Prinzip im Bild

WUSSTEN SIE, DASS 20 % ALLER MIKRO-FLEEME SUBRADIANT SIND?

AH-OH. DER BOSS HAT EINE OBSKURE TECHNISCHE SACHE KAPIERT.

DAS WIRD SCHMERZHAFT WERDEN.

DENKEN SIE DOCH NUR, WAS DAS BEDEUTET. ES BEDEUTET, DASS 80% DER MIKROFLEEME NICHT SUBRADIANT SIND.

VIELLEICHT KANN ICH MICH UNTER DEM TISCH VERSTECKEN, BIS DIESE ANGEBEREI VORÜBER IST.

FINDEN SIE DAS NICHT AUCH FASZINIEREND? MIT ALLEN FOLGEN...

OKAY, OKAY. ICH ERKENNE IHRE UNGLAUBLICHE AUFFASSUNGSGABE TECHNISCHER FRAGEN AN.

JETZT MÖCHTE ICH FAST WISSEN, WAS EIN MIKROFLEEM IST.

HELFEN SIE MIR BITTE, DEN PC IN MEINEM BÜRO AUFZURÜSTEN.

DER PC IN IHREM BÜRO IST EINE PAPP-ATTRAPPE, DIE MIT IHREM SCHREIBTISCH GELIEFERT WURDE.

DANN BRAUCHE ICH ALSO EINE NEUE PLATINE, RICHTIG.

NEIN, SIE BRAUCHEN EINEN NEUEN SCHREIB-TISCH.

ICH MUSS EINEN VON IHNEN ZUM BEZIRKSMANAGER BEFÖRDERN.

DILBERT, AUF IHR TECHNISCHES WISSEN KANN ICH NICHT VER-ZICHTEN.

DASSELBE GILT FÜR ALICE. SIE BEIDE KANN ICH NICHT BEFÖRDERN.

DIE EINZIGE LOGISCHE WAHL IST AL, WEIL ER NICHTS WICHTIGES WEISS.

ALS?! EIN DIREKTOR?!! DER WEISS NICHT EINMAL, WELCHER WOCHENTAG ES IST!!

DIE SIND NUR SCHLECHT GE-LAUNT, WEIL MONTAG IST.

ES IST DON-NERS-TAG.

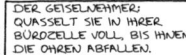

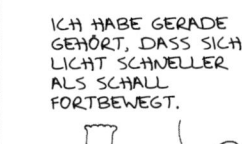

2

Demütigung

Die Arbeitnehmermoral ist eine heikle Sache. Glückliche Arbeitnehmer arbeiten härter, ohne eine zusätzliche Bezahlung zu verlangen. Werden sie aber zu glücklich, kommen die Endorphine ins Spiel, die Egos wachsen, und alle beginnen darüber zu jammern, daß sie bei ihrem gegenwärtigen Gehalt nach der Pensionierung in einem Müllcontainer leben müßten.

Die der Produktivität der Arbeitnehmer zuträglichste Gemütsverfassung kann man so beschreiben: glücklich, aber mit geringer Selbstachtung.

Mit folgendem Test können Sie überprüfen, wie glücklich Sie als Arbeitnehmer sind. Sollten Sie lauthals über einen der hier wiedergegebenen „Bürowitze" lachen, sind Sie im genau richtigen Ausmaß glücklich, um produktiv zu sein.

Der Glücks- und Produktivitätstest

Es folgen verschiedene witzige Bemerkungen, denen Sie täglich im Büro begegnen. Wieviele davon finden Sie unwiderstehlich lustig?

1. „Lieber verduften als schwer schuften."
2. „Nickt es sich mit leerem Kopf leichter?"

3. „Sie sehen heute ganz anders aus!" (an jemanden gerichtet, der an einem anderen Schreibtisch sitzt)
4. „Unser Büro ist eine Oase, denn hier arbeiten nur Kamele."
5. „Nicht schlecht für einen Mittwoch!"

Sollten Sie über irgendeine dieser fünf Bemerkungen gelacht haben, besitzen Sie genau jene Art von Frohsinn, die der Produktivität so überaus zuträglich ist. Wenn Sie jedoch während des Tests plötzlich das Bild eines Kollegen vor Augen hatten, den sie gerne mit einem Telefonhörer verprügeln möchten, dann haben Sie womöglich zuviel Selbstachtung, um produktiv zu sein.

Die Lösung: Demütigung

Im Lauf der Jahre haben Unternehmen ein weites Spektrum an Techniken entwickelt, die die Selbstachtung der Arbeitnehmer in die „produktive Zone" zurückführt, ohne dabei das Glück der Mitarbeiter zu opfern. Dieses Kapitel behandelt die wichtigsten Techniken der Demütigung.

• Bürozellen
• Zimmerroulette
• Mobiliar
• Firmenkleidung
• Motivationsprogramme für Arbeitnehmer
• Geringschätzung der Mitarbeit der Angestellten
• Mitarbeiter warten lassen

Bürozellen

Die Zellen eines Großraumbüros – auch „Arbeitsräume" oder „Kabinen" genannt – sind eine ständige Erinnerung an den geringen Wert des Arbeitnehmers für die Firma. Mir ist noch nie die Broschüre eines Herstellers solcher Zellen unter die Augen gekommen, aber ich vermute, sie würde in etwa so aussehen:

Die Kabinenserie 6000^{TM}

Die Kabine K-6000^{TM} markiert einen Lebensstil. Sie ist nicht nur eine große Schachtel, in der Sie Ihren Mist aufbewahren können!!

Vorbild unserer K-6000^{TM} war die Natur. Jede Zelle vereint in sich die unverkennbare Atmosphäre der vier inspirierendsten Orte der Welt:

Stall für Mastkälber
Stellen Sie sich die Geborgenheit vor, die die glücklichen jungen Kühe empfinden. Sie machen es sich in ihren individuellen Wohneinheiten gemütlich und sorgen sich um nichts in der Welt. Die tröstliche Botschaft lautet: „Genießen Sie das Heute!"

Die Pappschachtel
Architektonisch handelt es sich um dieselbe Konstruktion, die seit Jahrhunderten den Besitz erfolgreicher Menschen transportiert!

Der Babylaufstall
Eine Erinnerung an die Ausgelassenheit der Jugend und das aufregende Gefühl, von seltsamen Menschen gefangengehalten zu werden, die dummes Geschwätz von sich geben und Sie aus Gründen bestrafen, die Sie nicht verstehen!

Die Gefängniszelle
Wir haben die unbeschwerte Gemütsverfassung eines zu zwanzig Jahren verurteilten Häftlings „eingefangen". Erfahren Sie die Geborgenheit, die bisher nur im Strafvollzug möglich war!

Und beachten Sie die Ausstattungsmerkmale!!
- Nach oben offen, so daß Ihnen der Krach der Umgebung nicht entgeht!
- Kleine Abmessungen, so daß Sie die Gerüche Ihrer Mitarbeiter genießen können.
- Keine ärgerlichen Fenster.
- Erhältlich in den Farben Schlachtschiffgrau oder Fäkalienbraun.
- Voll beweglich – entdecken Sie das prickelnde Gefühl häufigen Hin- und Hergeschobenwerdens im Büro.
- Kleiderbügel (nur in der Serie Admiral).

HIER IST IHR NEUER ARBEITSRAUM: DER „CUBORG 2000".

ES IST EIN AUTARKER ARBEITSRAUM MIT LIFE-SUPPORT-SYSTEM!

DIESE SCHLÄUCHE WERDEN AN DIVERSEN KÖRPERTEILEN BEFESTIGT, SO DASS SIE NIE RAUS-MÜSSEN.

„DIVERSE KÖRPERTEILE"?

DAZU NUR EINE BE-MERKUNG: BRINGEN SIE DIESE ZWEI SCHLÄUCHE BESSER NICHT DURCHEIN-ANDER.

WIR ÜBERWACHEN IHRE KÖRPERFUNKTIONEN VON EINER ZENTRALE AUS.

DAS KRANKEN-ZIMMER DER FIRMA?

NEIN, DIE ABTEILUNG FÜR MENSCHLICHE RESSOUR-CEN, FÜR DEN FALL, DASS WIR EINEN ERSATZ FINDEN MÜSSEN.

KANN MAN DAS AUF-RÜSTEN?

JA, DER CUBORG 3000 HAT VORAUSSICHT-LICH LUFT-LÖCHER.

WEGEN PERSONAL-ABBAUS STEHEN BEI UNS VIELE BÜROS LEER.

ICH HABE DIE BAUFIRMA DOGBERT ENGAGIERT, UM EINEN TEIL DAVON IN GEFÄNGNISZELLEN UMZUWANDELN, DIE WIR AN DEN STAAT VERMIETEN KÖNNEN.

KLINGT NACH EINER HEIDEN-ARBEIT.

ACH WAS. EIN WENIG FARBE UND EIN NEUER TEPPICH, DAS IST ALLES.

ES IST NICHT GE-RECHT, WENN STRAF-GEFANGENE IN UNSERE LEEREN BÜROS KOM-MEN.

SIEH DAS NICHT SO ENG. DIESE LEUTE HABEN EINEN KLEINEN FEHLER GEMACHT. ANSONSTEN SIND SIE WIE ANGESTELLTE.

ABER DA GIBT ES EIN PAAR UNTERSCHIEDE.

JA, IHRE ÄRZTLICHE VERSORGUNG IST BESSER

30

Zimmerroulette

Der einzige Nachteil eines in Zellen aufgeteilten Großraumbüros ist, daß einige Angestellte anfangen, sich in ihren vier Wänden zu Hause zu fühlen. Schon bald kommt dazu der Stolz des Immobilienbesitzers, dann die Selbstachtung und dann puff! – Produktivität, auf Wiedersehen!

Dank des neuen Konzepts des „Zimmerroulettes" kann dieses Risiko allerdings ausgeschaltet werden. Beim Zimmerroulette werden die Zellen den Angestellten täglich neu in der Reihenfolge ihres Erscheinens zugeteilt. Niemand bekommt einen ständigen Arbeitsraum, es können sich daher auch keine kontraproduktiven Behaglichkeitsgefühle entwickeln.

Ein anderer Vorteil: Das Zimmerroulette beseitigt jeden physischen Hinweis auf die Verbindung des Angestellten mit dem Unternehmen. Eine Verringerung des Personalbestandes ist kein Drama mehr; der Angestellte braucht nicht einmal einen Schreibtisch leerzuräumen. Beim Zimmerroulette hat jeder Arbeitnehmer zu jeder Zeit „einen Fuß vor der Tür".

Das Zimmerroulette vermittelt dem Arbeitnehmer eine wichtige Erkenntnis: „Ihre Anstellung ist nur vorübergehend. Lassen Sie die Fotos Ihrer Familie im Kofferraum Ihres Wagens, damit wir sie nicht ansehen müssen."

Mobiliar

Sie sind nur so wichtig wie Ihre Möbel, wenn Sie wirklich wichtig sind. Meist sind Sie sehr viel weniger wichtig als Ihre Möbel. Überlegen Sie! Sie können gefeuert werden, aber Ihre Möbel bleiben zurück und leisten der Firma, die Sie nicht mehr braucht, weiterhin wertvolle Dienste.

Es überrascht nicht, daß die Leute so viel von sich selbst in ihre Büromöbel stecken. Ihre Möbel strahlen, abhängig von Ihrer Stellung im Unternehmen, eine von zwei möglichen Botschaften aus:

„Ignorieren Sie das wertlose Objekt, das auf diesem Stuhl sitzt."

Oder ...

„*Beten Sie mich an!!* Knien Sie nieder vor diesem Schrein aus Mahagoni!"

Hat man die Wahl, möchte man natürlich Möbel, die die zweite Botschaft ausstrahlen. Leider gibt es das nur für Angehörige des höheren Managements. Statistisch gesehen gehört der Leser dieses Abschnittes sehr wahrscheinlich nicht dazu. Deshalb gehe ich darauf nicht weiter ein.

Wenn Sie nicht zum höheren Management gehören, haben Sie vielleicht das Glück, ein großes, abgenutztes Brett von der Länge Ihrer Kabine zu haben, so daß das Telefon Ihnen nicht in den Schoß fällt. Nennen wir dieses Brett der Einfachheit halber „Schreibtisch". Dieser schreibtischähnliche Aufbau ist die perfekte Ergänzung zu dem winzigen Stuhl, der für 70 Stunden die Woche Ihr Zuhause sein wird.

Wenn Sie Sekretärin oder Sekretär sind, hat Ihr Stuhl wahrscheinlich keine Armlehnen. Das ist in Ordnung, denn Sie wurden nicht eingestellt, um Ihre Arme ausruhen zu lassen. Sie sollten fleißig nach Möglichkeiten suchen, wie Sie Begegnungen der Belegschaft mit dem Chef verhindern können. Das ist es, wofür Sie bezahlt werden, verdammt nochmal.

Wenn Sie dagegen nicht im Sekretariat sitzen, kommen Sie vielleicht in den Genuß von Armlehnen. Diese Armlehnen sind für das Gleichgewicht unerläßlich, falls Sie vorhaben, in Ihrer Zelle ein Nickerchen zu machen. Während meiner Tätigkeit bei Pacific Bell verbrachte ich dank der Armlehnen viele segensreiche Stunden im Tiefschlaf in meiner Zelle. Ich stellte meinen Computer immer so, daß mein Rücken dem Gang zugewandt war, wenn ich auf den Bildschirm sah.

Wenn ich dann ein Dokument öffnete, die Arme auf den Armlehnen ablegte, die Augen schloß und ins Märchenland abtrieb, sah ich die ganze Zeit über aus wie ein beschäftigter Arbeitnehmer. Manchmal klingelte das Telefon, aber ich lernte, es auszublenden. (Das Gehirn ist eine ganz erstaunliche Sache!)

Obwohl ich immer so gut ausgeruht und manchmal richtig dußlig vor Glück war, reichte meine Selbstachtung bei Pacific Bell niemals für forscheres Auftreten aus. Mein Mobiliar tat seinen Dienst, indem es mich auf der genau richtigen Demutsstufe festhielt, auf der ich meine fieberhafte Produktivität entfalten konnte.

E-Mail aus den Schützengräben des Büros

Wie man an diesen Beispielen sieht, ist es vor allem wichtig, daß die Arbeitnehmer immer wissen, welcher Platz ihnen zusteht, verglichen damit ist Geld unwichtig.

Von: (Name dem Autor bekannt)
An: scottadams@aol.com

Scott,

jetzt, nach unserem Reengineering, haben wir weniger Manager als Fenster! Schwieriges Problem, aber wir haben eine Lösung. Wir haben vor den Fenstern anderthalb Meter hohe Stellwände aufgebaut, so daß auch Nicht-Manager dort sitzen können, ohne die Hackordnung zu untergraben.

Von: (Name dem Autor bekannt)
An: scottadams@aol.com

Scott,

ich dachte, das würde Ihnen Spaß machen:

Ein Bekannter von mir arbeitet bei einer Regierungsbehörde – dort wurden kürzlich Umbesetzungen in der technischen Abteilung vorgenommen, und ein ganz unwichtiger Typ, der auch nicht zur Leitung gehört, kam in einen Eckraum des Arbeitsbereiches. Da man dort vor einem Jahr zur Unterbringung eines Managers Wände hochgezogen hat, engagiert man jetzt tatsächlich ein Bauunternehmen, um diese Wände für den unwichtigen Nicht-Manager wieder zu entfernen!

Von: (Name dem Autor bekannt)
An: scottadams@aol.com

Scott,

vor kurzem ist unser Büro ein paar Hausnummern weitergezogen. Etwa um dieselbe Zeit hatte ich das Glück, befördert zu werden.

Wie in allen großen Firmen ist die Zuweisung eines Büros und der entsprechenden Bürofläche mit der Rangstufe verbunden (Rang X bekommt zum Beispiel eine knapp sechs Quadratmeter große Zelle, Rang Y ein neun Quadratmeter großes Büro). Aufgrund meines Ranges nach einigen fleißigen Jahren im Dienst der Firma stand mir ein Büro zu.

Schön und gut, doch ließ meine Rangstufe keine schönen Büromöbel aus Holz zu. Dazu muß ich noch viele Stufen hinaufsteigen. Die Immobilienabteilung meines Unternehmens installierte also, bemüht, die Zellen des Vorgängerbüros wiederzuverwenden, eine solche Zelle innerhalb meines Büros. Stellen Sie sich vor, wie lächerlich das aussieht.

Na ja, das Lustige daran ist, daß das Büro, in dem ich sitze, ein Fenster hat. Es ist jetzt jedoch vollständig von der Zellenwand verdeckt.

MEIN STUHL IST KA-
PUTT UND IM LAGER
GIBT ES KEINE „INGE-
NIEUR-STÜHLE"
MEHR.

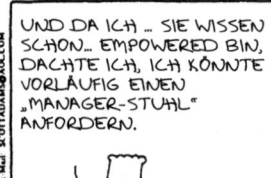

UND DA ICH ... SIE WISSEN
SCHON... EMPOWERED BIN,
DACHTE ICH, ICH KÖNNTE
VORLÄUFIG EINEN
„MANAGER-STUHL"
ANFORDERN.

ICH BIN
ZU WEIT
GEGANGEN,
NICHT
WAHR?

DAS
NÄCHSTE
MAL WOL-
LEN SIE
FÜR IHR
BÜRO EINE
TÜR MIT
FENSTER.

WENN DAS LAGER MEINEN
KAPUTTEN STUHL NICHT
ERSETZT, NEHME ICH MIR
EINFACH EINEN VON
JEMAND ANDEREN.

DAS IST TECHNISCH
GESEHEN KEIN DIEBSTAHL,
WEIL DER STUHL OHNEHIN
DER FIRMA GEHÖRT.

WAS IST DAS
SCHLIMMSTE,
DAS PASSIE-
REN KÖNNTE?

HALTET
DEN AUF-
ZUG AN ...
ENDE.

DAS IST „PHIL, DER PRINZ
DER UNZUREICHENDEN
BELEUCHTUNG"!

ICH HABE SIE
DEN STUHL
NEHMEN
SEHEN.

ICH FORDERE ALLE
DÄMONEN UND
KOBOLDE DER HÖLLE
AUF, HERVORZUKOMMEN
UND SIE JETZT ZU
BESTRAFEN!!!

ICH BIN ED AUS
DER BUCHHAL-
TUNG. DIE ANDE-
REN SIND BEIM
MITTAGESSEN.

WAS FÜR EINE STRAFE
STEHT AUF DAS
STEHLEN EINES
STUHLS?

SIE WERDEN
VERURTEILT, IM
PAUSENRAUM DER
BUCHHALTUNG
ZU SITZEN.

ICH
TIPPE
GERN
DIE
SECHS.

MANN, DAS
IST MEIN
DIENSTAGS-
LUNCHPAKET!

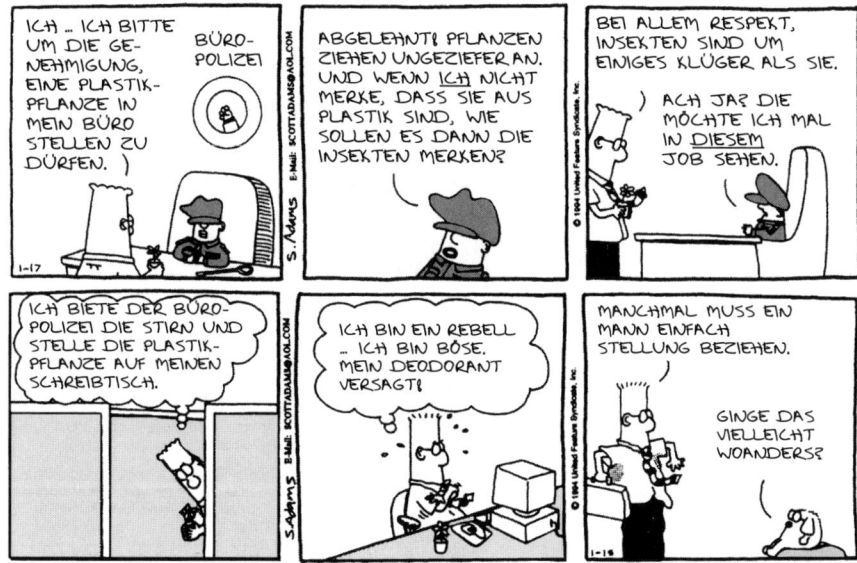

Firmenkleidung

Nichts ist niedlicher als einer jener kleinen Affen eines Leierkastenmannes, bekleidet mit einer winzigen Weste und einem Hut. So sähe auch die offizielle Uniform Ihrer Firma aus, nur daß es dann als „Uniform" gelten würde, und dafür gibt es keinen Etat.

Unternehmen haben eine preiswerte Methode entdeckt, um die Menschen dazu zu bringen, daß sie sich in derselben erniedrigenden Weise kleiden wie der Affe, doch ohne daß dadurch Kosten für einen Kauf von Uniformen entstehen. Das Geheimnis besteht darin, einen akzeptablen Kleiderstil festzusetzen, der dieselbe Symbolik hat wie das Outfit des Affen, aber etwas Vielfalt erlaubt:

Kleidung	Symbolik
Krawatte	Hundeleine
Strumpfhose	Fußketten; Gefangene
Jackett	Pinguin; unfähig zur Flucht
hohe Absätze	Masochismus

CATBERT, DIREKTOR DER ABTEI-
LUNG HUMAN RESSOURCES

ICH ERFINDE EIN PAAR
UNLOGISCHE RICHTLINIEN,
UM DIE ANGESTELLTEN
ZU ÄRGERN.

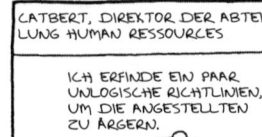

MEINE TEUFLISCHE NEUE
KLEIDERORDNUNG WIRD
SIE AN IHREM EIGENEN
VERSTAND ZWEIFELN
LASSEN.

.. DESHALB SCHADET
LEGERE KLEIDUNG DEM
WERT UNSERER AKTIEN
NICHT - ABER NUR, WENN
SIE AN FREITAGEN GETRAGEN
WIRD - ES SEI DENN,
JEMAND SIEHT UNS -
VERSTANDEN?

ICH GLAUBE,
ICH WERDE
WAHNSINNIG.

ICH VERSTEHE IHRE NEUE
KLEIDERORDNUNG NICHT,
MR. CATBERT.

VIELLEICHT SIND SIE
WAHNSINNIG.

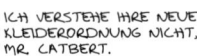

ES IST DOCH GANZ EINFACH.
LEGERE KLEIDUNG AN
FREITAGEN. SIE KÖNNEN ABER
KEINE JEANS TRAGEN, WEIL
JEANS GUT AUSSEHEN UND
SITZEN UND SIE SCHON
MEHRERE PAAR HABEN.

DAS IST EINE WEITERE SA-
DISTISCHE METHODE IHRER
ABTEILUNG, UM MITAR-
BEITER ZUR KÜNDIGUNG ZU
BEWEGEN!

LEGERE KLEIDUNG
MACHT EBEN EINE
SCHLECHTE FIGUR

ES IST FREITAG, DENN ICH
SEHE ALICE IN IHRER
EINZIGEN BRAUNEN HOSE
HERUMLAUFEN.

ICH LIEBE DIE „LEGERE
GESCHÄFTSKLEIDUNG",
DENN SIE VEREINT DAS
UNATTRAKTIVE MIT DEM
UNPROFESSIONELLEN, OHNE
DESHALB WENIGER
UNATTRAKTIV ODER
UNPROFESSIONELL ZU SEIN.

GLAUBEN SIE, MICH
INTERESSIERT, WAS EIN
INGENIEUR ÜBER MODE
SAGT?

ZWILLINGE?

ICH HIELT ES FÜR
ERFORDERLICH, UNSERE
NEUE LEGERE KLEIDER-
ORDNUNG GENAUER ZU
BESCHREIBEN.

VERBOTEN SIND: KURZE
HOSEN, PULLUNDER,
T-SHIRTS, HEMDEN MIT
AUFGEDRUCKTEN
SPRÜCHEN, JEANS,
TURNSCHUHE UND
SANDALEN.

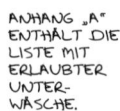

MEINE MORAL
STREBT
UNAUFHALT-
SAM NACH
OBEN.

ANHANG „A"
ENTHÄLT DIE
LISTE MIT
ERLAUBTER
UNTER-
WÄSCHE.

Motivationsprogramme für Arbeitnehmer

Motivationsprogramme beinhalten eine wichtige Botschaft an alle Arbeitnehmer der betreffenden Abteilung, nicht nur an die Gewinner. Genauer ausgedrückt, besagt die Botschaft folgendes: „Hier ist jemand, der erst dann entlassen wird, wenn wir mit Ihnen fertig sind."

Das ist jedoch nicht der einzige Vorteil. Motivationsprogramme helfen dabei, die gesellschaftliche Kaste zu identifizieren, der der Arbeitnehmer angehört.

Motivationsprogramm	Kaste
„Angestellter des Monats"	„Marionetten"-Kaste
Anerkennungsurkunde	„Unbezahlte-Überstunden"-Kaste
Bargutschein	„Pilz-in-der-Zelle"-Kaste
Nichts	Kaste der „Führungskräfte"

Auf den höchsten Ebenen der Organisation gibt es keine Motivationsprogramme. Dies spornt rangniedrigere Angestellte an. Sie wissen, daß sie, wenn sie hart arbeiten, jene Ebene des Managements erreichen können, auf der „Motivationsprogramme" nicht existieren.

Ich wurde einmal bei Pacific Bell für meine Arbeit ausgezeichnet. Als ich nach vorn ging, um den Preis entgegenzunehmen, stellte sich heraus, daß der leitende Angestellte, der die Preise verteilte, gar nicht wußte, was ich beruflich tat. Rasch entschlossen erfand er für das Publikum ein fiktives Projekt und dankte mir für meinen wertvollen Beitrag zu dessen Erfolg.

Ich fühlte mich danach „glücklicher", wobei meine Selbstachtung allerdings nicht soweit stieg, daß ich geglaubt hätte, es sei Zeit für die Frage nach einer Gehaltserhöhung. Moralisch gesehen war es ein Sieg für die Firma. Ich war derart motiviert, daß ich mir ernsthaft überlegte, meine Siesta an diesem Nachmittag der Arbeit zu opfern.

Aus der E-Mail-Box:
Das demütigendste Motivationsprogramm aller Zeiten

Von: (Name dem Autor bekannt)
An: scottadams@aol.com

Scott,

kürzlich wurde nach einer Führungskräftetagung bekanntgegeben, daß als Belohnung für außergewöhnliche Leistungen monatlich der „Wuschelhäschen"-Preis an einen Angestellten verliehen werden sollte. Ein anderer, in ein Hasenkostüm gekleideter Angestellter (ich schwöre, daß ich das nicht erfunden habe) sollte die Zelle des Auserwählten mit Luftballons, einem Becher Kaffee und einer Anerkennungsurkunde besuchen. Das sollte uns vermutlich ermuntern, härter zu arbeiten. Der Plan verschwand wieder in der Versenkung (Gott sei Dank), weil keiner der Hase sein wollte.

Geringschätzung der Mitarbeit der Angestellten

Angestellte mögen es, wenn ihre Mitarbeit geschätzt wird. Genau deshalb versuchen Manager, dies zu vermeiden. Mit der Anerkennung kommt das Selbstbewußtsein, und mit dem Selbstbewußtsein kommen unverhältnismäßige Gehaltswünsche.

Man kann Angestellten auf ganz verschiedene Art zu verstehen geben, daß ihre Arbeit nicht geschätzt wird. Hier ein paar der grausameren Methoden, die übrigens am besten funktionieren:

- Blättern Sie in einer Zeitschrift, während der Angestellte eine Meinung äußert.
- Fordern Sie „dringend" Informationsmaterial an und lassen Sie dieses dann wochenlang ungelesen auf Ihrem Schreibtisch liegen.
- Lassen Sie von den Angestellten gewünschte Rückrufe durch Ihre Sekretärin erledigen.
- Benutzen Sie die Unterlagen eines Angestellten für etwas anderes als den ihnen zugedachten Zweck, wie in folgendem Beispiel:

Mitarbeiter warten lassen

Eine der effektivsten, von Managern angewandten Methoden der Demütigung ist die Gewohnheit, einen Untergebenen, der sich in der Nähe oder im Büro des Managers aufhält, zu ignorieren, während der Manager selbst scheinbar unwichtigen Tätigkeiten nachgeht. Dadurch gibt er dem Angestellten zu verstehen, daß er für ihn als Mensch nicht ins Gewicht fällt. Das ist so, als ziehe man sich vor dem Haustier der Familie um. Das Tier sieht zu, ohne daß es einen stören kann.

Diese Methode der Demütigung gibt es in den verschiedensten Härtegraden, je nachdem, welche Tätigkeit man vor dem wartenden Angestellten ausführt.

Tätigkeit	**Grad der Demütigung**
Telefonanrufe entgegennehmen	nicht so schlimm
andere Dinge lesen	schlimm
sich die Zähne mit Zahnseide reinigen	sehr schlimm
eine Fremdsprache lernen	extrem schlimm

3

Kommunikation im Unternehmen

Jeder Professor der Wirtschaftswissenschaften wird Ihnen sagen, das Ziel der Kommunikation innerhalb eines Unternehmens sei die eindeutige Übermittlung von Informationen. Professoren sind deshalb selten gute Unternehmer.

Das wahre Ziel der Kommunikation ist die Förderung der eigenen Karriere. Dieses Ziel steht mit dem Gedanken einer „eindeutigen Übermittlung von Informationen" meist im Widerspruch.

Der erfolgreiche Manager weiß, daß die beste Kommunikation die ist, welche die Botschaft „Ich sollte befördert werden" enthält, ohne daneben noch andere Informationen zu übermitteln. Eine eindeutige Kommunikation bringt Sie nur in Schwierigkeiten. Denken Sie daran: Erst wenn Sie sich auf etwas festlegen, können Sie unrecht haben. Stolpern Sie nicht in diese Falle.

Ziele

Wenn Ihre Angestellten Erzeugnisse minderer Qualität herstellen, die sich kein vernünftiger Mensch kaufen würde, können Sie dieses Problem häufig dadurch beheben, daß Sie Konferenzen einberufen, auf denen Sie über Ihre Ziele sprechen.

Eine Aufgabenbeschreibung ist definitionsgemäß „ein langer, unbeholfener Satz, der die Unfähigkeit des Managements zu klarem Denken demonstriert". Alle Firmen, die etwas auf sich halten, haben eine solche Verlautbarung.

In Unternehmen, die keine haben, entsteht oft der irrige Eindruck, Strategie der Firma sei, daß die Abteilungen sich untereinander streiten, daß Produkte minderer Qualität hergestellt werden und daß die Firma sich langsam aus dem Geschäftsleben verabschiedet. Dieser Eindruck läßt sich leicht korrigieren, indem eine Strategie wie die folgende formuliert:

Strategie

> „Wir werden mit Hilfe eines team-dynamischen Empowerment innerhalb eines neuen Total-Quality-Paradigmas so lange Erzeugnisse höchster Qualität herstellen, bis wir Marktführer sind."

Damit allein sind Sie allerdings noch nicht aus dem Schneider. Die Strategie der Gesamtfirma wird solange bedeutungslos sein, bis alle Abteilungen eigene Strategiepapiere verfassen, die die Verwirklichung der Gesamtstrategie fördern. Das kann schwierig sein, weil die meisten Abteilungen ganz verschiedene Funktionen wahrnehmen, von denen man natürlich keine übergehen will. Die Strategie einer Abteilung liest sich dann in etwa so:

Strategie

> „Wir betreiben Sie Produktentwicklung, Finanzanalyse und den Fuhrpark auf höchstem Niveau und mit Hilfe eines team-dynamischen Empowerment innerhalb eines Total-Quality-Paradigmas, bis wir Marktführer sind."

Für sich genommen sind die Strategie des Unternehmens und die Abteilungsstrategie vielleicht bedeutungslos, aber die Verbindung macht deutlich, wie Angestellte dadurch zu Höhenflügen motiviert werden können.

Vision

Wenn es aus irgendeinem Grund nicht gelingt, die Firma mit solchen Strategien auf Erfolgskurs zu bringen, braucht man womöglich eine Vision. Im Gegensatz zu detaillierten Anweisungen einer Strategie ist die Vision der Firma eher eine Art Richtlinie auf „höherer Ebene". Je höher, desto besser, schließlich soll sie ja eine Ewigkeit gültig sein.

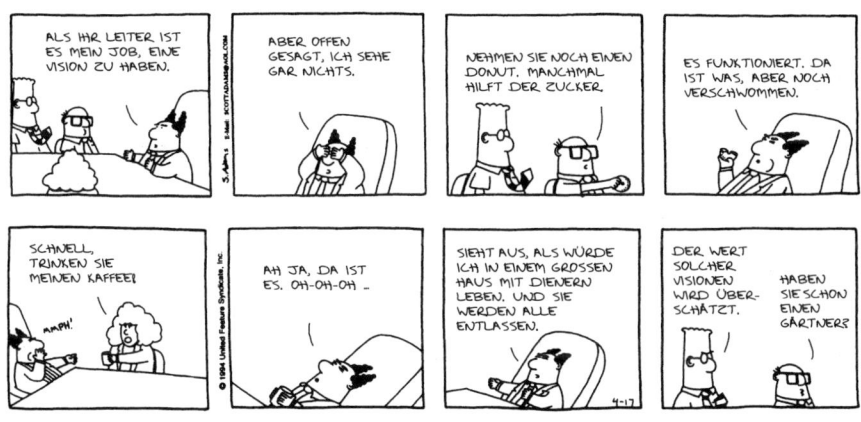

Der erste Schritt beim Entwickeln einer solchen Vision ist, die Manager in ein Zimmer zu sperren und über die Frage diskutieren zu lassen, was eine „Vision" ist und wie es sich genau von einer „Strategie", einem „Geschäftsplan" und konkreten „Zielvorgaben" unterscheidet. Dies sind wichtige Fragen, weil ein einziger Fehler dazu führen kann, daß die Angestellten für „Visionen" arbeiten, wenn sie eigentlich nur für „Strategien" arbeiten sollen, und dann ist bald alles ein einziges Durcheinander.

Die Debatte über die Definition von „Vision" endet in dem Moment, in dem die Teilnehmer zu müde und schlechtgelaunt sind, um noch Spaß daran zu haben, sich gegenseitig für dumm zu verkaufen. Wenn es soweit ist, wird jemand anfangen, verschiedene Visionen vorzuschlagen, einfach nur, um die Sitzung zum Abschluß zu bringen. Alle guten Visionen werden von Leuten formuliert, denen Kragen und Blase platzen und die alles andere lieber tun würden, als weiter hier zu sitzen.

Man kann sicher sein, eine phantastische Vision zu haben, wenn die Mitarbeiter den Eindruck gewinnen, sie würden bei etwas sehr viel Wichtigerem mitwirken, als ihre jämmerlichen und unterbezahlten Jobs erkennen lassen: wenn sie sich als Teil eines viel größeren Planes fühlen, als Teil von etwas, das die Gesellschaft, in der sie leben, formen wird. Hier einige Beispiele erfolgreicher Visionen:

Beispiel 1

„Wir werden alle Reichtümer der Welt besitzen, während die anderen in der Gosse dahinvegetieren und sich wünschen werden, an unserer Stelle zu sein."

Beispiel 2

„Wir werden uns zu reiner Energie weiterentwickeln und auf einer neuen Zeitebene existieren, HAHAHAHAHA!!!!"

Beispiel 3

„Ein Computer auf jeden Schreibtisch."[*]

Der Gruppe einen Namen geben

Eine der schwierigsten Herausforderungen der unternehmensinternen Kommunikation ist die Benennung der eigenen Abteilung; man muß sich für die Firma lebenswichtig anhören, ohne dabei zuviel Arbeit anzuziehen. Als Be-

---

[*] Das ist gegenwärtig die Vision von Microsoft.

standteile dieses Namens sind nichtssagende, aber bedeutend klingende Begriffe wie „Qualität", „Technologie" und „überregional" geeignet.

Der Name sollte vage genug klingen, um die Verantwortung für alles beanspruchen zu können, das nach einem möglichen Erfolg aussieht. Wenn der Konzernchef plötzlich ein leidenschaftliches Interesse für den Multimedia-Bereich entwickelt, können Sie sofort sagen: „Das hört sich nach einem Job für die ‚Überregionale Qualitäts-Technologie' an – weil dazu Qualität und Technologie notwendig sind." Ein solches Argument läßt sich kaum widerlegen.

Wenn der Wind ein halbes Jahr später dann aus einer anderen Richtung weht oder Sie einen neuen Chef bekommen, und wenn Sie das Projekt in den Sand gesetzt haben, können Sie sagen: „Unsere Arbeit ist getan. Jetzt muß das Marketing ran." Sie geben damit die Verantwortung ab, nicht jedoch das Budget. (Salopp ausgedrückt: „Schieben wir das Kind jemand anderem unter.")

Es kann nötig werden, Ihre Gruppe alle paar Monate umzubenennen, einfach deshalb, um keinen schlechten Ruf zu bekommen. Zum Glück stehen jede Menge inhaltslose, aber wichtig klingende Begriffe zur Auswahl. Sie können je nach Bedarf neue Namen für Ihre Gruppe bilden, indem Sie willkürlich Worte aus dieser nützlichen Liste kombinieren:

Jobs im Bereich Technologie
Information
Technologie
Entwicklung
Durchführung
Anwender
Zukunft
Multimedia
Daten

Dienstleistungen
Systeme
Berechnung
Telekommunikation
Netzwerk
Forschung
Unterstützung

Jobs im Marketing
Markt
Produkt
Kanal
Entwicklung
Kommunikation
Fernsehprediger
Promotion

Jobs im Verkauf
Kunde
Auftraggeber
Repräsentant
Kundendienst
Zentrale

Sprechen Sie wie ein Manager

Wenn Sie im Management weiterkommen wollen, müssen Sie andere Leute von Ihrer Intelligenz überzeugen. Das erreichen Sie, indem Sie verständliche Worte durch eine unverständliche Fachsprache ersetzen.

Ein Manager würde beispielsweise niemals sagen: „Ich habe meine Gabel benutzt, um eine Kartoffel zu essen." Ein Manager würde sagen: „Ich habe ein mehrfach gezacktes Werkzeug utilisiert, um ein Stärkemittel zu verarbeiten." Beide Sätze bedeuten mehr oder weniger dasselbe, doch stammt der zweite Satz ganz offensichtlich von einer gescheiteren Person.

Verlautbarungen

Der Zweck einer firmeninternen Verlautbarung ist die Botschaft, daß etwas passiert – etwas, für das Sie nicht wichtig genug sind, um darüber in allen bedeutungsvollen Einzelheiten informiert zu werden. Wenn Sie aber clever sind, können Sie manchmal zwischen den Zeilen lesen und die wahre Bedeutung erraten, wie in diesem Beispiel:

Motivierende Ansprachen

Sie leiten vielleicht eine Gruppe schlecht geschulter Angestellter, die in büro-
kratisch reglementierten Arbeitsprozessen ersticken und unzulängliche Instru-
mente benutzen und Ihre Firma damit wettbewerbsunfähig machen. Die
Lösung sind motivierende Reden. Trommeln Sie Ihr Team zusammen und ent-
zünden Sie mit einer flammenden Ansprache den Funken der Begeisterung in
Ihren Mitarbeitern.

Es spielt dabei keine Rolle, ob Ihre Worte irgendwelche nützlichen Informationen enthalten. Wie gesagt, Informationen bewirken nie etwas Gutes. Ziel ist
vielmehr, die Angestellten in einen Taumel des Wetteiferns zu treiben, und dabei sind harte Fakten eher hinderlich. Nachfolgend einige Wendungen, mit denen man die Truppe seit je bei der Stange gehalten hat.

Inspirierende Mitteilungen

* „Vor uns liegt ein sehr hartes Jahr."
* „Ich glaube offengesagt nicht, daß wir die nötigen Gelder für unser Projekt
  bekommen werden."
* „Erwarten Sie keine Gehaltserhöhung. Die Arbeit sollte Belohnung genug
  sein."
* „Wenn wir nächstes Jahr nicht mehr Gewinn machen, wird es mehr Entlas-
  sungen geben. Aber die wird es wahrscheinlich sowieso geben."
* „Es sind keine Reorganisationen geplant. Wir arbeiten ganz normal."

MANCHMAL MUSS MAN SICH VORWÄRTSBEWEGEN, UM ZU BLEIBEN, WO MAN IST.

WER NICHT WAGT, DER NICHT GEWINNT. WER NICHT TEIL DER LÖSUNG IST, IST TEIL DES PROBLEMS.

WIE KÖNNEN WIR UNSERE STÄRKEN GEGEN DIE SCHWÄCHEN UNSERER KONKURRENZ EINSETZEN?

WIR KÖNNTEN SIE MIT IHREN KLISCHEES ZU TODE LANGWEILEN.

Präsentationen

Man wird von Ihnen in Ihrem Beruf immer wieder Präsentationen verlangen. Zweck einer Präsentation ist, Angestellte von der Arbeit abzuhalten und statt dessen erklären zu lassen, wie gut die Arbeit vorangeht.

… DESHALB EMPFEHLE ICH DIE EINFÜHRUNG DER NEUEN TECHNOLOGIE BEI UNS … NOCH FRAGEN?

DILBERT, VERWETTEN SIE IHRE KARRIERE DARAUF?

JA, MEINE KARRIERE GANZ BESTIMMT.

DAS WÜRDEN SIE AUCH TUN, WENN SIE MEINE KARRIEREAUSSICHTEN HÄTTEN.

ICH HABE EIN SCHAUBILD, DAS IHRE FRAGE VORWEGNIMMT.

DIESES DIAGRAMM ZEIGT, DASS MEIN SELBSTWERTGEFÜHL MIT FORTSCHREITENDER KARRIERE IMMER MEHR ABNIMMT.

AM TIEFPUNKT, HIER, BIN ICH DAZU DEGRADIERT, SCHWACHSINNIGE FRAGEN ZU BEANTWORTEN, WÄHREND ICH MIT EINEM KLEINEN STOCK AN DIE WAND ZEIGE.

MAN KANN AUCH ZU GUT VORBEREITET SEIN.

WIE LIEF DIE PRÄSENTATION?

DILBERT, STELLEN SIE EINE PRÄSENTATION FÜR DIE CHEFKONFERENZ ZUSAMMEN.

ÜBER WELCHES THEMA?

DER CHEF HAT GEOMETRIE STUDIERT, ARBEITEN SIE DAS IRGENDWIE EIN.

KÖNNEN SIE EINE STUNDE ÜBER DIE VIELEN ANWENDUNGEN VON RECHTECKEN SPRECHEN?

ICH STELLE EINE PRÄSENTATION FÜR DIE CHEFKONFERENZ ZUSAMMEN. WIR HABEN ERFAHREN, DASS ER GEOMETRIE MAG.

„DAS RECHTECK ODER DAS MISSVERSTANDENE PARALLELOGRAMM."

DAS LÖST BESTIMMT EINE KONTROVERSE AUS.

WIR GLAUBEN AN DEN OFFENEN MEINUNGSAUSTAUSCH.

WENN DU BEFÖRDERT WERDEN WILLST, LÄSTERE ÜBER DEINE KOLLEGEN, DAMIT DU IM VERGLEICH BESSER DASTEHST.

MENSCH, LISA, SIEHT AUS, ALS HÄTTEN SIE DEN DONUTS IN LETZTER ZEIT ZIEMLICH ZUGESPROCHEN.

HA HA ... BALD KOMMEN GROSSE DINGE AUF MICH ZU.

ENTSCHULDIGEN SIE BITTE DIE KÜNSTLERISCHE GESTALTUNG DES NÄCHSTEN DIAGRAMMS.

WAS IST DAS? SIEHT AUS WIE ELVIS' GESICHT AUF EINER ANRICHTE? HA HA HA! ODER IST DAS EIN RORSCHACH-TEST??! HA HA HA!!

ABSCHLIESSEND MÖCHTE ICH NOCH SAGEN: ICH HASSE SIE ALLE.

ICH HOFFE, MEIN KISSEN UND DIE DECKE STÖREN SIE NICHT BEI IHRER PRÄSENATION.

BEI IHREM LETZTEN VORTRAG VERLOR ICH DAS BEWUSSTSEIN UND BRACH MIR AUF DEM TISCH DIE NASE.

WAS IST BLOSS AUS DEN GUTEN MANIEREN GEWORDEN?

Schriftliche Gruppenarbeit

Stephen King hat gruselige Bücher geschrieben, Shakespeare einige ausgezeichnete Theaterstücke. Leider waren beide allein.[*] Hätten sie sich zusammengetan, sie hätten mit Sicherheit noch viel bessere Ergebnisse erzielt. Das ist die Theorie hinter der „schriftlichen Gruppenarbeit", und ihre Logik ist unschlagbar.

Vielleicht kennen Sie die Redensart: Wenn man tausend Affen mit tausend Schreibmaschinen in ein Zimmer sperrt und lange genug wartet, hat man zuletzt ein Zimmer voller toter Affen. (Hinweis: Probieren Sie doch mal, die Affen zu füttern.) Die schriftliche Gruppenarbeit ist einem Zimmer voller toter Affen sehr ähnlich, nur nicht so witzig.

SCHRIFTLICHE GRUPPENARBEIT

Hauptziel der schriftlichen Gruppenarbeit ist, sicherzustellen, daß jeder geschriebene Satz sämtliche Ziele sämtlicher Personen im Raum abdeckt. Dies kann problematisch sein, falls die Teilnehmer alle unterschiedliche Ziele verfolgen. Man kann diese Streuung jedoch auf ein Minimum reduzieren, wenn man sich auf die Ziele konzentriert, über die sich alle Parteien einig sind:

---

[*] Einige Gelehrte behaupten, Shakespeare habe andere Leute seine Stücke schreiben lassen und den Ruhm nur für sich in Anspruch genommen und obszöne Witze gemacht. Wie auch immer, der Mann hatte jedenfalls Pep.

1. Vermitteln Sie keinerlei Inhalte – welcher Art auch immer.
2. Siehe erstens.

Nach einem Kommentar zur schriftlichen Arbeit eines Kollegen gefragt zu werden, ist das beste, was einem passieren kann. Sie können den Kollegen nach Lust und Laune heruntermachen, ohne selbst etwas zu riskieren.

Das kann sehr befriedigend sein.

Machen Sie zum Spaß Vorschläge, die die vom Verfasser beabsichtigte Aussage ins Gegenteil verkehren. Das bringt den Autor in die mißliche Lage, das Dokument entweder zwecks weiterer nutzloser Kommentare an andere weiterleiten zu müssen oder Ihre „Verbesserungen" zu ignorieren. Wenn Ihre Anmerkungen ignoriert werden, haben Sie das gottgegebene Recht, das Endprodukt lächerlich zu machen und zu sagen, Ihre Stimme wäre nicht gehört worden. Was Sie tun, sieht genauso aus wie „Arbeit", obwohl es leicht und mit keinem persönlichen Risiko verbunden ist. Und für den unwahrscheinlichen Fall, daß das von Ihnen lächerlich gemachte Dokument doch ein Erfolg wird, können Sie es wieder als Produkt Ihrer geistigen Arbeit beanspruchen.

Beispiele gut verständlicher Kommunikation

Von: (Name dem Autor bekannt)
An: scottadams@aol.com

Scott,

vor einigen Jahren schickte ich meiner Belegschaft noch jedes Jahr ein Memorandum, das zusammenfaßte, was wir getan hatten, was wir vorhatten, usw. Wir wollten ein automatisiertes System installieren, und da Abteilungsrangeleien zu erwarten waren, bat ich, auf *Streit* zu verzichten.

Einen Tag, nachdem das Memorandum verteilt worden war, wollte mich eine Frau sprechen. Sie brach in Tränen aus und fragte mich dann, was ich gegen eine ihrer Kolleginnen, eine Frau namens Patricia *Streit*, hätte. Patricia *Streit* selbst war offenbar auch vollkommen aufgelöst und heulte in der Damentoilette, weil sie beide um alles in der Welt nicht verstehen konnten, warum ich auf *Streit* verzichten wollte.

Von: (Name dem Autor bekannt)
An: scottadams@aol.com

Scott,

folgendes schreibt mein Chef in meinem Leistungsplan für 1995. (Wirklich!) Ich habe ihn gerade eben bekommen:

„Nutzen Sie Problemerklärungsprozesse.“

„Stellen Sie sicher, daß dafür geeignete Leute zur Verfügung stehen.“

„Agieren oder fungieren Sie sichtbar als Team-Player.“

„Agieren Sie im bestmöglichen Interesse der Teambildung.“

Folgende Formulierungen sind mir daraufhin eingefallen. Ich halte sie für noch besser.

„Rationalisieren Sie den Prozeßablauf bezüglich maximierter Dispositionen.“

„Ermöglichen Sie die volle Bewerkstelligung des Empowerment.“

„Eliminieren Sie Fälle ausufernder Willkür.“

„Gleichen Sie managerseits die Datenkompilation mit dem Prozeß-Besitz ab.“

Von: (Name dem Autor bekannt)
An: scottadams@aol.com

Scott,

bitte helfen Sie mir, die Anweisungen meines Teamleiters zu interpretieren, da das Abgabedatum näherrückt.

Das folgende ist kein Witz ...

–

(1) Bestätigen Sie unterstützende Aktivitäten und verbleibende Lücken,

(2) identifizieren Sie neue Lücken, und

(3) ermitteln Sie die Jahresendbilanz.

Bei der Ermittlung des bisherigen Leistungsstandes wenden Sie bitte folgende Kriterien an:

(1) Der Leistungsstand definiert sieben [ein Akronym].

Die in Anlage [Aktenzeichen] aufgelisteten Erklärungen sind in Anwendung zu bringen.

(2) Die Auflösung der Lücken wird entwickelt und durchgeführt, wie in Anlage [Aktenzeichen] beschrieben.

(3) Die Leistungsdefinition mit dem niedrigsten Leistungsstand bestimmt den Management-Praxis-Leistungsstand (d. h., wenn eine Managementpraxis vier Leistungsdefinitionen ohne Lücken und eine Leistungsdefinition mit einer Lücke hat, ist der Leistungsstand der Managementpraxis gleich der Leistungsdefinition mit der Lücke).

––

HILFE!!!!

Von: (Name dem Autor bekannt)
An: scottadams@aol.com

Scott,

Das folgende ist ein Auszug aus einem Memorandum eines unserer Generaldirektoren betreffs eines Personalwechsels:

„Dieser Wechsel wird uns ermöglichen, unsere Talentbasis gezielter auf einem Gebiet einzusetzen, wo Entwicklungsfunktionen auf den Weg gebracht wurden, und er richtet uns strategisch auf den bevorstehenden Systemwandel der Wirtschaft aus, wenn Luzidität und Präzision der Systeme entscheidend dafür sein werden, das Niveau der Dienstleistungen für unsere sich vergrößernde Kundenbasis zu erhalten und zu verbessern."

Einige von uns haben versucht zu verstehen, was hier mitgeteilt werden soll. Sie präsentierten den folgenden Vorschlag, indem sie einfach die meisten Phrasen herausstrichen:

„Dieser Wechsel wird die Dienstleistungen für unsere Kunden verbessern."

Von: (Name dem Autor bekannt)
An: scottadams@aol.com

Scott,

der Dekan am hiesigen Wirtschafts-Institut (eine Art gehobener Manager) verlangte von der Fakultät eine „Strategie", hinter der wir alle stehen könnten. Er wußte jedoch, daß er nicht 110 Leute zur Zusammenarbeit an irgend etwas bringen konnte, schon gar nicht an einer solchen Strategie. Also bildete er eine Arbeitsgruppe.

Raten Sie mal, was die Arbeitsgruppe tat. Richtig – sie teilte sich in Untergruppen auf und wählte dann alle 110 Fakultätsmitglieder in diese Untergruppen. Wir bildeten „Teams", die „unsere Kernkompetenz ermitteln" und einen Weg finden sollten, unsere Kunden durch „kontinuierliche Verbesserungen zufriedenzustellen" (vorzugsweise mit der Hälfte des gegenwärtigen Etats).

Das Ergebnis war vorhersehbar. Einige von uns hielten das Ganze für Zeitverschwendung, andere wehrten sich mit Witz und beißender Ironie, und wieder andere hielten das Ganze für eine großartige Gelegenheit, sich „gegenseitig besser kennenzulernen".

Sie wollten, daß wir uns zu Beginn der Gruppenarbeit an den Händen hielten, weil „wir etwas Besonderes sind, und dies ein besonderer Moment ist".

Heraus kam ein Schriftstück, zu dem keiner stehen wollte. Vom Dekan bekamen wir einen Brief, in dem mehr oder weniger stand: „Sie haben meine Gedanken nicht erraten und die falsche Antwort gegeben!"

4

Die großen Lügen des Managements

Zum Nutzen des Lesers habe ich die beliebtesten Lügen des Managements zusammengestellt und numeriert. Ich betrachte das als Dienst für die Allgemeinheit. Wenn Sie jetzt von der Niedertracht Ihrer Manager erzählen, können Sie ganz einfach mit einer Nummer auf die verschiedenen Lügen verweisen. Etwa so: „Sie erzählte uns Nummer sechs, und wir kehrten alle in unsere Zellen zurück und lachten." Das erspart Ihnen viel Energie, die Sie statt dessen in das Gejammer über Ihre Kollegen stecken können.

Die großen Lügen des Managements

1. „Die Mitarbeiter sind unser wertvollstes Gut."
2. „Meine Tür steht jederman offen."
3. „Nach dem neuen Modell verdienen Sie mehr."
4. „Wir reorganisieren, um unseren Kunden bessere Dienstleistungen zu bieten."
5. „Unsere Zukunft ist rosig."
6. „Wer etwas riskiert, wird belohnt."
7. „Leistung wird belohnt."
8. „Wir erschießen den Boten nicht."
9. „Mitarbeiterschulung hat Priorität."
10. „Ich habe keine Gerüchte gehört."
11. „In einem halben Jahr sprechen wir über Ihre Leistung."
12. „Unsere Leute sind die Besten."
13. „Ihr Beitrag ist uns wichtig."

Es ist nicht immer leicht, den Unterschied zwischen einer frechen Lüge des Managements und einer ganz gewöhnlichen dummen Bemerkung herauszufinden. Wenn Sie sich nicht sicher sind, können Sie die Wahrheit meist durch Anwendung einer praktischen Methode ergründen, die ich den „Was-ist-wahrscheinlicher"-Test nenne. Er funktioniert folgendermaßen:

> Interpretieren Sie einen Sachverhalt auf jede denkbare Weise (möglichst unter Verwendung humorvoller Metaphern), und stellen Sie sich dann diese Frage:
>
> „Was ist wahrscheinlicher?"

Sie werden feststellen, daß diese Technik die Verlautbarungen Ihrer Manager beträchtlich erhellt. Erlauben Sie mir, die Nützlichkeit dieser Technik an den großen Lügen des Managements zu demonstrieren.

„Die Mitarbeiter sind unser wertvollstes Gut"

Oberflächlich betrachtet scheint diese Aussage der Tatsache zu widersprechen, daß Unternehmen ihr „wertvollstes Gut" behandeln wie eine Kehrmaschine den Dreck. Wie läßt sich dieser scheinbare Widerspruch erklären?

Ein Beispiel wird zweckdienlich sein. Nehmen wir an, Ihr Chef hat einen kaputten Schreibtischstuhl, und im Etat ist kein Geld übrig, um ihn zu ersetzen. Was ist wahrscheinlicher? Daß Ihr Chef

A. bis zur nächsten Budgetvergabe auf dem Boden sitzt?

Oder ...

B. einen nicht für Manager vorgesehenen Stuhl benutzt, trotz des niedrigeren Ranges, den dieser Stuhl dem darauf Sitzenden verleiht?

Oder ...

C. die Besetzung eines neuen Arbeitsplatzes verschiebt, die anfallende Mehrarbeit auf die „wertvollsten Güter" verteilt und das gesparte Geld für einen angemessenen Stuhl ausgibt?

Als Arbeitnehmer denken wir gerne, daß wir wertvoller sind als Büromöbel. Der „Was-ist-wahrscheinlicher"-Test belehrt uns eines Besseren. Realistisch gesehen stehen wir irgendwo am unteren Ende der Bürobedarfshierarchie.

Früher war ich wahnsinnig stolz, wenn ich eine neue Schachtel mit Heftklammern öffnen und den Klammern mitteilen konnte, daß sie nun für mich arbeiten würden und ich ihr unumschränkter Herrscher sei. Doch schließlich mußte ich aufhören, ihnen allen Namen zu geben, da es für mich dann zu einer emotionalen Achterbahnfahrt wurde, wenn sich eine von ihnen verbog. Es mag etwas ab vom Thema sein, aber wenn jemand Walter sieht, sagen Sie ihm bitte, daß ich ihn vermisse.

„Meine Tür steht jedermann offen"

Was ist wahrscheinlicher?

A. Ihre Chefin möchte allen Ernstes, daß Mitarbeiter ohne Ende in ihr Büro spazieren und sich über Dinge beschweren, die nicht verbessert werden können. Ihr langfristiges Ziel ist es, von ihrer eigentlichen Arbeit abgelenkt zu werden, in ihrem Job zu scheitern und schließlich obdachlos zu werden.

Oder …

B. Sie weiß, daß sie die Leute aus ihrem Büro vergraulen kann, indem sie sie finster ansieht und den ersten zehn, die kommen, irgendeine Arbeit in die Hand drückt. So kann sie sich eines offenen Ohres rühmen, ohne die Nachteile in Kauf nehmen zu müssen.

„Nach dem neuen Modell verdienen Sie mehr"

A. Ist es wahrscheinlich, daß Ihre Firma das ganze Gehaltssystem geändert hat, um Ihnen allen mehr Geld zu geben? Sind Gehaltserhöhungen heutzutage so selten, daß Ihr Unternehmen diese Möglichkeit tatsächlich vergessen hat?

Oder …

B. Ist es wahrscheinlicher, daß das neue Gehaltssystem ein kompliziertes Manöver darstellt, um die Tatsache zu verschleiern, daß Ihre übertariflichen Zuwendungen ab jetzt von der Heilsarmee kommen?

„Wir reorganisieren, um unseren Kunden bessere Dienstleistungen zu bieten"

A. Ist es wahrscheinlich, daß die laufende Reorganisation – anders als alle vorangegangenen – Ihre Firma pötzlich in einen Goldesel verwandelt? Und ist es wahrscheinlich, daß Ihre Kunden Sie vor allem deswegen hassen, weil Ihr Organisationsplan nicht optimal ist?

Oder …

B. Ist es wahrscheinlicher, daß das Management keine Ahnung hat, wie es Ihre fundamentalen Probleme lösen soll, und statt dessen glaubt, eine Umverteilung der bisherigen Belegschaft von Schwachköpfen würde wie ein Fortschritt aussehen?

BIG BOOK OF BUSINESS AUS: BUILD A BETTER LIFE BY STEALING OFFICE

„Unsere Zukunft ist rosig"

A. Ist es wahrscheinlich, daß Ihr Chef ein Visionär ist, der die Zukunft voraussieht, während er den Computer auf seinem Schreibtisch nicht bedienen kann? Und wenn die Zukunft sieht, ist es dann wahrscheinlich, daß er sich in seinem gegenwärtigen Job verschleißt, anstatt seine Kräfte zur Heilung von Krebs einzusetzen und damit ein paar Dollars zu verdienen?

Oder …

B. Ist es wahrscheinlicher, daß die Zukunft nicht viel heller ist als Ihr Chef?

„Wer etwas riskiert, wird belohnt"

Wer etwas riskiert, scheitert definitionsgemäß häufig. Dasselbe gilt für Schwachköpfe. In der Praxis ist es schwierig, Draufgänger und Schwachköpfe auseinanderzuhalten.

A. Ist es wahrscheinlich, daß Ihr Manager plötzlich gescheiterte Existenzen belohnt, obwohl er weiß, daß viele von ihnen Dummköpfe sind und er für jeden von ihnen schon mindestens einmal von seinem Vorgesetzten einen Tritt in den Hintern kassiert hat?

Oder ...

B. Ist es wahrscheinlicher, daß die gescheiterten Mitarbeiter Quality-Teams zugeteilt werden, während die erfolgreichen Mitarbeiter die Firma schneller verlassen als ein Gepard eine Salatbar?

Zusatzfrage

Wenn die erfolgreichen Mitarbeiter kündigen, verdienen sie bei einem anderen Unternehmen dann mehr oder weniger?

„Leistung wird belohnt"

A. Ist es wahrscheinlich, daß ausgerechnet in diesem Jahr die Leitung Ihrer Firma sagen wird: „Zum Teufel mit den Aktienpreisen und unseren Prämien. Warum haben wir uns nur so verrannt? Verteilen wir doch mehr Geld an die Angestellten!"?

Oder ...

B. Ist es wahrscheinlicher, daß man Sie einer qualvollen Leistungsbewertung unterzieht, welche dann in einer kaum merklichen Gehaltserhöhung resultiert, egal ob man nun Mutter Teresa oder Jack the Ripper ist?

„Wir erschießen den Boten nicht"

A. Ist es wahrscheinlich, daß sämtliche Manager Ihres Unternehmens gleichzeitig einen tanzenden Buddha in ihren Schreibtischschubladen entdeckt und sich entschlossen haben, dem Frieden eine Chance zu geben?

Oder ...

B. Ist es wahrscheinlicher, daß diese satanische, vom Kaffee auf Touren gebrachte Brut auch weiterhin ihre Rachsucht an jeder menschlichen Zielscheibe ausläßt, die dumm genug ist, stillzustehen?

„Mitarbeiterschulung hat Priorität"

Nehmen wir hypothetisch an, der Etat Ihrer Abteilung würde knapp.

A. Ist es wahrscheinlich, daß Ihr Chef das als unantastbar geltende Weiterbildungsbudget unverändert läßt und statt dessen dadurch Geld einspart, daß er die Markteinführung Ihres neuen Produktes verzögert und somit sein eigenes Gehalt und seine Prämie verringert?

Oder ...

B. Ist es wahrscheinlicher, daß das Weiterbildungsbudget schneller verschwindet als die Vorspeisen bei einem Gala-Dinner der High-Society?

Aus der E-Mail ...

Von: (Name dem Autor bekannt)
An: scottadams@aol.com

Scott,

...eine Erfahrung, die ich mit [Firma] vor einigen Jahren machte. Eine Untersuchung stellte fest, daß die Arbeitnehmer mehr Schulung benötigten. Zur gleichen Zeit wurde der Schulungsetat drastisch gekürzt. Ich wurde buchstäblich gezwungen, an einer Menge kurzer Schulungen über Zeitmanagement usw. teilzunehmen, die für 39 $ im Holiday Inn abgehalten wurden.

„Ich habe keine Gerüchte gehört"

A. Ist es wahrscheinlich, daß der ständige Fluß von Gerüchten ausgerechnet dann plötzlich versiegt, wenn es so aussieht, als passiere tatsächlich einmal etwas?

Oder...

B. Ist es wahrscheinlicher, daß Ihr Manager ganz genau Bescheid weiß: Die neue Nachricht ist so schlecht, daß der geringste Hauch der Wahrheit die Angestellten unproduktiver machen wird als eine Wagenladung Chihuahuas?[*]

---

[*] Dieser Vergleich ist vielleicht ein wenig übertrieben, aber nur vielleicht, denn ich habe ausgedehnte Untersuchungen über die Arbeitsgewohnheiten von Chihuahuas angestellt und entdeckt, daß eine Wagenladung Chihuahuas die am wenigsten produktive Organisationsgröße ist.

„In einem halben Jahr sprechen wir über Ihre Leistung"

Das Beste an der Zukunft ist, daß sie noch nicht da ist. Wenn Ihr Manager verspricht, Ihre Leistung in einem halben Jahr wegen einer möglichen Gehaltserhöhung zu überprüfen, was ist dann wahrscheinlicher?

A. Ihr Manager glaubt, daß Sie in 180 Tagen geschickter und produktiver sein werden und daher eine so große Gehaltserhöhung verdienen, daß sie froh sein werden, gewartet zu haben.

Oder …

B. Ihr Manager geht davon aus, daß er in einem halben Jahr schon auf einer ganz anderen Stelle sitzt, und Ihre Chancen auf eine Gehaltserhöhung sind deshalb schlechter als die eines Fischstäbchens, auf einer Katzenparty zu überleben.

„Unsere Leute sind die besten"

Diese Lüge wird von den Angestellten besonders geschätzt. Leider kann immer nur eine Firma in jeder Branche die besten Arbeitnehmer haben. Und eigentlich müßte es Sie mißtrauisch machen, daß Ihr Unternehmen die niedrigsten Gehälter bezahlt.

A. Ist es wahrscheinlich, daß Ihre Firma trotz unterdurchschnittlicher Bezahlung die „besten" Arbeitnehmer anzieht? Ist es möglich, daß aufgrund eines seltsamen mentalen Zustandes manche Leute zwar in ihren Jobs brillant, aber zugleich unfähig sind, zwei Gehaltszahlen zu vergleichen und festzustellen, welche die höhere ist? Nennen wir diese Leute „Berufsgelehrte".

Wenn es sie gibt, wie wahrscheinlich ist es dann, daß sie sich alle entschieden haben, in Ihrer Firma zu arbeiten?

Und ...

B. Ist es umgekehrt wahrscheinlich, daß die Leute, mit denen Sie den ganzen Tag zusammenarbeiten und die Ihnen begriffsstutziger als Beton vorkommen, in Wirklichkeit in ihrem Bereich die größten Koryphäen sind?

Oder ...

C. Ist es wahrscheinlicher, daß die mit dem Nobelpreis ausgezeichneten Volkswirtschaftler der Welt recht haben – und die Marktwirtschaft funktioniert – und Ihr Unternehmen genau die unterbelichteten Angestellten hat, die es gewillt ist zu bezahlen?

„Ihr Beitrag ist uns wichtig"

Für den Manager gilt folgende Gleichung:

Vorschläge des Arbeitnehmers = Mehrarbeit = schlecht

Als mißbrauchter und machtloser Arbeitnehmer wissen Sie, daß es Spaß macht, Ihrem Manager unpraktische Vorschläge wie den folgenden zu unterbreiten:

„Wenn Sie sich um die Gesundheit der Angestellten sorgen, sollten Sie beim Konzernchef um Geld für die Erforschung der Auswirkungen von Kunstlicht auf die Fruchtbarkeit nachsuchen."

Dieser Vorschlag ist durch und durch unpraktisch, aber das Schöne daran ist, daß Ihr Manager ihn nicht einfach ablehnen kann, ohne herzlos zu erscheinen. Genausowenig kann er die Arbeit delegieren, da kein Manager will, daß sein Untergebener mit seinem Vorgesetzten spricht; er könnte peinliche Dinge ausplaudern.

Die meisten Anregungen der Arbeitnehmer sind entweder vollkommen daneben oder sadistischer Natur. Eine gute Idee kommt nur einmal alle Ewigkeit vor, und man kann eine gute Idee nicht von einer schlechten unterscheiden, es sei denn, Sie haben die Idee selbst gehabt. Wann der Vorschlag eines Angestellten gut ist, ist nie im voraus klar. Deshalb müssen Manager davon ausgehen, daß alle Vorschläge schlecht sind.

Hier nun der Test, ob Manager Vorschläge der Arbeitnehmer wirklich wollen:

A. Ist es wahrscheinlich, daß Ihr Chef sich über die Mehrarbeit freut, die er hat, wenn er sich mit den gutgemeinten, weise klingenden Vorschlägen Ihrer begabten Kollegen beschäftigt?

Oder …

B. Ist es wahrscheinlicher, daß Ihr Chef nur so tut, als höre er sich Ihre durchweg unpraktischen Anregungen an, Ihnen für den Beitrag dankt, dann genau das tut, was er sowieso tun wollte, und schließlich zur Strafe von Ihnen verlangt, innerhalb der Firma für karitative Zwecke zu sammeln?

Sehen Sie, wie einfach das ist?

5

Machiavellistische Methoden

(vorgelegt von Dogbert)

Dieses Kapitel enthält viele todsichere Tips, wie man auf Kosten der Leute, die sich im Teamgeist üben, zu Geld und Macht kommt. Die wirkungsvollsten Tips habe ich natürlich für mich behalten, damit ich später auch über Ihre Leiche gehen kann, wenn es unbedingt notwendig sein sollte oder mir einfach nur Spaß macht. Was Sie hier vorfinden, dürfte allerdings trotzdem ausreichen, um die naiven Philanthropen aus dem Weg zu räumen, die Ihnen auf dem Weg zum Erfolg zahlreich begegnen werden.

Wenden Sie die Techniken sparsam an, zumindest bis Sie die totale Macht über die Einfaltspinsel in Ihrer Umgebung erlangt haben. Wenn Sie alle Techniken auf einmal zum Einsatz bringen, machen Sie den Bewohnern der benachbarten Bürozellen wahrscheinlich Angst. Ihre Büronachbarn werden Sie für einen bösen Zauberer halten und sich womöglich zu einem wilden Mob zusammenrotten, Ihr Büro stürmen und Ihre Sekretärin ermorden. Das wäre eine Tragödie, besonders wenn Sie gerade einige Fotokopien benötigen.

Geben Sie schlechte Ratschläge

Im Lauf Ihrer Karriere werden sich viele Leute ratsuchend an Sie wenden. Das ist Ihre Chance, diese Leute von der gemeinsamen Karriere-Rennbahn abzudrängen, und zwar möglichst so – wenn Sie es geschickt anstellen –, daß sie dabei eine Menge unschuldiger Zuschauer umpflügen.

Es ist nicht immer einfach, Rat zu geben. Zum einen könnten Sie die geplante Missetat durch unkontrolliertes Schwanzwedeln verraten. Außerdem muß Ihr Rat plausibel klingen, egal wie zerstörerisch und egoistisch er tatsächlich ist. Wenn Sie schlechte Ratschläge geben, die sich gutgemeint anhören, ist das der sichere Weg zum Erfolg.

Angenommen, Ihr Chef hat sich zu unmoralischem Verhalten hinreißen lassen, und ein Kollege hat das bemerkt und fragt Sie um Rat. Gehen Sie also auf Nummer Sicher. Raten Sie dem Kollegen, dem Chef die Vorwürfe ins Gesicht zu sagen, und spielen Sie das Ganze gleichzeitig den entscheidenden Stellen zu. Dadurch wird die Stelle Ihres Chefs für Sie frei, während gleichzeitig Ihr Kollege als Konkurrent sehr wahrscheinlich auf der Strecke bleibt – und alles im Namen von Recht und Anstand.

Sie müssen nicht in allen Fällen um die Ecke denken. Vielleicht sind Ihre Kollegen so dumm, daß sie wie in den folgenden Beispielen ganz banale und bekannt schlechte Ratschläge kritiklos annehmen.

* Z. K. HEIßT ZUR KENNTNIS

Verschleiern Sie die Wahrheit

Die Großartige an der Wahrheit ist, daß es so viele Wege gibt, sie zu umgehen, ohne gleich als „Lügner" zu gelten. Indem Sie in Ihrer Aussage einfach wichtige Informationen weglassen, vermeiden Sie das Stigma des Lügners und genießen zugleich alle Vorteile, die es Ihnen bringt, andere in die Irre zu führen.

wahre Aussage	fehlende Satzteile
„Ich gehöre zum Team"	… der anderen Firma.
„Sie sind der Nächste auf meiner Liste"	… von Dingen, die ich ignoriere.
„Ich rufe Sie an, wenn ich Bescheid weiß"	…, daß Sie nicht da sind.
„Mir gefällt, was Sie mit Ihrem Haar gemacht haben"	…, Medusa.

Mit wem Sie verkehren

Man wird Sie nach der Gesellschaft beurteilen, in der Sie verkehren, besonders beim Mittagessen. Essen Sie nie mit jemandem zu Mittag, der weniger verdient als Sie.

Ausnahmen

- Ihre Sekretärin während der Internationalen Woche der Sekretärinnen (obligatorisch).
- Die Sekretärin Ihres Chefs (indirektes Arschkriechen).

- Eine Person, die bekanntermaßen unheilbar krank ist (Mitleid macht sich immer gut).

Wenn Sie aus Versehen doch mit jemandem beim Essen sitzen, der weniger verdient als Sie, retten Sie die Situation, indem Sie das Gerücht verbreiten, der Betreffende sei unheilbar krank. Das ist strenggenommen gar keine Lüge, weil wir letztlich alle sterben müssen. Wenn jemand Sie zusammen sieht, halten Sie sich, wann immer die rangniedrigere Person Sie anspricht, die Serviette wie einen Mundschutz vors Gesicht.

Im Idealfall können Sie durch eine List erreichen, daß Sie mit Leuten, die mehr verdienen als Sie, beim Essen gesehen werden. Diese Leute werden mit allen möglichen Tricks versuchen, Sie zu meiden, deshalb müssen Sie gewandt und verschlagen sein. Sie können beispielsweise ein Essen für die ganze Abteilung ansetzen und dann einfach vergessen, die anderen Leute aus der Abteilung einzuladen. Oder Sie benutzen, wenn Sie wichtige Informationen besitzen, die die Person mit dem höheren Gehalt braucht, Ihr Wissen wie eine Geisel und verlangen ein Mittagessen als Lösegeld.

Halten Sie Informationen zurück

Eine vorteilhafte Möglichkeit für ineffektive Menschen, sich in einer Organisation an der Macht zu halten, ist die Schaffung eines Informationsmonopols. Diese Informationen sollten zwar als wichtig gelten, aber nicht als entscheidend wichtig. Mit anderen Worten, Ihre Kollegen sollten die Informationen, die Sie zurückhalten, haben wollen, aber nicht so dringend, daß sie Sie erwürgen, wenn Sie ihnen diese Informationen vorenthalten.

Verteidigen Sie Ihre aus strategischen Gründen zurückgehaltenen Informationen durch ein mehrstufiges System. Das funktioniert so:

Stufe 1

Stellen Sie klar, daß Sie die Informationen überhaupt nicht besitzen, und tun Sie so, als seien die anderen verrückt, Sie gerade bei Ihnen zu suchen. Wiederholen Sie die Anfrage laut, als wollten Sie unterstreichen, daß sie völlig abwegig ist. Haken Sie gnadenlos nach, wie um alles in der Welt die Fragesteller je annehmen konnten, daß ausgerechnet Sie diese Informationen haben könnten. Wenn die anderen dann überzeugend darlegen, daß Sie die Informationen haben müssen, lächeln Sie und tun Sie so, als liege das ganze Problem darin, wie die Frage gestellt wurde. Gehen Sie weiter zu Stufe Zwei.

Stufe 2

Sagen Sie, Sie seien zu beschäftigt, um sämtliche Informationen zu erläutern. Erinnern Sie die anderen daran, daß Sie selbst Jahre benötigt haben, um alles zu verstehen. Fordern Sie sie auf, Ihnen eine – leicht zu ignorierende – Nachricht auf dem Anrufbeantworter zu hinterlassen, wann man die ganze Sache einmal gemeinsam durchsprechen kann. Tun Sie das, weil Sie „helfen wollen". Wenn die Fragesteller hartnäckig bleiben, gehen Sie weiter zu Stufe Drei.

Stufe 3

Beharren Sie darauf, daß Sie die Informationen noch nicht weitergeben können – entweder, weil Sie noch auf den Beitrag eines anderen Mitarbeiters warten oder weil Sie die Zahlen noch „bearbeiten" und irreführende Daten entfernen müssen. Wenn die Fragesteller darauf bestehen, wenigstens die Informationen vom Vormonat zu erhalten – rücken Sie auf Stufe Vier vor.

Stufe 4

Ihre Laune sinkt drastisch. Seien Sie unverschämt, ablehnend und herablassend. Diese Stufe ist selbst keine Verteidigung, aber sie macht die Fragesteller für die nächste Stufe der Verteidigung empfänglicher.

Stufe 5

Geben Sie den Fragestellern unvollständige und unwichtige Informationen, und hoffen Sie, daß sie in der Annahme weggehen, sie hätten das Gewünschte bekommen. Bis sie dann in ihre Büros zurückgekehrt sind und entdeckt haben, daß sie reingelegt worden sind, sind sie vielleicht endgültig entmutigt. Wenn Sie grob genug waren (Stufe Vier), besteht die große Wahrscheinlichkeit, daß die Fragesteller überhaupt aufgeben und Sie hinfort in Ruhe lassen.

Schadensbegrenzung

Wenn die Fragesteller Ihr Büro verlassen haben, gleichgültig mit welchen Informationen, beschweren Sie sich bei jedem, der Ihnen zuhört, daß die Informationen nicht richtig seien, weil die Fragesteller sie entweder nicht verstanden oder falsch interpretiert hätten.

Doppeltes Unrecht schafft – beinahe – Recht

Ihre einfältigen Verwandten hatten theoretisch recht, als sie Ihnen sagten: „Doppeltes Unrecht macht noch kein Recht." Sie haben leider vergessen zu sagen, daß doppeltes Unrecht sich manchmal auch aufhebt. Und obwohl das nicht so gut ist wie ein „Recht", ist es sehr viel besser als ein „Unrecht". Wenn Sie clever sind, können Sie jeden Schnitzer durch weitere zerstörerische Aktionen ausgleichen, wie in diesem Beispiel:

Vergeltung

Die Vergeltung ist Ihr bester Freund, besonders in Verbindung mit ihrem natürlichen Begleiter, der Heuchelei. Aus irgendeinem Grund ist im Geschäftsleben aus „Vergeltung" ein unanständiges Wort geworden. Aber nur der Begriff selbst ist das Problem, die Praxis der Vergeltung ist so beliebt wie nie zuvor. Wenden Sie sie an, wann immer Sie können.

Während der eigentliche Vergeltungsakt Spaß machen und tiefe Befriedigung verschaffen kann, ist die Androhung der Vergeltung besonders geeignet, Ihnen bei Ihrer Karriere zu helfen. Damit die Drohung ernst genommen wird, müssen Sie die tatsächliche oder potentielle Macht besitzen, Vergeltung ausüben zu können. Wenn Sie im Unternehmen auf einer niedrigen Ebene stehen, müssen Sie den Eindruck erwecken, Sie würden wahrscheinlich bald befördert oder Sie hätten mit einer Person, die an den Schalthebeln der Macht sitzt, eine Affäre. Sind Sie häßlich und ist eine solche Affäre unwahrscheinlich, dann fahren Sie am sichersten, wenn Sie Ihre unmittelbar bevorstehende Beförderung andeuten, indem Sie sich wie ein Chef verhalten:

- Tragen Sie teurere Kleidung als Ihre Kollegen.
- Vermeiden Sie jede Bemerkung, die auf technische Kompetenz hinweisen könnte.
- Benutzen Sie mehrmals täglich das Wort „Paradigma".
- Erzählen Sie allen, daß Sie sich auf eine Besprechung mit dem Generaldirektor vorbereiten.
- Zitieren Sie Artikel aus dem Wall Street Journal.[*]

Das alles bringt Sie zwar der Beförderung näher, ist aber noch keine Garantie. Doch Sie drängen Ihre Kollegen dadurch in die Defensive und zur präventiven Arschkriecherei.

Sämtliche Androhungen der Vergeltung sind wertlos, wenn Sie nicht klarmachen können, daß Sie alle Missetaten, die Vergeltung verdienen, aufdecken, auch wenn sie in Ihrer Abwesenheit begangen werden. Ein verläßliches Netz

---

[*] Verschwenden Sie Ihre Zeit nicht damit, tatsächlich das Wall Street Journal zu lesen. Viele Menschen haben es abonniert, aber lesen tut es im Grunde niemand. Sagen Sie einfach „Haben Sie eigentlich gestern diesen Artikel im Journal gelesen?" und warten Sie ab, was passiert. Wenn der andere bejaht, blufft auch er, und dann können Sie beide herzlich über die Einblicke lachen, die der Artikel vermittelt, und es dabei belassen. Wenn der andere sagt, er habe den Artikel nicht gelesen, sehen Sie ihn herablassend an und murmeln „typisch", bevor Sie das Thema wechseln.

von Spitzeln in der Firma aufzubauen ist eine Möglichkeit, allwissend zu erscheinen.

Die beste Motivation für Spitzel, gerade Ihnen Informationen zu geben, ist Ihre Bereitschaft, den Spitzeln Ihrerseits Informationen zu überlassen – vorzugsweise falsche Informationen. Scheuen Sie sich nicht, plausibel klingende Gerüchte in Umlauf zu setzen, bei denen Sie sicher sind, daß sie nicht wahr werden. Falsche Gerüchte sind oft ein Anzeichen, daß Sie direkte Kontakte zur Führungsspitze des Unternehmens haben, wo eine Menge nicht verwirklichter Ideen kursieren. Leiten Sie Gerüchte stets mit unverbindlichen Formulierungen wie „Man denkt dort darüber nach …" oder „Unter anderem ist geplant …" ein, so daß man Ihnen nicht nachsagen kann, Sie hätten sich geirrt, egal was passiert.

Die letzte und wichtigste Möglichkeit, wie man sich die Vergeltung zu Nutzen machen kann, besteht darin, laut zu verkünden, daß man sie anzuwenden gedenkt – wie in diesem Beispiel:

Die Virus-Strategie

Wenn Sie für ein Projekt zuständig sind, das ganz sicher in die Binsen gehen wird, oder wenn die Leute, die für Sie arbeiten, Versager sind, müssen Sie so schnell wie möglich zu ihnen auf Distanz gehen. Der einfachste Weg ist, auf eine andere Stelle zu wechseln oder die unfähigen Untergebenen zu feuern. Doch damit sollten Sie sich nicht zufriedengeben. Stellen Sie sich lieber vor, Ihre Probleme seien Viren, mit denen Sie Ihre Feinde im Unternehmen infizieren können. Sie müssen lediglich den Wert Ihres Projekts und Ihrer Mitarbeiter künstlich aufblasen und abwarten, bis ein nichtsahnender Manager versucht, Ihnen beides wegzunehmen.

Machen Sie nie den Fehler, schlechte Leistungsbewertungen über schlechte Angestellte abzugeben. Das mindert deren Chance, an eine andere Stelle innerhalb der Firma versetzt zu werden. Dann sind Sie solange an diese Angestellten gefesselt bis deren ätzende Wirkung Sie zerstört hat. Es ist besser, sich auf die positiven Aspekte der Leistung eines Angestellten zu konzentrieren, auch wenn Sie die Wahrheit dabei manipulieren müssen.

Wenn Sie Ihre unfähigen Untergebenen nicht an andere Abteilungen abtreten können, schieben Sie sie auf Stellen ab, auf denen sie in Schlüsselpositionen für Projekte tätig sind, mit denen andere Abteilungsleiter eng assoziiert werden. Besteht diese Gelegenheit nicht, dann beauftragen Sie sie als letzten Ausweg damit, karitative Sammlungen innerhalb der Firma durchzuführen, und lassen Sie jedermann an Ihrem Leid teilhaben.

Demagogie

Sie können allgemeine Bekanntheit erreichen, indem Sie sich gegen Dinge aussprechen, die ohnehin schon unpopulär sind. Ziel Ihrer Attacken kann ein Projekt sein, eine Technologie, eine Strategie oder auch ein unfähiger Manager. An würdigen Opfern wird es nie mangeln. Aber wählen Sie sorgfältig. Überzeugen Sie sich davon, daß Ihr Ziel bereits dem Untergang geweiht und allgemeiner Geringschätzung preisgegeben ist. Wenn dann kommt, was kommen mußte, stehen Sie aufgrund Ihrer genauen Vorhersage wie ein Prophet da.

Es folgen einige gute Beispiele für Projekte, deren Scheitern Sie getrost vorhersagen können:

- Jeder Versuch, die Arbeitsmoral zu verbessern.
- Jeder Versuch des Reengineering im großen Maßstab.
- Jedes Projekt, das länger als zwei Jahre dauert.
- Jedes vom Markt geforderte hochkomplizierte technische Produkt.
- Alles, was bisher noch nicht gemacht wurde.

Rein zufällig werden einige der attackierten Projekte auch erfolgreich sein, doch können Sie immer ein paar Schwachstellen finden. Diese können Sie dann als Beispiele der Pleiten hinstellen, die Sie befürchtet haben.

Haben Sie erst einmal den Ruf, das Scheitern anderer regelmäßig vorauszusagen, werden Manager auf höheren Ebenen anfangen, Sie für einen Visionär zu halten. Die Beförderung ist unausweichlich, was Sie in eine noch viel günstigere Position versetzt, auf Kosten anderer voranzukommen.

Bringen Sie Ihre Kollegen in Verruf

Aller Erfolg ist relativ. Sie können Ihren relativen Erfolg verbessern, indem Sie die Fähigkeiten und Leistungen Ihrer Kollegen herabsetzen. Das ist nicht

schwer, weil die Menschen in Ihrer Umgebung Idioten sind. Konzentrieren Sie sich wie ein Laser auf jeden Fehltritt, den jemand macht. Nutzen Sie jede Gelegenheit, dem Chef die Fehler mitzuteilen, aber so, daß nicht der Eindruck entsteht, Sie wollten andere anschwärzen.

Sie können diesen Eindruck vermeiden, indem Sie bei der Sekretärin des Chefs über die Kollegen herziehen. Dadurch erreicht die Information den Chef garantiert, aber ohne Ihre direkte Beteiligung. Und als Dreingabe wird der Sachverhalt dabei gewöhnlich übertrieben. Das Beste aber ist: Wenn die Sekretärin des Chefs Ihren Worten einmal Glauben geschenkt hat, werden Ihre Kollegen beim Chef keinen Termin mehr bekommen, um das Gegenteil zu beweisen.

Begehen Sie nicht den Fehler, Kollegen die Kritik ins Gesicht zu sagen. Dadurch verraten Sie Ihre Pläne und fordern Vergeltungsmaßnahmen heraus. Die einzig konstruktive Kritik ist die hinter dem Rücken der Leute.

Der Sieg der Form über die Materie

Die Welt ist von oberflächlichen und beschränkten Menschen bevölkert. Aus diesem Grund wird Form stets wichtiger als Materie sein. Sie können Ihre Zeit mit Wehklagen darüber verschwenden, daß das in einer vollkommenen Welt eigentlich nicht sein darf, Sie können es aber auch bleiben lassen und meinem Rat folgen.

Akten

Eine Akte, die länger als zwei Seiten ist, wird nur von wenigen Menschen gelesen. Wer sie doch liest, wird sich vierundzwanzig Stunden später nicht mehr daran erinnern. Deshalb sollten alle Dokumente, die Sie verfassen, länger als zwei Seiten sein. Sie wollen Ihre Leser ja nicht mit Fakten beeinflussen; vielmehr sollen sie Ihren schöpferischen Gebrauch verschiedener Schriften, Ihren originellen Einsatz unbeschriebener Flächen und die anregenden Grafiken bemerken. Eine gute Aufmachung hinterläßt beim Leser den entschiedenen Eindruck, daß Sie ein Genie sind und daß alles, was Sie schreiben, hervorragend ist.

Kleider

Entgegen dem Volksglauben sind es häufig Ihre Kleider, die befördert werden, nicht Sie. Wenn Sie die Person sind, die in den Kleidern steckt, bringt Ihnen das einige Vorteile. Kleiden Sie sich deshalb stets besser als Ihre Kollegen, so daß Ihre Kleider für die Beförderung ausgewählt werden. Und stellen Sie sicher, daß Sie in ihnen stecken, wenn es soweit ist. Ein Mann machte einmal den Fehler, seine Kleider aus der Reinigung zur Arbeit mitzubringen; er endete als Untergebener seines Sportsakkos.

Täuschen Sie Geschäftigkeit vor

Gehen Sie nie ohne ein Dokument in der Hand über den Flur. Leute mit Unterlagen in der Hand machen den Eindruck hart arbeitender Angestellter, die gerade auf dem Weg zu einer wichtigen Besprechung sind. Wer nichts in der Hand hat, sieht aus, als sei er auf dem Weg zur Cafeteria. Leute mit einer Zeitung in der Hand sehen aus, als seien sie auf dem Weg zur Toilette.

Vergewissern Sie sich vor allem, daß Sie massenweise Unterlagen mit nach Hause nehmen. Man wird dann glauben, Sie arbeiteten länger, als Sie es wirklich tun.

Appellieren Sie an die menschliche Habsucht

Sie können die zwei oder drei Neuronen, die Menschen für den gesunden Menschenverstand nutzen, kurzschließen, indem Sie an ihre Habsucht appellieren. Nichts charakterisiert Menschen besser als ihre Bereitschaft, vollkommen irrationale Dinge zu tun, wenn dabei höchst unwahrscheinliche Gewinne locken. Nach diesem Prinzip funktionieren Lotterien, Rendezvous und Religionen. Sie können diese Eigenart der menschlichen Natur zu Ihrem Vorteil ausnutzen, ohne daß es Sie einen Pfennig kostet.

Die psychologische Erklärung dieses Phänomens ist, daß das Leben uns auslaugt und wir alle lieber anderswo wären. Ihre Aufgabe als machiavellistischer Manipulator ist es, den Menschen die mikroskopisch kleine Chance zu eröffnen, reich zu werden, indem sie tun, was Sie ihnen sagen.

Lassen Sie andere für sich arbeiten

Nehmen Sie jede Gelegenheit wahr, unspektakuläre und hoffnungslose Arbeiten nach unten, seitwärts und nach oben zu delegieren.

Das Delegieren an Untergebene ist leicht. Sehr viel schwieriger ist das Delegieren an Kollegen und den Chef. Berufen Sie sich stets auf das Prinzip der „Effizienz", wenn Sie versuchen, Ihre Arbeit seitwärts und nach oben abzugeben. Untermauern Sie Ihr Argument, indem Sie sich den Ruf verschaffen, bei allen langweiligen und undankbaren Aufgaben unfähig und unzuverlässig zu sein.

Wenn man Sie zum Beispiel beauftragt, die Donuts für die Personalbesprechung zu besorgen, bringen Sie die mit, die keiner mag. Wenn man von Ihnen verlangt, die Notizen der Besprechung abzutippen, bringen Sie absichtlich grammatikalische Fehler in die Zitate der anderen hinein. Wenn man von Ihnen verlangt, im Unternehmen für karitative Zwecke zu sammeln, tun Sie zu Beginn jeder Besprechung Ihre Meinung kund, daß die Mitarbeiter karitativer Organisationen „lieber arbeiten als schnorren" sollten. Wenn Sie dann sagen: „Ich könnte diese Fotokopien zwar machen, aber im Interesse der Effizienz wäre Ted sehr viel besser dafür geeignet", haben Ihre Worte viel mehr Überzeugungskraft.

Zu den jederzeit erreichbaren Früchten der Arbeitsscheu gehören alle Aufgaben, die für andere wichtiger sind als für Sie. Wenn Sie solche Aufgaben lange genug ignorieren, wird die Person, die sie erledigt haben will, sie schließlich selbst tun, auch wenn es eigentlich Ihr Job ist.

Übertreiben Sie Ihre Fähigkeiten

Jeder übertreibt mit seinen Fähigkeiten. Das ist noch nichts Besonderes. Sie müssen mit Ihrem Eigenlob einen Schritt weitergehen: ins Reich der reinen Phantasie. Es reicht nicht, zu erklären, Sie hätten die zugewiesenen Aufgaben gut erledigt. Sie müssen für jede positive Entwicklung, die es jemals in der Firma oder auf der Welt gab, das Verdienst für sich in Anspruch nehmen.

Was Sie getan haben

An einigen Versammlungen teilgenommen, Donuts gegessen, mit dem Kopf genickt, um Verständnis vorzutäuschen.

In einem Projekt tätig gewesen, das aufgegeben wurde, nachdem das Management herausgefunden hatte, was Sie da eigentlich taten.

Bei der Organisation der Firmenkampagne zum Kauf von Staatsanleihen hängengeblieben.

Was Sie sagen können

Eine Strategie geschaffen zu haben, um die Firma in das nächste Jahrhundert zu bringen. Die Erträge um 25 Millionen Dollar erhöht zu haben.

Die Kernprozesse des Unternehmens technisch verbessert und den Marktanteil um 90 Prozent vergrößert zu haben.

Die Währung einer der reichsten Nationen der Welt stabilisiert zu haben.

Einschüchterung durch Lärm

Sprechen Sie laut, und verhalten Sie sich irrational. Mitarbeiter und sogar Chefs werden sich Ihrem Willen beugen, wenn Sie diese Methode konsequent anwenden. Machen Sie ganz deutlich, daß Sie durch Vernunft keineswegs ins Schwanken gebracht werden können und daß Sie nicht aufhören werden, laut und abscheulich zu sein, bis Sie Ihren Willen durchgesetzt haben. Diese Methode ist wirkungsvoll, weil das Gesetz die Leute daran hindert, Sie umzubringen, und weil es keinen anderen gangbaren Weg gibt, Sie zu stoppen.

Zunächst versucht Ihr Opfer vielleicht einfach abzuwarten, bis alles vorüber ist, in der Hoffnung, daß Sie müde werden und verschwinden. An diesem Punkt scheitern viele Möchtegern-Machiavellis mit der Lärm-Methode – sie geben zu früh auf. Seien Sie hartnäckig, bis an den Rand des Wahnsinns. Lassen Sie nicht nach.

Verwandeln Sie sich, wenn Sie Ihren Willen bekommen, umgehend in die liebenswürdigste Person, die Ihr Opfer je gekannt hat. Kaufen Sie ihm Süßigkeiten. Rufen Sie seinen Chef an und loben Sie ihn. Loben Sie ihn auch in Gegenwart anderer Kollegen. Das macht den Unterschied zwischen Zuckerbrot und Peitsche noch deutlicher.

Die Lärm-Methode wirkt am besten bei Menschen, die in gestörten Familienverhältnissen aufgewachsen sind. Das sind zum Glück fast alle. Diese Menschen werden glauben, Sie seien ihr bester und persönlicher Freund. Ab da können Sie sie um so besser mißbrauchen.

Leiten Sie attraktive Projekte

Der Wert eines jeden Projektes gründet sich darauf, wie es sich in Ihrem Lebenslauf anhört. Lassen Sie sich nicht von der Propaganda einwickeln, daß bestimmte Dinge wichtig für die Aktionäre seien. Die Aktionäre sind Menschen, denen Sie nie begegnen werden. Und da die meisten Projekte sowieso fehlschlagen oder sich in etwas verwandeln, das Sie nie beabsichtigt haben, schlägt sich der eigentliche Wert Ihrer Arbeit nur in Ihrem Lebenslauf nieder. Sie müssen lernen, das Wichtige vom Unwichtigen zu unterscheiden.

Niemand, der eine solche Vita liest, bekommt eine tatsächliche Vorstellung davon, an was der Autor eigentlich gearbeitet hat. Sämtliche Urteile darüber basieren deshalb notwendigerweise auf den allen gemeinsamen Assoziationen zu bestimmten Wörtern. Sie müssen also an Projekten arbeiten, deren Namen gut klingen.

Meiden Sie jedes Projekt, dessen Beschreibung eines der folgenden Wörter enthält:

- Buchhaltung
- Arbeitsprozesse
- Reduzierung
- Budget
- Qualität
- Analyse.

Suchen Sie sich Projekte, deren Beschreibung eines der folgenden, für einen Lebenslauf geeigneten Wörter enthält:

- Multimedia
- weltweit
- Zukunft
- strategisch
- Einnahmen
- Markt
- Technologie
- schnell
- wettbewerbsfähig.

Spannen Sie Ihre Kollegen für sich ein

Viele Dummköpfe werden versuchen, die Umsetzung Ihrer genialen Pläne zu verhindern. Sie können ihren kollektiven Widerstand minimieren, indem Sie sie vor Ihren Karren spannen. Sie sammeln einfach die Meinungen der Leute, denen an einer Entscheidung liegt, tun interessiert und tun dann so, als entspräche Ihr Plan genau dem Willen der Mehrheit.

Das klingt vielleicht dumm, aber verglichen mit den Alternativen ist es die einzig brauchbare Lösung. Sie können hundert unterschiedliche Ansichten weder unter einen Hut bringen noch einfach ignorieren. Sie können den Menschen lediglich die Illusion verschaffen, daß sie an der Entscheidung Anteil hatten. Aus irgendeinem Grund reicht das aus, die Menschen glücklich zu machen.[*] Das ist die Basis aller Demokratien.

Eigennützige Strategien

Es sind Fälle von Angestellten dokumentiert, die eine leichte Lebensmittelvergiftung in der Firmencafeteria erlitten. Als dazu später ein hypnotischer, von der Langeweile ihres Jobs ausgelöster Trancezustand hinzukam, reagierten sie plötzlich inspiriert auf eine Nachricht am Schwarzen Brett des Unternehmens und verhielten sich damit aus Versehen ganz im Interesse der Firma.

Das könnte auch Ihnen passieren. Passen Sie einfach auf, was Sie essen. Das ist der beste Rat, den ich Ihnen geben kann.

---

[*] Der Grund ist, daß die Menschen Idioten sind.

Manipulieren Sie die Medien

Reporter stehen täglich vor der Wahl, einen Sachverhalt entweder gewissenhaft zu recherchieren oder einfach zu schreiben, was die Leute ihnen erzählen. Beide Ansätze sind gleich erfolgreich.

Auch wenn Sie das Gegenteil glauben: Die Zitate, die Sie in der Zeitung lesen, geben selten wieder, was tatsächlich gesagt wurde, und stehen selten im richtigen Zusammenhang. Die meisten Zitate werden von den Verfassern konstruiert, um die Meinung zu unterstützen, die sie vor Niederschrift des Artikels hatten. Erwähnen Sie weder Namen noch Thema, zu dem Sie nicht falsch zitiert werden wollen.

Das folgende Beispiel zeigt, wie man durch eine geringfügige Bearbeitung die ursprüngliche Bedeutung einer harmlosen Unternehmensaussage ändern kann, obwohl man immer noch zitiert:

Sie sagen: „*Unser Unternehmen bringt* Ihnen Schrauben und *Mutter*n zu in*teres*sa*nten Konditionen direkt *zu* Ihrer Fir*ma.*"

In der Presse heißt es: Unser Unternehmen bringt _____ Mutter _____ Teres_a ____ _____ _____ _u_ __m.

Alle Medienberichte konzentrieren sich entweder auf etwas sehr Schlimmes oder auf etwas sehr Gutes. Helfen Sie dem Schreiberling, herauszufinden, was an Ihrer Situation sehr gut ist. Sonst handelt sein mangelhafter Artikel im allgemeinen von etwas sehr Schlimmem.

Die Ehrlichkeits-Falle

Sie könnten der Versuchung erliegen, Ihren Vorgesetzten Ihre ehrliche Meinung zu sagen. Widerstehen Sie dieser Versuchung um jeden Preis.

Wiegen Sie sich wegen des von der Firmenleitung oft geäußerten Interesses an Feedback nicht in Sicherheit. Es gibt nur zwei sichere Aussagen, die Sie Ihrem Vorgesetzten gegenüber äußern können:

- „Ihre Entscheidungen sind genial!"
- „Ich habe eine Idee, wie man Papier einsparen kann!"

Jede andere Rückmeldung fordert die Intelligenz und die Autorität des Vorgesetzten direkt heraus. Wenn Ihr Drang nach Ehrlichkeit zu stark wird, probieren Sie folgende simple Übung, um Ihre masochistischen Neigungen zu zähmen:

1. Nehmen Sie einen großen Kochlöffel.
2. Schlagen Sie sich damit auf den Kopf.
3. Wiederholen Sie die Übung.

Beanspruchen Sie das Verdienst an der Arbeit anderer

Millionen von Arbeitnehmern verrichten täglich Millionen von Dingen. Einige von ihnen tun rein zufällig etwas Nützliches. Spüren Sie diese seltenen Fälle auf und tun Sie alles, um Ihren Namen damit in Verbindung zu bringen.

Wenn Sie der Chef sind, stellen Sie sicher, daß Ihr Name auf dem Titelblatt jeder guten Arbeit Ihrer Mitarbeiter steht. Ihre Mitarbeiter werden das hassen, wenn Sie sich jedoch eingehend mit dem Abschnitt über Vergeltung befaßt haben, ist das für Sie kein Problem.

Sollten Sie an einer Teamarbeit teilnehmen, dann stellen Sie sicher, daß Sie derjenige sind, der die Ergebnisse präsentiert und die Unterlagen an die Chefetage weiterleitet. Heften Sie Ihre Geschäftskarte an die Dokumente, die Sie verteilen. Dadurch erscheinen Sie als der wichtigste Mann im Team, auch wenn Sie während der Arbeitstreffen nichts anderes getan haben, als Donuts zu essen und sich auszumalen, wie Sie mit einer attraktiven Mitarbeiterin in der Besenkammer knutschen.

Machen Sie falsche Zugeständnisse

Entscheidend für einen Team-Player ist die Bereitschaft zu falschen Zugeständnissen, die andere Leute für aufrichtig halten. Erklären Sie sich zu Opfern bereit, von denen Sie wissen, daß sie nicht angenommen werden oder sowieso niemanden interessieren. Nachfolgend finden Sie einige Dinge, die Sie gut opfern können:

- Bieten Sie an, die Steigerungsrate künftiger Budgets zu reduzieren und sprechen Sie davon immer wieder als einer Reduzierung des Budgets.
- Schicken Sie Ihre unfähigsten Mitarbeiter in eine andere Abteilung, um dort zu „helfen".
- Nehmen Sie Einsparungen vor, indem Sie ein Projekt einstellen, das aufgrund Ihres Mißmanagements sowieso gescheitert wäre.
- Bieten Sie an, auf Mitarbeiter Ihrer Abteilung, die für andere Teams in der Firma gearbeitet haben, zu verzichten. Die Manager der anderen Gruppen müssen sich dann abstrampeln, ihre Reihen wieder aufzufüllen, während Sie aufgrund Ihres Opfers wie ein Team-Player dastehen.
- Bieten Sie an, ein für die Firma entscheidendes Projekt zu streichen. Dieses Angebot wird natürlich nicht akzeptiert werden, und die Dinge, die Sie nicht angeboten haben, erscheinen dadurch vergleichsweise wichtiger.

Arbeiten Sie an Projekten ohne überprüfbare Ergebnisse

Die besten Jobs sind solche, die keine meßbaren Resultate bringen. Meiden Sie Jobs, in denen Ihr Erfolg in Quantität und Aktualität gemessen werden kann. Ihr Verdienst um Qualität können Sie sehr viel einfacher übertrieben darstellen als Ihr Verdienst um Quantität.

Ungeeignete Jobs

Verkauf

Programmieren

Arbeitsprozesse

Kundendienst

Versand

Geeignete Jobs

Strategie

Alles mit „Medien" im Namen

Marketing (für fertig entwickelte Produkte)

Langfristiges Reengineering

Werbung

Anschaffungen

Schicken Sie Leute in die Rechtsabteilung

Von Zeit zu Zeit wird es für Sie notwendig sein, ein Projekt abzuwürgen, ohne als der Attentäter identifiziert zu werden. Dafür unterhalten große Firmen Rechtsabteilungen. Kein Projekt ist derart risikolos, daß es der Justitiar des Unternehmens nicht kippen kann.

Leiten Sie die Budgetgruppe

Es ist unter Umständen eine äußerlich wenig attraktive Aufgabe, das Budget Ihrer Gruppe zu verwalten. Die meisten Manager haben eine Abneigung gegen diese Arbeit, deshalb ist es für Sie einfach, die Finanzen unter Ihre Kontrolle zu bringen. Wenn Sie die Fäden in der Hand halten, kontrollieren Sie wirkungsvoll Strategien und Karrieren aller Mitarbeiter der Abteilung.

Es ist ein verbreitetes Mißverständnis, der Etat würde vom höheren Management festgelegt und die Finanzplaner seien lediglich die Werkzeuge ihrer Politik. In Wirklichkeit ist es natürlich umgekehrt. Hochrangige Manager sind von allen Budgetfragen so gelangweilt und von der Komplexität des Themas so überwältigt, daß sie sofort akzeptieren, was ein Finanzplaner an Veränderungen im Etat empfiehlt.

98

6
Strategien für Arbeitnehmer

Sie arbeiten länger als jemals zuvor, und wenn Sie Empfänger eines festen Gehaltes sind, werden Sie für Ihre Überstunden nicht bezahlt. Es kommt Ihnen vielleicht so vor, als schrumpfe Ihr durchschnittlicher Stundenlohn wie ein billiges Baumwollhemd nach dem Waschen.

Falsch!

Die Natur hat eine Möglichkeit, diese Dinge auszugleichen. Sie müssen die Gesamtheit aller empfangenen Vergütungen berücksichtigen, die von mir sogenannte „tatsächliche Vergütung pro Stunde".

Definition

Die tatsächliche Vergütung pro Stunde ist die Summe aller Vergütungen, die Sie pro Stunde erhalten. Dazu gehören:

- Gehalt
- Zulagen
- Krankenversicherung
- leicht nach oben korrigierte Reisekostenabrechnung
- geklautes Büromaterial

- Prämien aus den Vielfliegerprogrammen
- Kaffee
- Kekse
- Zeitungen und Zeitschriften
- private Telefongespräche
- Sex im Büro
- Telearbeit
- Blaumachen
- Surfen im Internet
- private E-Mails
- Nutzung des Laserdruckers für Ihren Lebenslauf
- kostenlose Fotokopien
- Schulung für Ihren nächsten Job
- Nutzung Ihres Büros als Einzelhandelsfiliale.

Adams' Gesetz vom Gehaltsgleichgewicht

Adams' Gesetz vom Gehaltsgleichgewicht besagt, daß der tatsächliche Stundenlohn für den Arbeitnehmer immer konstant bleibt. Gelingt es einem Arbeitgeber,
Ihre Arbeitsbelastung zu erhöhen, wird die Natur entweder Ihre Vergütungen
oder Ihre Pseudoarbeitszeit so anpassen, daß das Gleichgewicht erhalten bleibt.

Als Unternehmen beispielsweise Anfang der neunziger Jahre hemmungslos begannen, Personal abzubauen, begannen die überlebenden Arbeitnehmer Überstunden zu machen, um nicht als minderwertige Leistungsträger zu gelten. Die
Gehälter erhöhten sich kaum, da das Angebot an Arbeitnehmern größer als die
Nachfrage war. Oberflächlich betrachtet sah es aus, als würden die Stundenlöh-
ne ständig sinken.

Die Natur reagierte auf das vorübergehende Ungleichgewicht erwartungsge-
mäß durch die Schaffung neuer Tätigkeiten, die wie Arbeit aussahen, aber keine waren, etwa dem Surfen im Internet oder der Telearbeit.

In anderen Teilen des Tierreiches arbeitet die Natur mit derselben Methode
der Täuschung und Verkleidung. Der Elbonische Plustervogel plustert sich,
wenn er bedroht wird, auf das Doppelte seiner normalen Größe auf.[*] In ähnli-

---

[*] Ja, das habe ich erfunden. Aber wir wissen doch alle, daß es einen Vogel geben muß, der sich bei drohender Gefahr
aufplustert. Wenn ich mich nicht irre, hat mein Wellensittich Goldie das kurz vor dem tragischen Unfall mit dem Basketball getan, für den ich später meinen Bruder verantwortlich machte.

cher Weise blähen Arbeitnehmer die Pseudoarbeitszeit auf, ohne wirklich mehr zu arbeiten. Das Gleichgewicht bleibt gewahrt.

Das Gesamtarbeitsaufkommen

Wirkliche Arbeit + Pseudoarbeit = Gesamtarbeitsaufkommen

Sie können am großen Plan der Natur mitwirken, indem sie tatkräftig den Tätigkeiten nachgehen, die das Gleichgewicht schaffen. Versuchen Sie, Ihr *Gesamtarbeitsaufkommen* auf einem gleichbleibenden Niveau zu halten, ohne die wirkliche Arbeit zu erhöhen. Sie erreichen das, indem Sie den Umfang der *Pseudoarbeit* erhöhen. Nutzen Sie dazu die folgenden Tätigkeiten:

- Surfen im Internet
- private E-Mails
- Teilnahme an Besprechungen
- Unterhaltungen mit dem Chef
- Tagungen
- Aufrüsten des Computers
- Testen neuer Software
- Warten auf Reaktionen von Mitarbeitern
- Projektberatung
- hinter dem Anrufbeantworter verstecken.

Telearbeit

Telearbeit ist ein Geschenk der Natur an unsere Generation. Gerade als es so aussah, als würde uns das Zusammenwirken von langen Pendlerfahrten, Luft-

101

verschmutzung, verstopften Autobahnen und langen Konferenzen umbringen, schenkte uns die Natur die Telearbeit.

Sie können jetzt zu Hause im Schlafanzug herumsitzen, Musik hören und mit Ihrer Handpuppe spielen. Wenn Sie ihren großzügigen Tag haben und zwei produktive Stunden hinlegen, dann ist das mehr, als Sie je im Büro geleistet hätten. Sie können stolz darauf sein.

Ein Büro ist für „Arbeit", nicht für Produktivität eingerichtet. Arbeit läßt sich definieren als „das, was man lieber nicht tun würde". Produktivität ist eine ganz andere Sache. Die Telearbeit ersetzt zehn Stunden Arbeit durch zwei Stunden Produktivität.

Damit man nicht merkt, wie gern Sie Telearbeit tun (und sie deshalb womöglich wieder abschafft), übertreiben Sie bei jeder Gelegenheit, wieviel mehr Sie zu Hause arbeiten. Sprechen Sie Ihrem Chef und Ihren Mitarbeitern eine Menge dummer und unnötiger Mitteilungen auf den Anrufbeantworter, während Sie zu Hause sind. Das schafft die Illusion, daß Sie so unglücklich und unproduktiv wie alle anderen sind und die Fortführung der Telearbeit daher gerechtfertigt ist.

Nebenberufliche Tätigkeiten im Büro

Eine Bürozelle ist ein ausgezeichneter Ort für den Verkauf von ausgestopften Puppen, Ohrringen, Kosmetika, Halbedelsteinen, Blumengestecken, Haushaltsreinigern, Immobilien und Pauschalreisen. Verpassen Sie auf keinen Fall die Gelegenheit zu solcher Schwarzarbeit.

Ein flottes, handgemaltes Schild an der Außenseite Ihrer Bürozelle ist alles, was Sie brauchen. Damit teilen Sie den Leuten mit, daß Ihr Geschäft geöffnet ist. Ein Prospekt oder eine Warenprobe erhöht den Anreiz für die Kundschaft, Ihre Zelle aufzusuchen.

Sie benötigen keine Qualitätsware. Seien wir doch ehrlich – wenn Ihre Kollegen zwischen Diamanten und einem Haufen Mist unterscheiden könnten, würden sie nicht in Ihrer Firma arbeiten. Verschwenden Sie deshalb keine Zeit auf „Qualität". Die Stellfläche im Regal zählt, und Sie haben 6,5 Kubikmeter zur Verfügung. Damit können Sie während der Arbeit ein Zubrot verdienen.

Diebstahl von Büromaterial

Bürobedarf ist ein wichtiger Teil Ihrer pauschalen Gesamtvergütung. Hätte Gott nicht gewollt, daß die Menschen Büromaterial mitgehen lassen, dann hätte er uns keine Aktenkoffer, Geldbeutel und Hosentaschen gegeben. Tatsächlich verbietet keine der Weltreligionen explizit das Klauen von Bürobedarf.[*]

Der einzige Nachteil ist das Risiko, erwischt zu werden, sich zu blamieren und ins Gefängnis zu kommen. Wenn Sie das jedoch mit Ihrer gegenwärtigen Arbeitssituation vergleichen, dann werden Sie mir wahrscheinlich zustimmen, daß der Unterschied nicht groß ist.

Das Geheimnis des Erfolges ist, nicht zu gierig zu werden. Es ist mit dem Bürobedarf wie mit Zins und Zinseszins – jeden Tag ein wenig mehr summiert sich im Lauf der Zeit. Wenn Sie zum Beispiel einige von diesen gelben Haftnotizen haben möchten, nehmen Sie nicht gleich den ganzen Block. Benutzen Sie statt dessen täglich mehrere davon als Lesezeichen in Unterlagen, die Sie mit nach Hause nehmen. Entfernen Sie die Zettel später vorsichtig und fügen Sie sie wieder zu einem Block zusammen.

Kugelschreiber und Bleistifte können Sie in unbegrenzter Menge mitgehen lassen. Vermeiden Sie aber den Anfängerfehler, die Sekretärin Ihrer Abteilung fortwährend nach dem Schlüssel für das Materiallager zu fragen. Das weckt Mißtrauen. Klauen Sie den Bürobedarf lieber direkt bei Ihren Kollegen. „Leihen" Sie sich Schreibutensilien bei Besprechungen und geben Sie sie nicht mehr zurück. Verhalten Sie sich ganz natürlich, und denken Sie daran: Wenn man Sie dabei erwischt, wie Sie einen Kugelschreiber in der Hosentasche verschwinden lassen, können Sie immer lachend behaupten, es sei ein „Reflex" gewesen.

---

[*] Einige Religionswissenschaftler werden das sicher bestreiten. Aber letztlich ist das sowieso Glaubenssache.

Ihre Kollegen werden ebenfalls versuchen, Ihr Arbeitsgerät zu mopsen. Verteidigen Sie Ihre Kugelschreiber und Bleistifte, indem Sie während der Konferenzen deutlich sichtbar auf ihnen herumkauen. Ich habe festgestellt, daß Zahnspuren Diebstahl wirkungsvoll verhindern. Die Androhung von Gefängnisstrafen richtet meist nichts aus.

Wenn Sie zu Hause einen Computer haben, dann verabschieden Sie sich von der Gewohnheit, eigene Disketten zu kaufen. Geklaute Disketten sehen nicht anders aus als die, die Sie abends mit nach Hause nehmen, um „noch etwas arbeiten" zu können. Die einzige praktische Beschränkung der Anzahl Disketten, die Sie mitgehen lassen können, ist die Höhe des Eigenkapitals der Firma, bei der Sie die Disketten stehlen. Das Unternehmen wird bankrott gehen, wenn Sie zu viele Disketten entwenden, und damit ist niemandem gedient. Deshalb ist hier Mäßigung angesagt. Denken Sie daran, sobald Sie sich ausreichend Disketten beschafft haben, um Ihre Daten auf der Festplatte zu sichern und eventuell das Dach neu zu decken.

Der Computer als Tarnung

Immer wenn Sie an einem Computer arbeiten, vermittelt dies dem flüchtigen Beobachter den Eindruck von „Arbeit". Sie können private E-Mails versenden und empfangen, Pornographie aus dem Internet abspeichern, Ihre Bankgeschäfte am Computer erledigen oder sich auf verschiedenste Weise vergnügen, ohne daß dies entfernt mit Arbeit zu tun hätte. Solche Dinge entsprechen zwar nicht unbedingt den vom Computerzeitalter erwarteten gesellschaftlichen Vorteilen, sie sind aber auch nicht eben schlecht.

Wenn Sie von Ihrem Chef erwischt werden – und das werden Sie –, sagen Sie zu Ihrer Verteidigung, Sie würden sich mit der neuen Software vertraut machen und der Firma damit teure Schulungskosten ersparen; Sie seien kein Faulenzer, sondern ein Mitarbeiter mit Eigeninitiative. Ihr Chef wird daraufhin weghuschen wie ein erschreckter Salamander.[*]

---

[*] In Labortests stellte sich heraus, daß drei von vier erschreckten Salamandern irrtümlich für Vorgesetzte gehalten wurden.

Warten auf die Hilfe anderer

Kaum eine Aufgabe kann erledigt werden, ohne die Hilfe anderer Mitarbeiter der Firma in Anspruch zu nehmen. Glücklicherweise erhalten Sie diese Hilfe nie, weil auch die anderen fleißig damit beschäftigt sind, Hilfe von anderen zu bekommen.

Eine solche Situation ist für alle erfreulich. Niemand leistet wirkliche Arbeit, und jeder kann für seine Probleme den unfähigen Mitarbeiter einer anderen Abteilung verantwortlich machen. Telefonieren Sie und warten Sie auf Hilfe, die nie kommt. Auf der wöchentlichen Projektbesprechung können Sie dann vollkommen zu Recht sagen, Sie hätten alles Menschenmögliche getan.

Chef: „Haben Sie die Produktdesigns fertiggestellt?"

Sie: „Ich habe telefoniert, wurde aber nicht zurückgerufen."

Chef: „Das ist keine Entschuldigung."

Sie: „Was schlagen Sie vor?"

Chef: „Sagen Sie mir früher Bescheid, wenn Ihnen niemand hilft."

Sie: „Habe ich versucht, aber Sie haben nicht zurückgerufen."

Chef: „Gut, jetzt weiß ich ja Bescheid. Sagen Sie mir nach der Besprechung, wer die Hilfe verweigert, und ich kümmere mich darum."

Sie: „Ich rufe Sie an."

Der Anrufbeantworter

Der Anrufbeantworter hat mehr Arbeitnehmer von der Arbeit befreit als jede andere Neuerung. Vor der Zeit des Anrufbeantworters mußte man noch persönlich ans Telefon, was einem nicht selten zusätzliche Arbeit bescherte. Heute lassen Sie das Telefon einfach klingeln, bis der Anrufbeantworter anspringt. Das hat drei Vorteile: Sie können (1) unmittelbar drohender Arbeit entfliehen, (2) die Anrufe sortieren, um künftige Arbeit zu vermeiden, und (3) den Eindruck erwecken, Sie seien überlastet!

Beispiel für eine Ansage auf dem Anrufbeantworter

„Hier spricht Scott Adams. Leider kann ich Ihren Anruf nicht entgegennehmen, weil ich ein Märtyrer bin, der die Arbeit mehrerer Kollegen erledigt. Ich werde an Erschöpfung sterben, bin aber sicher, daß der Grund Ihres Anrufs sehr wichtig und meiner Aufmerksamkeit wert ist. Schildern Sie Ihr Problem bitte in allen Einzelheiten, so daß ich seine Wichtigkeit im Verhältnis zu den anderen sechshundert Mitteilungen abschätzen kann, die ich heute bekommen werde."

7

Jahresgespräche

Der Zweck eines Jahresgesprächs

Eine besonders furchteinflößende und demütigende Erfahrung im Leben eines Angestellten ist das Jahresgespräch.

Den Verlauf eines solchen Gesprächs kann man sich theoretisch und im positiven Sinn als Interaktion zwischen einem „Betreuer" und einem Arbeitnehmer vorstellen, deren einziges Ziel es ist, Leistung zu optimieren. In Wirklichkeit ist es mehr so, als finde man hinter dem Haus ein totes Eichhörnchen, das man am besten auf das Dach des Nachbarn schleudert. Der blöde Nachbar holt es dann herunter und wirft es zurück, als sei er dazu berechtigt. Zuletzt ist keiner glücklich, am wenigsten das Eichhörnchen.

Läßt man die Theorie beiseite, dann geht Ihr Chef mit folgenden Zielen in das Jahresgespräch:

- Sie sollen arbeiten wie ein römischer Sklave auf einer Obstplantage.[*]
- Sie unterschreiben ein Geständnis Ihrer Verbrechen gegen die Produktivität.
- Ihr geringes Gehalt ist gerechtfertigt.

Ihr Ziel als Angestellter ist es, soviel unverdientes Geld wie möglich aus dem gefühllosen, ausbeuterischen Wesen herauszupressen, das sich als Arbeitgeber verkleidet hat. Er hingegen saugt die Lebenskraft aus Ihrem Körper.

Zum Glück für Sie stehe ich auf Ihrer Seite.

Dieses Kapitel zeigt Ihnen, wie Sie das Jahresgespräch bestehen, während Sie sich zugleich an dem Geld bereichern, das rechtmäßig Ihren produktiveren Kollegen zusteht. (Falls Ihre Kollegen damit nicht einverstanden sind, sollen sie sich doch selbst einen Ratgeber kaufen.)

Die Strategie Ihres Chefs besteht darin, Sie mit einem Trick dazu zu bringen, daß Sie Ihre Unzulänglichkeiten eingestehen. Ihr Chef wird sich an diese Unzulänglichkeiten hängen wie ein Pitbull an den Hosenboden eines Einbrechers. Ihre „Fehler" werden, einmal dokumentiert, an jeden neuen Chef weitergereicht, den Sie je haben, und dienen für den Rest Ihres Lebens als Rechtfertigung für Gehaltserhöhungen, die nicht der Rede wert sind. Es folgen zwei Beispiele für Arbeitnehmer, die in diese Falle getappt sind:

---

[*] Ob es im alten Rom so etwas wie Sklaven auf Obstplantagen gab, weiß ich nicht. Wenn ja, dann gehörten zu ihrer Arbeit vermutlich Dinge wie das Hinaufklettern auf wacklige Leitern, wo ihnen jedermann unter die Toga sehen konnte.

Aus der E-Mail ...

Von: (Name dem Autor bekannt)
An: scottadams@aol.com

Scott,

in meiner Firma müssen wir Beurteilungsformulare ausfüllen. Eines dieser Formulare enthält eine Reihe von Kategorien (Kreativität, Initiative, Teamarbeit usw.), hinter denen man „Stärken" und „Steigerungsmöglichkeiten" eintragen kann.

Da ich neu war und es nicht besser wußte, füllte ich das Formular ehrlich aus und überlegte, wo ich mich noch steigern konnte. Ein Kollege hielt mich jedoch zurück und klärte mich auf, daß „Steigerungsmöglichkeiten" den Arbeitnehmern vom Management automatisch als schlechte Leistung ausgelegt würden. Das will ich natürlich nicht, da ich schon für die karitativen Aktivitäten der Firma zuständig bin, und wir wissen alle, was das bedeutet.

Von: (Name dem Autor bekannt)
An: scottadams@aol.com

Scott,

ich habe früher für [Firma] im Bereich Projektmanagement gearbeitet. Im Rahmen meiner Arbeit wurde ich einmal gefragt: „Was halten Sie von dreidimensionalen Kreisdiagrammen?" Ich antwortete darauf: „Rein persönlich gar nichts." Dieselbe Frage wurde mir wiederholt von verschiedenen „Vorgesetzten" gestellt.

Als ich meine nächste Bewertung erhielt, war darin mehrfach negativ angemerkt, ich würde es ablehnen, dreidimensionale Kreisdiagramme zu erstellen. Ich sagte meinem Chef, daß man mich nie gebeten habe, ein Kreisdiagramm zu erstellen, sondern lediglich meine Meinung dazu wissen wollte. Doch für meine Bewertung spielte das natürlich keine Rolle – der Verweis „lehnt es ab, dreidimensionale Kreisschaubilder zu erstellen" steht seitdem in MEINER PERSONALAKTE!

Die einzige Verteidigung gegen diese Falle Ihres Chefs sind Unzulänglichkeiten, die sich weniger unvorteilhaft anhören:

- „Ich muß versuchen, weniger attraktiv zu sein, damit die Mitarbeiter/-innen nicht ständig abgelenkt werden."

- „Im Interesse der Teamarbeit sollte ich lernen, meine ungeheure Intelligenz angesichts weniger begabter Mitarbeiter unter Kontrolle zu halten."

- „Ich muß lernen, mich zu entspannen, statt weiter 19-Stunden-Tage abzuleisten."

- „Ich sollte Kontakt zu einer außerirdischen Zivilisation aufnehmen, da ihre Technologie das einzige ist, das ich noch nicht verstehe."

Strategien für das Jahresgespräch

Sie wissen, daß Ihnen mehr Geld zusteht, als Sie bekommen, und zwar aufgrund zweier unbestreitbarer Tatsachen:

1. Sie sind die meiste Zeit anwesend.
2. Siehe erstens.

Ihr Vorgesetzter sieht das vielleicht anders (der Idiot!). Glücklicherweise arbeiten verschiedene Dinge zu Ihren Gunsten: Erstens ist Ihr Chef wahrscheinlich zu faul, um Ihre Leistungsbewertung ohne Ihren „Beitrag" zu verfassen, und zweitens fürchtet er, daß Sie öffentlich aufheulen oder gewalttätig werden könnten. Diese Dinge haben genügend Gewicht, um die Bewertung zu Ihren Gunsten ausfallen zu lassen.

Schreiben Sie Ihre Leistungsbewertung selbst

Ihr Chef wird von Ihnen als Beitrag zu Ihrer Leistungsbewertung verlangen, daß Sie Ihre Fähigkeiten dokumentieren. Dem unvorbereiteten Arbeitnehmer mag dies vielleicht vorkommen, als solle er sein eigenes Grab schaufeln, doch Sie werden, nachdem Sie sich eingehend mit diesem Kapitel beschäftigt haben, zu der Einsicht gelangen, daß das Angebot eher der folgenden Geschichte vom Juwelierladen gleicht.

Der Juwelierladen

Stellen Sie sich Ihren Chef als wohlhabenden, aber unfähigen Eigentümer eines Juweliergeschäftes vor. Vor Antritt eines längeren Urlaubs gibt er Ihnen diese Anweisung: „Wenn niemand im Laden ist, zählen Sie die Rubine in diesem großen Sack hinten im Laden. Ich möchte schon seit Jahren wissen, wie viele es sind."

Leistungsbewertungen können wie ein großer Sack ungezählter Rubine sein. Es ist unwichtig, wie viele Rubine ursprünglich in dem Sack waren; ausschlaggebend ist die Zahl, die Sie dem Chef vorlegen. Folgen Sie bei der Beschreibung Ihrer Fähigkeiten diesem einfachen Gedanken.

Tips für die Darstellung Ihrer Leistungen

1. Einige Leute werden die Auflistung ihrer Leistungen unklugerweise auf Projekte begrenzen, an denen sie tatsächlich mitgearbeitet haben. Das ist ein Fehler. Vergessen Sie nicht das immaterielle Verdienst des „Nachdenkens" über ein Projekt.

2. Auch wenn Sie Ihr Projekt total vermasselt haben, machen Sie darauf aufmerksam, wieviel mehr Geld verlorengegangen wäre, wenn Sie etwas noch Dümmeres angestellt hätten. Verbuchen Sie die Differenz zwischen dem von Ihnen verursachten Mißerfolg und dem noch größeren Mißerfolg, den Sie hätten verursachen können, als „Kosteneinsparung".

3. Abkürzungen sind Ihre Verbündeten. Sie klingen beeindruckend, auch wenn sie keinerlei Information vermitteln. Verwenden Sie sie reichlich.

Chef: „Welchen Beitrag haben Sie zum Projekt geleistet?"

Sie: „Überwiegend QA. Ich war auch SME für die BUs."

Chef: „Ähm ... gut. Exzellente Arbeit."

4. Wenn Sie in diesem Jahr lediglich masturbierend in Ihrer Bürozelle gesessen haben, schmücken Sie das mit den zeitgemäßen Schlagwörtern aus. Behaupten Sie, jemand zu sein, der von sich aus Hand anlegt und in Eigeninitiative sein persönliches Arbeitsfeld mit Hilfe von Total Quality technisch verbessert und dabei alle Anforderungen von EEO, und OSHA erfüllt hat. Betonen Sie Ihre Entschlossenheit, die gute Arbeit im nächsten Geschäftsjahr fortzusetzen.

5. Fügen Sie Referenzen von nicht nachweisbaren Quellen bei. Ihr Vorgesetzter ist viel zu bequem, um Ihre Angaben zu überprüfen. Und da Ihre Personalakte vertraulich ist, braucht die Person, die Sie zitieren, auch nichts davon zu wissen.

6. Fügen Sie bezüglich der Leistungen dieses Jahres alles bei, was Sie letztes Jahr getan haben, und alles, was Sie für das kommende Jahr planen. Chefs haben keine genaue Vorstellung von zeitlichen Abläufen. Hätten sie diese, würden sie von Ihnen nicht die Arbeit von sechs Monaten in zwei Wochen verlangen. Dies ist Ihre Chance. Nutzen Sie die merkwürdige Schwäche im Zeitempfinden Ihres Chefs zu Ihrem Vorteil.

7. Schließen Sie in Ihre Leistungen alles ein, was von einem Kollegen getan wurde, der so ähnlich heißt oder aussieht wie Sie. Es ist einen Versuch wert, und wenn Sie erwischt werden, sagen Sie einfach: „Ich verwechsle uns beide ständig" und gehen schnell zu einem anderen Thema über.

Schaffen Sie günstige Voraussetzungen

Sie können günstige Voraussetzungen für Ihre Leistungsbewertung schaffen, indem Sie bei jeder Gelegenheit in glühenden Farben schildern, was Sie alles geschafft haben. Folgen Sie diesem Beispiel:

Umgeben Sie sich mit Versagern

Stellen Sie sicher, daß Sie in einer Gruppe mit Versagern arbeiten. Versager sind diejenigen, die nur kleine Gehaltserhöhungen bekommen und deshalb einen großen Teil des Budgets für Sie übriglassen. Der größte Fehler, den Sie machen können, ist, mit hochqualifizierten Leute zusammenzuarbeiten. Dabei verlieren alle. Ihre wahren Freunde sind Versager (bildlich gesprochen). Wenn sich überhaupt kein Versager in Ihrem Team befindet, helfen Sie Ihrem Chef, welche einzustellen, aber vorzugsweise in Bereichen, wo sie nicht stören. Die Versager sollten auf derselben Kostenstelle sitzen, doch nicht so nahe, daß diese Sie den ganzen Tag nerven.

Ich erinnere mich vieler freudiger Überraschungen nach Reorganisationen in Unternehmen, in denen ich gearbeitet habe. Ich beschaffte mir eilends ein Exemplar der neuen Organisationsstruktur, voller Vorfreude darüber, die Kollegen ausfindig zu machen, die diesmal meine nächste Gehaltserhöhung „finanzieren" würde. Einen inkompetenten Kollegen zu entdecken ist, als ob man im Garten einen Goldklumpen findet. Es ist Geld, das man ohne zusätzliche Arbeit frei Haus bekommt.

Wenn Sie also glauben, Schwachköpfe seien nur dazu da, die Industrie zur Herstellung von Gedenkplaketten zu unterstützen, täuschen Sie sich: Sie helfen auch, Ihr Gehalt zu bezahlen. Respektieren Sie das.

Rundumschlag-Bewertung

Wenn Sie das Glück haben, daß in Ihrer Firma Rundumschlag-Bewertungen üblich sind, dann ist das Ihre Chance, den Chef mit einem vernichtenden Gegenschlag zu bedrohen. Bei solchen Bewertungen beurteilt jeder Arbeitnehmer Untergebene, Kollegen und (das Beste daran) seinen teuflischen Chef.

Das Geheimnis, wie Sie das System für sich nutzen können, liegt darin, daß Sie Ihre Bewertungsformulare als letzter ausfüllen müssen. Tragen Sie die Formulare immer bei sich, und ziehen Sie diese gelegentlich heraus. Dann sagen Sie beispielsweise „Das erinnert mich …" und versuchen dabei so unheilvoll wie möglich zu klingen.

Und vergessen Sie nicht, Ihre Kollegen ebenfalls vernichtend zu bewerten. Jeder Dollar, der an einen Kollegen geht, fehlt im Gehaltsbudget für Sie. Das klingt vielleicht egoistisch, aber denken Sie daran, daß Ihre Mitarbeiter das Geld für dummes Zeug wie Weiterbildung und Krankenversicherung zum Fenster hinauswerfen, wohingegen Sie die Wirtschaft ankurbeln, indem Sie sich dafür Kleider kaufen. Sie müssen die „Leistung" Ihrer Mitarbeiter immer im großen Zusammenhang beurteilen.

Erfinden Sie Leistungen

Ihr Chef wird die wilden Übertreibungen, die Sie zu Ihrer Leistungsbewertung beisteuern, in Gedanken natürlich reduzieren. Zu Ihrem Glück befindet er sich dabei auf einer Art „Blindflug"; er hat keine Ahnung, wie weit er zurückstufen muß. Daher ist die beste Strategie logischerweise die, wie ein Schuhverkäufer zu lügen, der Fußfetischist ist.[*]

Nachfolgend nun, geordnet nach gängigen Kriterien, einige empfehlenswerte Formulierungen, die ich über die Jahre als Beitrag für meine Jahresgespräche verwendet habe. Sie sind so abgefaßt, daß Ihr Chef nur noch unterschreiben muß. Ihrem Chef bleibt damit jede gedankliche Arbeit überhaupt erspart.

Ist der/die Angestellte zur Teamarbeit fähig?

Scott liebt seine Kollegen wie sich selbst, nur ohne körperliche Leidenschaft. Scott ist bei jedem Team dabei, zumindest im Geiste oder beim Einheimsen des Erfolges. So groß wird Teamgeist bei ihm geschrieben.

Kann der/die Angestellte kommunizieren?

Scott spricht siebzehn Sprachen perfekt, eingeschlossen die afrikanische mit den klikkenden Geräuschen, die er mit dem Morsen kombiniert, um multi-task-fähig zu sein.

Geht der/die Angestellte auf die Kunden ein?

Niemand geht intensiver auf die Kunden ein als Scott. Manchmal macht das die Kunden nervös, besonders die Frauen, aber wir glauben, sie mögen es.

Hat der/die Angestellte Führungsqualitäten?

Scott ist die geborene Führungskraft. Die Menschen folgen ihm, wohin er geht, und lassen ihn nicht aus den Augen. Einige halten ihn für paranoid, aber das stimmt nicht, das sind seine Führungsqualitäten.

Besitzt und fördert der/die Angestellte moralisches Verhalten?

O ja, in jeder Beziehung. Scott würde beispielsweise nie seine Leistungen übertreiben, um sein Gehalt in unmoralischer Weise auf das „marktübliche" Niveau aufzublasen, von dem er fortwährend hört.

---

[*] Ich bin überzeugt, daß alle Schuhverkäufer Fußfetischisten sind. Und zwar aus dem einfachen Grund, weil sie bereit sind, für weniger Geld zu arbeiten als jemand, der Füße haßt. Das erklärt auch, warum sie die Maße Ihres Fußes so oft „vergessen" und darauf bestehen, sie nochmals zu messen.

116

Sind die Erwartungen und Standards des/der Angestellten hoch?

Scotts Standards sind so hoch, daß er die faulen Ignoranten um sich herum verachtet – die sogenannten Kollegen. Von Kunden, die sich nicht die Zeit für preisbewußtes Einkaufen nehmen, hält er noch weniger.

Scotts Erwartungen sind sehr hoch. Er spricht oft von seinem Ziel, sich in reine Energie zu verwandeln und der oberste Herrscher des Universums zu werden. Zwar ist der Weg dorthin noch weit, aber seine ausfallenden Haare sind ein sicheres Zeichen für irgendeine rapide Beschleunigung.

Bezieht der/die Angestellte andere in die Arbeit ein?

Scott bezieht Mitarbeiter in die Arbeit ein, indem er ihnen seine Arbeit überträgt, wann immer er sie für nicht ausreichend beschäftigt hält. Manchmal gibt er alle Arbeit ab und muß noch zusätzlich einige Dinge erfinden, damit jeder zu tun hat. Seine Mitarbeiter schätzen sich glücklich, so in die Verantwortung eingebunden zu werden.

Setzt der/die Angestellte Prioritäten?

Scott kennt seine Prioritäten. Als ich (sein kränklicher, wenig attraktiver Chef) ihn bat, das Jahresgespräch vorzubereiten, unterbrach er ein Telefongespräch mit seinem wichtigsten Kunden und sprang wie ein Panther an den Computer.

Versteht der/die Angestellte die Vision des Unternehmens?

Scott ist der einzige, der die Vision des Unternehmens tatsächlich „gesehen" hat. Er behauptet, sie sei ihm eines Abends im Wald erschienen und es sei „schwierig, sie zu beschreiben", er würde sie jedoch jederzeit wiedererkennen. Er kam mit einigen in eine Steinplatte gemeißelten „Geboten" Gottes zurück.

(In einem anderen Eintrag heißt es, Scott könne sich ausgezeichnet ausdrücken, er schreibe fast so gut wie Gott!)

Zusammenfassung der Leistung

Scott ist mein Vorbild. Ich träume davon, wie er zu sein. Manchmal folge ich ihm überallhin und kaufe dieselben Kleider. Hin und wieder wühle ich in seinem Abfall.

Ich habe einmal gesehen, wie Scott über einen See ging, um einen verletzten Schwan zu heilen.

Er ist die Liebe selbst.

Schlußbemerkung

Wenn alles schiefgeht, bestellen Sie das Buch „Der Lohnkiller" und lassen Sie sich das Exemplar ins Büro schicken. Sie müssen es nicht lesen; lassen Sie es einfach auffällig auf Ihrem Schreibtisch herumliegen. Machen Sie Ihren Chef noch nervöser, indem Sie um Urlaub bitten, um „einige persönliche Probleme zu überdenken".

Wenn Sie meinem Rat folgen, wird Ihr nächstes Jahresgespräch meiner Meinung nach zu einer größeren Gehaltserhöhung führen, als Sie möglicherweise wert sind.

8

Arbeit vortäuschen

Wenn es darum geht, sich vor der Arbeit zu drücken, darf ich getrost behaupten, daß ich bei Meistern ihres Faches gelernt habe. Nach neun Jahren bei Pacific Bell kenne ich so ungefähr alle Methoden, wie man beschäftigt *erscheint*, ohne es tatsächlich zu *sein*. In dieser Zeit kletterte der Aktienkurs von Pacific Bell stetig nach oben. Ich denke, ich kann daraus schließen, daß meine Arbeitsscheu im vollsten Interesse der Firma war und daß ich stolz darauf sein kann.

Hier offenbare ich nun zum ersten Mal meine geheimen Methoden, wie man Arbeit vortäuscht. Für Sie ist das eine Fahrkarte in die Freiheit.

Ihr Chef ist das größte Hindernis, wenn es um Freizeitgestaltung am Arbeitsplatz geht. Er wird versuchen, Sie bis zum Umfallen – allerdings nicht ganz bis dahin – schuften zu lassen. Das ist vielleicht eine ungerechte Pauschalisierung, denn natürlich nimmt er Untergebene, die sich dem Rentenalter nähern, aus wirtschaftlichen Gründen ein wenig härter ran. Als Arbeitnehmer brauchen Sie eine Überlebensstrategie. Sie müssen die Fähigkeit entwickeln, produktiv zu erscheinen, ohne tatsächlich Zeit und Energie dafür aufzuwenden. Ihr Leben steht auf dem Spiel.

Auf der Grundlage meiner erschöpfenden Nachforschungen[*] ziehe ich den Schluß, daß es drei Typen von Arbeitnehmern gibt:

---

[*] Viele waren es nicht, aber ich war erschöpft.

1. Arbeitnehmer, die hart arbeiten, egal was sie bekommen (Idioten).
2. Arbeitnehmer, die sich vor der Arbeit drücken und deshalb offenbar faul sind (Idioten).
3. Arbeitnehmer, die sich vor der Arbeit drücken, aber zugleich produktiv erscheinen (zufriedene Arbeitnehmer).

Der Rest dieses Kapitels stellt Strategien vor, wie Sie ein zufriedener Arbeitnehmer auf Kosten Ihres Arbeitgebers werden können, der ohnehin keinen so netten Menschen wie Sie verdient.

Avancieren Sie zum Team-Berater

Wenn Sie schon nicht der Chef sein können, dann ist die nächstbeste Möglichkeit, sich vor wirklicher Arbeit zu drücken, als „Berater" für Leute tätig zu sein, die wirkliche Arbeit leisten. Sie müssen sich vielleicht ein gewisses Fachwissen aneignen, um Berater zu werden, aber übertreiben Sie um Himmels willen nicht. Sie brauchen nur ein Prozent mehr zu wissen als die Leute, die Sie beraten, und schon kann Sie keiner mehr von Marilyn vos Savant[*] unterscheiden.

Stellen Sie sich zur Verdeutlichung dieses Sachverhalts folgende hypothetische Situation vor: Sie unterhalten sich mit Albert Einstein. Er wird plötzlich von einem Blitz getroffen, und dieser außergewöhnliche Vorfall macht ihn auf der Stelle doppelt so intelligent. Bemerken Sie den Unterschied?

Wenn eine Person intelligenter ist als Sie, dann ist es egal, ob sie ein oder eintausend Prozent intelligenter ist. Sie merken den Unterschied nicht. Ver-

---

[*] Marilyn vos Savant hat den höchsten IQ aller Menschen. Sie bearbeitete einmal einen Zauberwürfel, indem sie ihm einen solchen Schrecken einjagte, daß er sich von selbst in den Originalzustand zurückdrehte.

schwenden Sie also keine Zeit damit, sich einen Haufen Wissen einzutrichtern, weil das Ihren Wert in der Firma nicht erhöht.

Ihr Expertentum können Sie am besten in Bereichen entfalten, die zwar für viele Projekte wichtig sind, aber keine wirkliche Substanz haben und sensationell uninteressant sind. Suchen Sie sich ein Gebiet aus, das so knochentrocken ist, daß ein Durchschnittsmensch, der ihm ausgesetzt wird, sich am liebsten ein Loch in den Kopf bohren würde, um die Langeweile abzulassen. In Frage kommen also Gebiete wie

1. Facility Management
2. Datenbankverwaltung
3. Steuergesetzgebung.

Auf etwas warten

Suchen Sie sich Aufgaben aus, die stark von der Mitwirkung unfähiger Mitarbeiter, überarbeiteter Chefs und lügender Verkäufer abhängen. Wenn einer von ihnen etwas vermasselt, können Sie Ihre Arbeit nicht mehr tun, und Ihnen bleibt keine andere Wahl, als untätig zu warten. Sie können das Versagen anderer fördern, indem Sie sie um Dinge bitten, die aller Wahrscheinlichkeit nach nie geschehen werden:

- Bitten Sie ungebildete, joggende Manager, riesige Aktenberge genauestens durchzusehen.
- Bestellen Sie seit Ewigkeiten angekündigte Produkte, die nach Aussage des Händlers „bald erhältlich" sein werden.
- Verlangen Sie Besprechungen mit Mitarbeitern, die nicht mit Zeit umgehen können.

Diese Aktivitäten haben den unmißverständlichen Anschein der Notwendigkeit, während sie Ihnen gleichzeitig soviel Freizeit bescheren, wie Sie sich nur wünschen können.

Wechseln Sie häufig die Stelle

Die Aufgabenbeschreibung einer Tätigkeit hat eine unangenehm kumulative Eigenschaft: Je länger Sie bei einem Job hängenbleiben, desto mehr Arbeit wird man Ihnen abverlangen. Die Leute finden nämlich heraus, was Sie tun und wie man Sie erreichen kann. Schlimmer noch: Sie werden sich nach einiger Zeit Kompetenz erwerben; genausogut können Sie gleich um mehr Arbeit bitten.

Wechseln Sie die Stelle deshalb so häufig wie möglich. Damit verschwinden die lästigen Leute, die Ihre Telefonnummer kennen, aus Ihrem Leben. Sie können sich dann wieder in der weniger anstrengenden Rolle eines Beraters für irgend etwas ins Spiel bringen. Länger als zwei Jahre sollten Sie keinesfalls am selben Platz tätig sein.

Klagen Sie ständig über Ihre Arbeitsbelastung

Nehmen Sie jede Gelegenheit wahr, um sich über die unverhältnismäßigen Ansprüche zu beschweren, die man an Sie hat. Bekräftigen Sie dies bei jedem Kontakt mit einem Kollegen oder Chef. Nachfolgend finden Sie einige bewährte Formulierungen, die Sie in jede Unterhaltung einfließen lassen sollten:

„Ich mache hier ständig die Drecksarbeit."

„Ich spiele den ganzen Tag Feuerwehr."

„Ich hatte heute 1500 Anrufe auf dem Anrufbeantworter. Typisch."

„Sieht aus, als wäre ich am Wochenende schon *wieder* hier."

Nach und nach werden diese Botschaften in das Unterbewußtsein Ihrer Umgebung eindringen. Die Leute werden anfangen, Sie für einen hart arbeitenden Menschen zu halten, ohne auch nur den geringsten physischen Beweis für diese Theorie gesehen zu haben.

Mit anderen Worten, machen Sie es nicht wie dieser Kollege:

Der Anrufbeantworter

Sollten Sie einen Anrufbeantworter haben, gehen Sie nie ans Telefon. Die Leute rufen nicht an, weil sie Ihnen etwas schenken wollen, sondern weil Sie für andere arbeiten sollen. Das ist menschenunwürdig. Sortieren Sie deshalb alle Anrufe mit Hilfe des Anrufbeantworters.

Wenn sich eine Nachricht auf dem Anrufbeantworter nach drohender Arbeit anhört, rufen Sie in der Mittagspause zurück. Der Anrufer wird dann nicht erreichbar sein, während Sie zeigen, daß Sie hart und gewissenhaft arbeiten, obgleich Sie ein hinterhältiger Fuchs sind.

Wenn Sie diese Methode konsequent anwenden und zu Zeiten zurückrufen, an denen Sie niemanden erreichen, besteht die große Chance, daß der Anrufer kapituliert oder sich nach einer Lösung umsieht, die Ihre Mitarbeit nicht erfordert. Die erfreulichste Nachricht für Sie ist in diesem Zusammenhang: „Vergessen Sie meine letzte Mitteilung. Ich habe mich selbst darum gekümmert."

Wenn der Anrufbeantworter nur eine begrenzte Anzahl von Anrufen aufzeichnen kann, stellen Sie sicher, daß Sie dieses Limit häufig erreichen, etwa dadurch, daß Sie alte Mitteilungen nicht löschen. Dauert das zu lange, hinterlassen Sie sich selbst einige Nachrichten auf Band. Die Anrufer hören dann mittels einer aufgezeichneten Stimme den Hinweis „Ihr Anruf kann leider nicht mehr aufgezeichnet werden" – ein sicheres Zeichen dafür, daß Sie ein beanspruchter und vielgefragter Mann sind.

Wenn Sie mitten in der Nacht aufwachen, weil Sie einem Bedürfnis nachgehen müssen, sprechen Sie Ihrem Chef eine Nachricht auf Band. Ihre Mitteilung wird mit Zeitangabe gespeichert und verstärkt so den falschen Eindruck, Sie würden rund um die Uhr arbeiten. Das ist viel besser als der wirkliche Grund Ihres Wachseins – das Bier, das Sie vor dem Schlafengehen noch getrunken haben.

Einige Telefonsysteme aktivieren automatisch Ihren Piepser, wenn eine Nachricht für Sie hinterlassen wird. Bei anderen Telefonen kann man einen Anruf so programmieren, daß er zu einem späteren Zeitpunkt getätigt wird. Sie wissen natürlich, worauf ich hinaus will. Wenn eine sinnlose Besprechung ansteht, programmieren Sie Ihr Gerät so, daß es Sie während der Konferenz über einen Anruf informiert, indem es den Piepser aktiviert. Stellen Sie den Piepser auf „Ton" statt auf „Vibrieren", damit alle mitbekommen, daß Sie angepiepst werden. Sobald Sie die Nummer des Anrufenden auf dem Piepser sehen, blicken Sie mit schreckverzerrtem Gesicht in die Runde und entschuldigen sich schnell. Murmeln Sie auf dem Weg nach draußen „Um Gottes willen …".

Arbeitsbeginn und Feierabend

Sitzen Sie stets vor dem Chef am Arbeitsplatz. Ist das unmöglich, dann verlassen Sie die Firma nach dem Chef. Wenn Sie vor dem Chef da sind, dann sagen Sie ihm, Sie seien seit vier Uhr früh da. Er kann das nicht widerlegen. Gehen Sie nach dem Chef, sagen Sie ihm am nächsten Tag, Sie hätten bis Mitternacht gearbeitet.

Ihre Kollegen sind die einzigen, die Sie verpetzen können. Machen Sie ihnen daher klar, daß auch Sie sich merken, wann sie zur Arbeit kommen und abends gehen. So erzieht man sich gegenseitig zur „Ehrlichkeit".

Der unaufgeräumte Schreibtisch

Führungskräfte kommen mit einem aufgeräumten Schreibtisch ungestraft davon. Bei allen anderen sieht es dagegen so aus, als würden sie nicht genug arbeiten. Umgeben Sie sich mit gigantischen Aktenbergen. Für Außenstehende sehen die Akten vom Vorjahr genauso aus wie die vom laufenden Jahr. Allein die Menge zählt. Stapeln Sie die Akten in die Höhe und in die Breite. Will jemand Sie in Ihrem Büro aufsuchen, stecken Sie die betreffende Akte in einen Stapel und suchen Sie danach, wenn der Kollege eintrifft.

Unpünktlichkeit bei Besprechungen

Seien Sie bei Besprechungen unpünktlich und verlassen Sie diese vorzeitig. Das erweckt den Eindruck, als seien Sie so beschäftigt, daß Sie nicht alles tun können. Der Beginn einer Besprechung bringt sowieso nichts, und zum Schluß werden die Aufgaben verteilt. Für eine so vielbeschäftigte Person wie Sie ist das Zeitverschwendung.

Bewertung der Arbeit anderer

Besorgen Sie sich einen Job, bei dem Sie etwas „analysieren" oder „bewerten", statt etwas zu „tun". Wenn Sie etwas bewerten, kritisieren Sie die Arbeit anderer. Wenn Sie etwas „tun", kritisieren andere *Sie*.

Für solche Bewertungen gibt es oft keine klaren Kriterien. Schwelgen Sie daher in den Fehlern derer, die dumm genug waren, etwas zu „tun".

Arbeit an langfristigen Projekten

Sie können Ihre Faulheit leicht tarnen, wenn Sie an einem langfristigen Projekt mitwirken. Dann wird es immer einen anderen Tag geben, an dem Sie die Arbeit tun können, die Sie heute nicht erledigen. Realistisch betrachtet wird das Projekt wahrscheinlich sowieso aufgegeben oder bis zur Unkenntlichkeit verändert werden, bevor es beendet ist – deshalb wird kein Schaden angerichtet, wenn Sie Ihren Teil der Arbeit nicht tun.

Meiden Sie kurzfristige Projekte um jeden Preis. Solche Projekte bringen nur Ärger. Die Leute erwarten Ergebnisse, und sie erwarten, daß Sie Überstunden machen, um die Termine einzuhalten. Diese Mühen haben Sie nicht nötig.

Scheinbare Inkompetenz

Nichts ist effektiver, um die Arbeit von sich abzuleiten, als schiere Inkompetenz. Je unfähiger Sie erscheinen, desto weniger Arbeit wird man von Ihnen verlangen. Wie Sie sich vielleicht denken können, ist das nicht ohne Risiken. Man könnte in Ihnen etwa einen Schwachsinnigen erkennen und Sie ins Management befördern. Aber abgesehen davon ist die Strategie ziemlich unschlagbar.

Meiden Sie sinnlose Aufgaben

Der durchschnittliche Chef denkt sich für seine Untergebenen viele sinnlose Arbeiten aus. Die meisten dieser Aufgaben bekommen die Mitarbeiter, die das Pech haben, zu einer der folgenden Kategorien zu gehören:

- Die Person, die dem Büro des Chefs am nächsten sitzt.
- Die Person, die als erste eine Frage zum Thema stellt.
- Die Person, die als nächste das Büro des Chefs betritt.

Sie sollten unter keinen Umständen nach etwas fragen, das nicht in Ihren Tätigkeitsbereich fällt. Ihre Fragen werden nämlich als Interesse an einer neuen Arbeit gedeutet. Aufgrund Ihrer Frage werden Sie als „sehr geeignet" für alle möglichen sinnlosen Aufgaben eingestuft.

In den Augen des Chefs ist der unglückliche Untergebene, dessen Büro dem seinen am nächsten liegt, eine unerschöpfliche Deponie für noch unerledigte Arbeiten. Meiden Sie ein Büro in dieser Lage, auch wenn Sie dafür mit dem Facility Manager für Produktionsanlagen schlafen müssen.[*] Ein solches Büro ist wie ein Gefängnisurteil. Jedesmal wenn Sie Schritte hören, müssen Sie so tun, als würden Sie arbeiten. Jede noch so belanglose Arbeit landet auf Ihrem Schreibtisch, versehen mit einer Haftnotiz des Chefs. Ihr Wert für das Unternehmen wird mit einem Strom unbedeutender Aufgaben in Verbindung gebracht werden. Von einem schlecht gelegenen Büro erholt Ihre Karriere sich nie.

---

[*] Ein weiterer vorzüglicher Grund, in das Berufsfeld des Facility Management einzusteigen.

Betreten Sie das Büro des Chefs nur im äußersten Notfall. Jeder Chef hat eine Ecke seines Schreibtisches für nutzlose Arbeiten reserviert, die er wie Süßigkeiten an seine Besucher verteilt. Kommunizieren Sie mit dem Chef nur per Anrufbeantworter oder E-Mail. Dadurch entgehen Sie solchen für weniger clevere Besucher bestimmten „Leckerbissen".

Strategische Urlaubsplanung

Zu guter Letzt: Sparen Sie etwas von Ihrem Urlaub für die Zeit auf, in der Sie ihn strategisch einsetzen können.

9

Fluchen

Der Schlüssel zum Erfolg der Frau

Männer fühlen sich durch Fluchen manchmal anderen Männern verbunden, Fluchen trägt jedoch kaum zum geschäftlichen Erfolg bei. Man erwartet es von Männern, deshalb bedeutet es nicht viel, wenn sie es tun. Als Schockmittel hat es keinen Wert.

Wenn beispielsweise ein Mann einen anderen Mann in seinem Büro aufsucht und ihm einen Bericht zeigen will, lautet eine typische Antwort: „Mensch, steck dir das Ding in den Arsch und verpiß dich."

Dann flachsen beide herum und machen ein paar obszöne Witze über „Nutten". Sie schaffen dadurch ein lebenslanges Band zwischen sich, das nichts zerstören kann.[*] Fluchen ist nichts Schönes, aber es hat seinen Platz im Leben der Männer, wenngleich einen relativ unbedeutenden.

Bei Frauen ist das ganz anders. Eine fluchende Frau kann schockieren und auf sich aufmerksam machen. Fluchen ist hier ist ein Zeichen weiblicher Macht und der Grenzüberschreitung – und der zweitwichtigste Faktor für den Erfolg.

Faktoren für weiblichen Erfolg

1. Wen Sie kennen
2. Fluchen
3. Ausbildung
4. Was Sie tun

---

[*] Es sei denn, Nutten sind im Spiel.

Zu dieser Schlußfolgerung bin ich gelangt, nachdem ich eine zugegebenermaßen kleine Zahl an Beispielen erfolgreicher weiblicher Führungskräfte beobachtet hatte, die alle fluchten wie verwundete[*] Piraten.

Es ist nicht meine Schuld, daß die Auswahl gering war. Ich mache dafür die begrenzten Aufstiegschancen von Frauen in Unternehmen verantwortlich, an denen ich allerdings keinerlei Schuld habe, da ich während meiner Tätigkeit als Angestellter nie wichtig genug war. Aber davon will ich gar nicht anfangen.

Um zu verstehen, wie Fluchen den Frauen helfen kann, vergegenwärtigen Sie sich folgende hypothetische Situationen:

Szenario Nr. 1 (ohne Fluchen)

Ein Mann betritt das Büro einer Kollegin und möchte ihr einen Bericht zeigen. Sie sagt darauf: „Tja, ich bin im Moment ziemlich beschäftigt."

Unbeeindruckt von dieser sanften Ablehnung holt sich der Mann einen Stuhl und stiehlt der Frau eine Stunde ihrer wertvollen Zeit. Die Frau wird schließlich zu überhaupt nichts mehr kommen, weil Männer, die lieber mit ihr quatschen als zu arbeiten, vor ihrer Tür Schlange stehen. Dieser Teufelskreis führt zum Ende ihrer Karriere, und zuletzt landet sie als Pennerin auf der Straße.

Und wenn sie nicht lernt zu fluchen, wird sie auch als Pennerin keinen Erfolg haben.

Nehmen wir jetzt an, dieselbe Frau wäre in der Kunst des Fluchens erfahren. Die Situation könnte sich dann folgendermaßen gestalten:

Szenario Nr. 2 (mit Fluchen)

Ein Mann betritt das Büro einer Kollegin und möchte ihr einen Bericht zeigen. Sie sagt darauf: „Mensch, steck dir das Ding in den Arsch und verpiß dich."

---

[*] Ich rede hier nicht von körperlichen Wunden. Ich rede von Wunden, die man sich zuzieht, wenn man beginnt, sich nach einem Holzbein umzuschauen, und dann den Papagei einen Kopf kürzer machen muß, weil er mit seinen albernen Witzen über Buntspechte nicht aufhört.

Der Mann wird für einen Augenblick geschockt sein. Es ist unwahrscheinlich, daß er sich einen Stuhl holt, und es wird auch kein Gefühl der Zusammengehörigkeit zwischen ihm und der Frau entstehen. Statt dessen wird er sich wahrscheinlich rückwärts durch die Tür hinausschleichen. Die Produktivität der Frau dagegen wird explodieren wie eine Rakete.

Und die Folgen? Vielleicht ist die Frau eines Tages auf einen Gefallen des Mannes angewiesen, den sie damals verbal mißbraucht hat. Zu ihrem Glück sind Männer von früh auf gewohnt, verbale Beschimpfungen von Frauen zu ertragen und schnell darüber hinwegzukommen.

Für den unwahrscheinlichen Fall, daß der entsprechende Kollege nicht gleich helfen will, läßt sich die Situation mit folgender simpler Anweisung geradebiegen: „Ein bißchen dalli, sonst reiße ich dir die Eier ab und stopfe sie dir in den Hals."

Hier noch drei Szenarien, auf die ich nicht näher eingehe, die aber leicht ausgeführt werden können:

Handlung	Ergebnis
Kollege flucht über Kollegin.	Sechs Jahre Gefängnis.
Kollegin flucht über Kollegin.	Woher sollte ich das wissen?
Person flucht über Computer.	Computer arbeitet besser.

10

Wie Sie sich durchsetzen

Dieses Kapitel enthält Strategien, die Ihnen helfen sollen, sich durchzusetzen. Zwar werden diese Strategien Sie nicht an die Spitze der Firma katapultieren, aber sie werden Ihnen doch einige Befriedigung verschaffen, weil Sie dadurch die Idioten in Ihrer Umgebung in Schach halten können.

Das Gute an Idioten ist, daß man sie leicht reinlegen kann. Ich befasse mich mit dieser Frage eingehend in der Fortsetzung zu diesem Buch mit dem Titel *Mensch, warum habe ich noch einmal so ein Buch gekauft?*

Im Geschäftsleben ist der Sieg nicht das Wichtigste. Man muß auch reich werden, sonst hat das Ganze ja gar keinen Sinn. Wenn für Sie nur Reichtum zählt, dann empfehle ich, Butler bei einem altersschwachen Millionär zu werden, der seine kognitiven Fähigkeiten verloren hat, aber noch schreiben kann. Wenn Sie nicht reich werden können, sollten Sie als Zweitbestes selbstgefällig und zynisch sein. Dabei können Ihnen folgende Strategien helfen.

Die Strategie des letzten Wortes

Ich habe die „Strategie des letzten Wortes" jahrelang in Besprechungen angewendet, wenn ich wußte, daß die Meinungen auseinandergehen würden, aber nur meine eigene Ansicht einen Wert hatte. Anders ausgedrückt, ich wendete die Strategie in jeder Konferenz an, an der ich je teilnahm. Ihr Erfolg ist frappant. Und das ist gut so, weil zu den „weniger frappanten" Strategien einige gehören, die Sie sicher nicht anwenden wollen.

Weniger frappante Strategien

- Tun Sie so, als wären Sie eine Wachsfigur.
- Machen Sie Ihre Krawatten aus den papiernen Hygieneabdeckungen der Toilettensitze.
- Benutzen Sie rassistische Vokabeln, um die Aufmerksamkeit der Leute zu erregen.
- Wirken Sie in Ihrem Büro als Chiropraktiker.

In Gegensatz zu diesen Strategien, die nirgendwohin führen, kann Ihnen die „Strategie des letzten Wortes" nutzen. Sie funktioniert so:

Strategie des letzten Wortes

1. Lassen Sie die Konferenzteilnehmer ihre schwachsinnigen Vorschläge vortragen.
2. Halten Sie sich zurück, wenn die Teilnehmer ihre Vorschläge gegenseitig zerkleinern wie einen Kohlkopf im Mixer. Beobachten Sie, wie intensive Abneigungen enstehen, die das ganze Berufsleben andauern werden.
3. Wenn gegen Ende der vorgesehenen Besprechungszeit Kragen und Blase kurz vor dem Platzen sind, tragen Sie Ihren Vorschlag vor. Beschreiben Sie ihn als logisches Ergebnis der soeben gehörten konstruktiven Ideen, egal wie lächerlich das klingen mag.

Wenn Sie den richtigen Zeitpunkt wählen, werden die Teilnehmer Ihren Vorschlag vor lauter Frustration und physischem Unbehagen als die schnellste Möglichkeit ansehen, den Horror der Konferenz zu beenden. Tarnen Sie Ihren Vorschlag als Zusammenfassung der Ideen der Teilnehmer. So reduzieren Sie das Bedürfnis der anderen, Sie anzugreifen, um die eigenen, so heftig diskutierten Positionen zu verteidigen, auf ein Minimum.

Sie werden als derjenige dastehen, der das Geschäft vernünftig zum Abschluß gebracht hat, während die anderen Teilnehmer als sture Böcke erscheinen. Der einzige Nachteil ist, daß Sie im Fall eines Erfolges nicht als einziger Urheber der Idee gelten werden. Aber das ist kein Problem, da die meisten Ideen sowieso zu nichts führen. Und wenn sie zu etwas führen, beansprucht der Chef den Erfolg für sich.

Setzen Sie Sarkasmus ein

Menschen mit schlechten Ideen kann Logik definitionsgemäß nichts anhaben. Wenn sie logisch dächten, hätten sie keine schlechten Ideen – es sei denn, die Ideen basierten auf falschen Daten. Damit haben Sie zwei Strategien, um eine unlogische Idee zu Fall zu bringen und sich durchzusetzen:

- Argumentieren Sie mit Fakten. Recherchieren Sie umfassend, um Schwachstellen in der Argumentation des anderen aufzuzeigen.
- Gebrauchen Sie Sarkasmus, um den Einfall lächerlich zu machen und die Person wie einen Trottel dastehen zu lassen.

Wenn Sie zur „umfassenden Recherche" neigen, haben Sie zu viel Zeit. Außerdem funktioniert diese Methode nur, wenn Sie es mit einem logisch denkenden Kollegen zu tun haben, der gewillt ist, Fehler zuzugeben. Vielleicht suchen Sie sich gleich einen Kollegen, der allmächtig und in jeder Beziehung vorbildhaft ist. (Man beachte den fein dosierten Sarkasmus, um die Torheit dieses Ansinnens zu demonstrieren.)

Die zweite Option – Sarkasmus – bietet mehr Möglichkeiten. Sie funktioniert unabhängig davon, ob die Person, die Sie manipulieren wollen, unbrauchbare Daten hat oder einen unbrauchbaren Verstand. Wecken Sie in der betreffenden Person Angst und Unsicherheit. Setzen Sie Sarkasmus ein, um deutlich zu machen, wo Sie künftig mit Ihrem Spott ansetzen werden.

Zur Verdeutlichung hier ein Beispiel. Nehmen wir an, Ihr idiotischer Chef hat gerade vorgeschlagen, hart arbeitende Arbeitnehmer sollten mit einer Urkunde belohnt werden. Hier sehen Sie, wie Sarkasmus ihn dazu bringen kann, sein Vorhaben zu ändern.

Beispiel für die Macht des Sarkasmus

Sie: „Ich dachte bisher immer, die Probleme in der Firma würden durch schlechtes Management und unzureichende Gehälter verursacht."

Chef: „Das ist ein verbreiteter Irrglaube."

Sie: „Wie ich jetzt erkenne, ist der eigentliche Grund, daß zu wenig Urkunden verteilt werden."

Chef: „Hm ..."

Sie: „Am besten gefällt mir an der neuen Idee, daß auf jeden, der eine Urkunde bekommt, fünfzig Leute ohne Urkunde kommen – das ist enorm leistungs- motivierend!"

Chef: „Ich glaube, ich verstehe, auf was Sie hinauswollen."

Sie: „Ich möchte mir eine solche Urkunde verdienen! *Ich werde vor nichts zu- rückschrecken!*"

Chef: „Okay, verstanden ..."

Sie: „Sind Sie einverstanden, wenn ich heute bis spätnachts dableibe und die Ti- sche im Konferenzraum mit meinen Haaren einwachse?"

Strategie des großen Zusammenhangs

Die Theorie hinter dieser Strategie besagt, daß alle Schreibtischarbeiter für sich in Anspruch nehmen, als einzige den großen Zusammenhang zu sehen, wäh- rend die anderen kurzsichtige Versager sind. Ihre Mitarbeiter werden versu- chen, jedem „großen Zusammenhang", den Sie vor ihnen ausbreiten, eine Nasenlänge voraus zu sein. Sie können diesen Drang jedoch zu Ihrem Vorteil ausnutzen.

Angenommen, Sie haben eben eine Million Dollar mit einem Projekt ver- schwendet, das schrecklicher endete als eine betrunkene Neunzigjährige, die über ihren Hund stolperte. Sie sitzen in einer Besprechung, umlagert von Gei- ern, die gerne die Konferenz dazu nutzen würden, Sie in das von Ihnen verur- sachte Millionenloch zu stürzen. Ihre Aufgabe ist nun, diesem Schicksal zu entrinnen und – mit etwas Glück – sogar die eigene Stellung auszubauen. Dazu ist die Strategie des großen Zusammenhangs unerläßlich.

Die Unterhaltung könnte in etwa so verlaufen:

Sie: „Ich habe eine *Million Dollar* ausgegeben, aber das Projekt brachte trotz- dem kein Ergebnis."

Wally: „Sie haben eine Million Dollar zum Fenster rausgeschmissen!!"

Alice: „Was haben Sie sich eigentlich dabei gedacht?"

Ted: „Mensch! Hatte das Projekt denn keinen Leiter???"

Sie: (den Blick lässig auf den großen Zusammenhang gerichtet) „Eine Million Dollar sind doch Peanuts, wenn man an das Gesamtbudget für Forschung und Entwicklung denkt. Und wir betreiben eben ein risikoreiches Geschäft."
(Jetzt werden die übrigen Konferenzteilnehmer erkennen, daß Sie ihnen mit dem großen Zusammenhang in die Flanke gefallen sind, und sie werden sich abstrampeln, das wettzumachen.)

Wally: „Für lediglich eine Million Dollar haben wir eine ganze Menge gelernt."

Alice: „Verglichen mit dem gesamten Bruttoinlandsprodukt ist das nur ein Rundungsfehler."

Ted: „Können wir nicht über etwas *Wichtigeres* reden?"

Die Dinosaurier-Strategie

Bei der Dinosaurier-Strategie geht es darum, alle neuen Direktiven der Geschäftsführung zu ignorieren und alles weiter so zu machen, wie man es schon immer gemacht hat.

Diese Strategie ist deshalb so erfolgreich, weil es gewöhnlich ein halbes Jahr dauert, bis der Chef Ihre Rebellion bemerkt und deswegen wahnsinnig wird. Zufälligerweise bleiben Chefs immer ungefähr so lange in derselben Stellung.

Die durchschnittliche Lebensdauer eines Organisationsplanes beträgt sechs Monate. Sie können also gefahrlos jede Anordnung des Chefs ignorieren, deren Durchführung ein halbes Jahr dauern würde. Anders ausgedrückt, bevor Sie tätig werden müssen, hat sich Ihre Umgebung verändert. Sie können weiterhin Blätter kauen und in vulkanischer Asche herumtollen, während neue Chefs kommen und gehen.

Wenn Sie lange genug warten, verschwindet jede schlechte Idee wieder in der Versenkung. Und jede gute meist auch. Wenn Sie also nur die Zeit haben, eine einzige Strategie zu erlernen, dann sollte es diese sein.

Beispiel für die Dinosaurier-Strategie

Von: (Name dem Autor bekannt)
An: scottadams@aol.com

Scott,

wird das Management mit einem Problem des Managements konfrontiert und hat es keine Ahnung, was zu tun ist, meint aber, IRGEND ETWAS tun zu müssen, dann nimmt es stets zur gefürchteten DATENBANK Zuflucht. Natürlich haben die Manager keine gezielten Pläne, wie eine solche Datenbank tatsächlich EINZUSETZEN wäre, aber die Erstellung einer Datenbank scheint sie zu beschäftigen, und sie lassen die Ingenieure in Ruhe (zumindest eine Weile).

In einem ersten Memorandum wird dann erklärt, die neue Datenbank werde alle Probleme lösen.

In einem zweiten Memorandum heißt es, die Datenbank sei eine der Hauptaufgaben des Unternehmens, und daher müßten alle zusammenarbeiten, um „die Vision der Zukunft zu gestalten".

In den nächsten Memoranden steht, die Datenbank sei noch im Entstehen begriffen, aber alles gehe bestens.

Weitere Memoranden enthalten Kostproben dessen, was die Datenbank leisten wird, allerdings mit der Einschränkung, daß die Daten noch nicht vollständig genug erfaßt sind, um sinnvolle Ergebnisse zu liefern.

Noch weitere Memoranden erklären, die Datenerfassung dauere länger als erwartet, da die Ingenieure ihre Beiträge nicht pünktlich lieferten.

Die Ingenieure ignorieren weiterhin sämtliche Memoranden und die ganze Schelte.

Schließlich verläuft alles im Sand, und die DATENBANK löst sich im Abendlicht auf.

11

Marketing und Kommunikation

Ich kann mit einiger Kompetenz über das Thema Marketing schreiben, weil ich einmal an einer Marketing-Fortbildung teilgenommen habe. Außerdem habe ich schon viele Dinge gekauft.

Der Außenstehende mag den Eindruck bekommen, die gesamte Disziplin des Marketing lasse sich zusammenfassen wie folgt:

> Wenn man die Preise senkt, verkauft man mehr Einheiten.

Das ist jedoch eine grobe Vereinfachung, die Marketingfachleute beleidigt und ein über Jahrhunderte gewachsenes Verständnis der Feinheiten des Marketing ignoriert. Diese Feinheiten sind:

- Wenn man die Preise erhöht, verkauft man weniger Einheiten.
- Wie steht mir dieses Outfit?

Die Marketing-Abteilung arbeitet mit modernsten Methoden, um Produkte und Käufer in einer Weise zusammenzubringen, die den Gewinn optimiert. Zu diesem Zweck verschenken sie etwa Schlüsselbundanhänger.

Aber das ist noch nicht alles. Ihnen zuliebe habe ich die wichtigsten Konzepte des Marketing zusammengefaßt, so daß Sie keine Fortbildung machen müssen wie ich. Bitte sehr, gern geschehen.

Marktsegmentierung

Alle Kunden möchten das beste Produkt zum niedrigsten Preis erwerben. Glücklicherweise können viele nicht zwischen feiner asiatischer Seide und schlichten Papierhandtüchern unterscheiden. Egal was für ein erbärmliches Produkt Sie anbieten, es wird immer jemanden geben, der keine Unterschiede sieht oder keine Alternative hat. Aufgabe des Marketing ist es, diese „Segmente" aufzuspüren und dann mittels einer Vakuumpumpe die Hosentaschen dieser Leute leerzusaugen, bis nur noch Fusseln kommen.

Der Begriff Marktsegmentierung mag sich kompliziert anhören, doch handelt es sich um denselben Vorgang, nach dem man als Kind seine Mitspieler ausgesucht hat. Jeder potentielle Mitspieler wird nach objektiven Kriterien bewertet, wie etwa Schnelligkeit, Geschicklichkeit und Kraft. Wenn solche Kriterien keine eindeutige Wahl ermöglichen, wird das Angebot an Kandidaten aufgrund von Akne und Beliebtheit weiter segmentiert. Kinder, die nach diesen Kriterien gut abschneiden, kommen in das „Teamsegment", Kinder, die schlecht abschneiden, bilden das Marktsegment, das später im Erwachsenenalter sehr wahrscheinlich aufblasbare Puppen kaufen wird. So einfach ist das.

Das wichtigste Marktsegment ist der „dumme Reiche", so genannt aufgrund seiner Neigung, unabhängig von Kosten oder Nutzen alles zu kaufen, was neu ist. Wenn Sie genügend Einheiten an den dummen Reichen verkaufen, sinken

140

die Produktionskosten pro Einheit. Dann können Sie die Preise senken und ein Geschäft mit den „dummen Armen" machen – denn dort liegen die wirklichen Umsätze.

Es war noch nie eine gute Idee, ein Produkt für den „intelligenten Armen" oder den „intelligenten Reichen" zu entwickeln. Der intelligente Arme wird einen Weg finden, Ihnen das Produkt zu stehlen, der intelligente Reiche wird die ganze Firma kaufen und Sie hochkant rausschmeißen. Als Regel gilt, daß intelligente Menschen kein profitables Marktsegment sind. Zum Glück gibt es sie gar nicht.

Produktdifferenzierung

Die beste Möglichkeit, ein Produkt zu differenzieren, ist, es zum besten seiner Klasse zu machen. Es kann jedoch immer nur ein bestes Produkt in jeder Klasse geben, und wenn Sie dieses Buch lesen, arbeiten Sie wahrscheinlich nicht für die betreffende Firma. Daher brauchen wir uns mit dieser Strategie nicht zu befassen.

Angenommen, Sie verkaufen ein Produkt, das sich in nichts von den anderen Produkten auf dem Markt unterscheidet, zum Beispiel Telefonkarten, Versicherungen, Kreditkarten oder Bausparverträge. Sie können Ihr Produkt attraktiv erscheinen lassen, indem Sie seine wahren Kosten verbergen und sagen, es sei wirtschaftlicher als die Alternativen.

Gute Methoden zur Tarnung der wahren Produktkosten sind:

Kostentarnung

- Stellen Sie eine Verbindung zwischen den Monatsraten und exotischen Zinssätzen her, wie etwa den Schuldverschreibungen zu variablen Notierungen aus Sambia.
- Offerieren Sie Pläne für Rabatte, die so verwirrend sind, daß selbst Nostradamus die Hände über dem Kopf zusammengeschlagen und gesagt hätte: „Keine Ahnung! Sagen Sie's mir."
- Verteilen Sie Geschenkgutscheine, die nur durch ein ungeheuer aufwendiges Verfahren eingelöst werden können, ein Verfahren, das die schlimmsten Aspekte von Antragsformularen, Steuererklärungen und Müllsortierung miteinander verbindet.
- Vergleichen Sie Ihren niedrigsten Tilgungsplan mit dem höchsten der Konkurrenz.
- Bieten Sie Leuten, die schlecht im Rechnen sind, Leasingoptionen an.
- Setzen Sie gigantische Mahngebühren für Kunden an, die ihren Zahlungen nicht nachkommen. Vergessen Sie einmal im Jahr, dem Kunden eine Rechnung zu schicken.
- Bieten Sie immense Preisnachlässe für die ersten Zahlungen an, gefolgt von sittenwidrigen Preissteigerungen. Erschweren Sie es den Kunden, sich aus Ihrem Netz herauszuwinden, wenn sie sich einmal darin verfangen haben.
- Verkaufen Sie das Produkt ohne Ausstattungsmerkmale, die es nutzbar machen könnten, beispielsweise Computer ohne Tastatur und Arbeitsspeicher.

Das Gewinn-Verlust-Szenario des Marketing

Manchmal bietet Ihr Unternehmen ein schlechtes Produkt zu einem hohen Preis an. Hier kommt nun der wirkliche Zauber des Marketing ins Spiel. Es geht nicht mehr darum, den Kunden zu erziehen, sondern darum, ihn übers Ohr zu hauen.

Sollten Sie hier irgendwelche moralischen Bedenken bekommen, dann erinnern Sie sich an das Motto des professionellen Marketing-Experten:

„Wir hauen die Kunden nicht übers Ohr. Wir halten sie nur fest, während die Verkäufer sie übers Ohr hauen."

Danken Sie Gott für die Ignoranz Ihrer Kunden. Die Verwirrung ist Ihr Helfer. Nutzen Sie den Kundenkreis aus, den die Konkurrenz aufgebaut hat, und denken Sie sich Produkte aus, die denen der Konkurrenz unheimlich ähnlich, dabei aber viel schlechter sind.

Beispiele

Somy Walkman
Honduh Accord
Porch 911
Harry-Davidson-Motorräder
Popsi Cola

Werbung

Gute Werbung bringt die Menschen dazu, Ihr Produkt zu kaufen, auch wenn es nichts taugt. Das ist wichtig, weil Sie dann nicht mehr unter dem Druck stehen, gute Produkte herstellen zu müssen. Ein für Gehirnwäsche verwendeter Dollar ist kosteneffektiver als ein zur Produktverbesserung eingesetzter Dollar.

Natürlich gibt es ein Qualitätsminimum, das jedes Produkt erreichen muß. Es sollte den Transport überstehen, ohne bis zur Unkenntlichkeit zerstört zu werden. Die Werbung ist jedoch von entscheidender Bedeutung, sobald die Minimalanforderungen erfüllt sind.

Eine gute Werbekampagne richtet sich an eine bestimmte Zielgruppe. Besonders groß ist der Unterschied zwischen Kampagnen für Männer und Kampagnen für Frauen.

Männer sind in ihrem Verhalten berechenbar. Das macht es einfach, sie durch die Werbung anzusprechen. Jede an Männer gerichtete erfolgreiche Werbung enthält eine der beiden folgenden Botschaften:

1. Dieses Produkt verhilft Ihnen zu einem Rendezvous mit einem vollbusigen Fotomodell.

2. Dieses Produkt spart Zeit und Geld, und Sie brauchen beides für ein Rendezvous mit einem vollbusigen Fotomodell.

Verglichen mit einfältigen, triebhaften Männern sind Frauen sehr viel komplizierter und vielschichtiger. Die Werbung muß auf die vielfältigeren geistigen Interessen und künstlerischen Vorlieben der Frau eingehen. Insbesondere muß sie folgendes aussagen:

1. Wenn Sie dieses Produkt kaufen, werden Sie zu einem vollbusigen Fotomodell.

2. Siehe Erstens.

Zeigen sie Qualitätbewußtsein, indem Sie Experten zitieren, die Gutes über Ihr Produkt zu sagen haben. Einige Experten werden darauf bestehen, das Produkt zu sehen, bevor sie ihren Kommentar abgeben. Gehen Sie ihnen aus dem Weg. Sie brauchen Experten, die man mit einem kostenlosen Mittagessen und einem Prospekt beeinflussen kann.

Sie erweisen sich einen Bärendienst, wenn Sie Experten bitten, ein geeignetes Zitat zu formulieren. In der Werbung können sie wie im Journalismus Zitate aus Gründen der Lesbarkeit umformulieren. Sie können aus sämtlichen Wörtern, die der Experte je von sich gegeben hat, ganz neue Sätze schaffen. Technisch gesehen ist das immer noch ein Zitat. Viele erstklassige Veröffentlichungen wenden diese Methode an. Sie können das auch.

Wörtliches Originalzitat

„Das Produkt hat Mängel und ist für den Markt vollkommen ungeeignet."

Bearbeitetes Zitat

„Das Produkt ist vollkommen und für den Markt geeignet."

Was will der Kunde?

Es ist ungeheuer wichtig, den Kunden zu verstehen. Das ändert zwar nichts am Produkt – solche Entscheidungen hängen von der internen Unternehmenspoli-

tik ab –, ist aber notwendig, wenn man in Besprechungen durch eine „Ich-küm-
mere-mich-mehr-um-die-Kunden-als-Sie"-Einstellung auffallen will.

AUS: BUILD A BETTER LIFE BY STEALING OFFICE SUPPLIES, DOGBERT'S BIG BOOK OF BUSINESS 63

Der Weg zum Kundenverständnis besteht hauptsächlich aus Besprechungen
mit anderen Marketing-Leuten und Überlegungen dazu, was man tun würde,
wenn man so blöd wäre wie ein Kunde. Das hört sich dann so an:

Marketing-Experte Nr. 1: „Sie und ich bevorzugen vielleicht Rindfleisch in unseren Hamburgern, aber der Durchschnittskunde ist nicht so anspruchsvoll."

Marketing-Experte Nr. 2: „Ich habe von einem Typen gehört, der Glühbirnen
und Nägel frißt."

Marketing-Experte Nr. 1: „Genau. Denen ist doch egal, was sie essen."

Marketing-Experte Nr. 2: „Deshalb könnten wir unsere Burger mit Gras, Ze-
hennägeln und anderen [Kraftausdruck gestrichen] füllen, und die würden keinen Unterschied bemerken."

Marketing-Experte Nr. 1: „Die sollen froh sein, daß sie mit unserer Hilfe Geld
sparen."

Marketing-Experte Nr. 2: „Das war eine anstrengende Marktanalyse. Gehen
wir zusammen ein Steak essen?"

Marketing-Experte Nr. 1: „Ich bin Vegetarier."

Wenn Sie je einen Kunden persönlich kennengelernt haben, schließen Sie von seinem Verhalten auf das aller Kunden. Wenn Sie keinen Kunden kennen, erzählen Sie, was Sie von jemandem gehört haben, der einen Kunden kennt, und ergänzen Sie, wenn unbedingt notwendig, hin und wieder ein kleines Detail.

Im Lauf der Zeit wird diese Kunden-Anekdote dann immer wieder erzählt und geringfügig verändert, bis sie zum „Allgemeinwissen" über die Präferenzen der Kunden geworden ist.

Eine wahre Geschichte: Der Kunde einer großen Telefongesellschaft beschwerte sich, er habe keine Möglichkeit, seine Geräte im öffentlichen Datennetz zu testen, außer er bezahle zuerst dafür. Je öfter diese Kundenbeschwerde erzählt wurde, desto deutlicher wurde, daß „viele Kunden" Geräte prüfen mußten. Ein Manager sprach wiederholt von dem „Stapel von Anfragen" auf seinem Schreibtisch. Schließlich wurde die Kundennachfrage derart groß, daß ein kleiner Angestellter damit beauftragt wurde, für mehrere Millionen Dollar ein Labor zur Lösung des Problems einzurichten. Doch jedesmal, wenn der Angestellte die immense Kundennachfrage verifizieren wollte, ließ sich die Antwort auf diesen einen Kunden zurückverfolgen, der sein Problem schon längst gelöst hatte. Der Angestellte wurde angewiesen, das Labor trotzdem aufzubauen. Der Grund dafür war die Theorie, daß es mehr Kunden als den einen, der nachgefragt hatte, geben müsse. Zuletzt wurde das Projekt aus firmeninternen Gründen aufgegeben. Der kleine Angestellte verließ die Telefongesellschaft später und wurde Zeitungscartoonist.

Man kann Testpersonen einsetzen, um den zu erforschenden Bereich einzuengen. Die Mitglieder dieser Gruppen werden aufgrund ihrer unerklärlichen Freizeit und der gemeinsamen Vorliebe für kostenlose belegte Brote ausgewählt. Man steckt sie in ein Zimmer, und ein erfahrener Diskussionsleiter geht mit ihnen eine Reihe von Fragen durch.

Für viele dieser Menschen ist es das erste Mal, daß sie kostenlos zu essen bekommen und man ihnen überdies noch zuhört. Das kann zu einem seltsamen Verhalten führen. Sie werden anfangen, sich heftig über Dinge zu beschweren, die ihnen bisher egal waren, und Ausstattungsmerkmale für Produkte vorschlagen, die sie selbst nie kaufen würden.

Person Nr. 1: „Wenn meine Zahnbürste auf der anderen Seite eine Hundebürste hätte, könnte ich gleichzeitig meine Zähne putzen und meinen Chihuahua bürsten. Also, das wäre ein Produkt, das ich kaufen würde."

Person Nr. 2: „O ja! Und die Bürste könnte eine dritte Seite zum gleichzeitigen Einwachsen des Autos haben. Das würde ich kaufen. Wenn ich ein Auto hätte."

Person Nr. 3: „Halt, halt, halt! Was wäre, wenn du dein Auto auch mit der Zahnbürste anlassen könntest? Oder noch besser, den Wagen von jemand anderem?"

Zuletzt werden die Teilnehmer der Testgruppe dann, beseelt durch die kostenlosen belegten Brote und die ihnen geltende Aufmerksamkeit, bahnbrechende Vorschläge unterbreiten, die Ihre Firma von Grund auf revolutionieren. Es sei denn, Sie haben Pech mit Ihren Leuten gehabt, und sie essen die Sandwiches auf, beschimpfen Sie und machen sich dann aus dem Staub.

Nun sind Sie bereit für die Marktanalyse.

Marktanalyse

In primitiveren Zeiten mußten Unternehmen empirische Methoden anwenden, um herauszufinden, was die Kunden wünschten. Das war vor der Erfindung der

Marktanalyse. Mit ihrer Einführung wandelte sich die bisherige Mischung aus Spekulation und natürlicher Auslese in einen sensiblen, wissenschaftlichen Prozeß.

Marktanalyse wurde durch die Erkenntnis möglich, daß Kunden rationale, vernünftige Kaufentscheidungen treffen. Ist das der Fall, dann brauchen Sie lediglich eine neutrale Umfrage durchzuführen und eine statistisch repräsentative Untergruppe nach ihren Wünschen zu befragen.

Nachfolgend nenne ich Ihnen einige erfolgreiche Marktanalysen, die auf direktem Weg zur Realisierung wahnsinnig erfolgreicher Produkte und Dienstleistungen führten, die andernfalls nicht möglich gewesen wären.

Die Marktanalyse in der Geschichte

Umfrage einer Luftfahrtgesellschaft (1920)

Wenn Sie eine weite Reise unternehmen müßten, würden Sie lieber

A. mit dem Auto fahren,

B. den Zug nehmen

C. oder zulassen, daß Sie in einen großen Metallbehälter geschnallt werden, der mehr wiegt als Ihr Haus und mittels explodierender Chemikalien durch die Luft bewegt wird, während Sie zugleich wissen, daß tausend menschliche, technische oder metereologische Probleme dazu führen können, daß Sie in einem spektakulären Feuerball verbrennen?

Haben Sie mit „C" geantwortet, macht es Ihnen sicher nichts aus, wenn wir auf Ihrem Gepäck herumtrampeln und es in eine andere Stadt schicken.

Videokassetten-Recorder-Umfrage (1965)

Wieviel würden Sie für ein Gerät ausgeben, das Kinofilme auf Kassette auf Ihrem Fernseher abspielen könnte?

A. 200 Dollar.

B. 500 Dollar.

C. 2500 Dollar, wenn ich dann obszöne Filme ausleihen und wie ein wilder Affe dazu masturbieren kann.

Umfrage zu einem Computernetz (1985)

Wenn Sie Ihren Computer an ein umfangreiches Informationsnetz anschließen könnten, wie würden Sie diese Dienstleistung nutzen?

A. Ich würde wertvolle wissenschaftliche Informationen sammeln.

B. Ich würde mich weiterbilden.

C. Ich würde in meiner Charakterlosigkeit unzählige Stunden damit zubringen, alberne und obszöne Sätze einzugeben, die von Leuten wie mir in „Echtzeit" gelesen werden können.

Wenn Sie mit „C" antworten, wie sollte diese Dienstleistung benannt werden?

A. Computerschwatz.

B. Ich bin ein Schwachkopf und werde das beweisen!

C. Tschüß, Sparkonto.

ICH BIN DER NEUE LEITER DER MARKT- FORSCHUNG IN IHRER FIRMA. ICH KASSIERE 120000 DOLLAR IM JAHR.

ICH HALTE NICHTS VON DEN MEINUNGEN ANDERER UND FOLGE NUR MEINER EIGENEN.

NUR ZUR ORIENTIERUNG: INWIEWEIT ZAHLT SICH EHRLICHKEIT HEUTE AUS?

KLAPPE.

FÜR DIE MARKTFOR- SCHUNG GEHÖREN SIE ZUM SEGMENT „TECHNIK-FREAK".

SIE SIND SCHÜCHTERN, LANGWEILIG, EINFÄLTIG UND MÄNNLICH. SIE BEVORZUGEN COMPU- TER GEGENÜBER MEN- SCHEN. AUF IHREM ARM SITZT IMMER EINE SPINNE.

REINGE- FALLEN?

ICH WÜSSTE GERN IHRE MEINUNG FÜR MEINE MARKTANALYSE, RATBERT.

MEINE?

ICH HABE SIE DEM MARKTSEGMENT ZUGE- ORDNET, ZU DEM PILZE UND RADIERGUMMIS GEHÖREN.

ERSTE FRAGE: HÄTTEN SIE ES GERN, WENN IHR KOPF KRÄFTIG AUF EINEM STÜCK PAPIER GERIEBEN WÜRDE?

WER HÄTTE DAS NICHT GERN?

Marktanforderungen

ALSO, BEGINNEN WIR MIT IHREN MARKTANFOR- DERUNGEN.

NEIN, FANGEN WIR DAMIT AN, WELCHE PRODUKTE SIE ENT- WICKELN KÖNNEN. ICH SAGE IHNEN DANN, WAS MIR GEFÄLLT.

ARBEIT KANN SEHR LOHNEND SEIN. SIE SOLLTEN ES VERSUCHEN.

WAS IST DAS FÜR EIN DINGS- DA, DAS SIE DA HABEN?

Nach Abschluß der Marktanalyse ist es an der Zeit, das Produkt zu entwickeln. Die Ingenieure werden Sie bitten, die Produktmerkmale zu spezifizieren. Das kann eine ganze Menge Arbeit bedeuten, und wenn später niemand das Produkt kauft, tragen Sie die Verantwortung. Vermeiden Sie also unter allen Umständen, Marktanforderungen zu definieren. Wenn die Ingenieure nicht lockerlassen, gehen Sie so vor:

1. Behaupten Sie, die Anforderungen bereits festgelegt zu haben, als Sie sagten, das Produkt solle „Qualität" haben und „wenig kosten". Beschweren Sie sich beim Chef des Ingenieurs, der Ingenieur halte Sie hin.

2. Fragen Sie den Ingenieur, was alles möglich ist und was es jeweils kostet, so daß Sie sich die beste Lösung aussuchen können. Beschweren Sie sich beim Chef des Ingenieurs, der Ingenieur verweigere die Zusammenarbeit.

3. Legen Sie Anforderungen fest, die entweder technisch oder logisch unmöglich sind. Beschweren Sie sich beim Chef des Ingenieurs, der Ingenieur könne nichts umsetzen.

Einen Markt schaffen

Wenn es für Ihr Produkt keinen Markt gibt, können Sie manchmal einen schaffen. Dazu müssen Sie ein Problem erfinden und dann die Lösung präsentieren. Die wirkungsvollsten Methoden, einen Markt zu schaffen, sind:

Problem schaffen

Schreiben Sie schlechte Software.
Bauen Sie unzuverlässige Produkte.

Erzählen Sie den Leuten, sie würden
stinken.

Marktchance

Verkauf von Upgrades.
Verkauf von Kundendienst-
verträgen.
Verkauf von Deodorant.

Natürliche Feinde

Die natürlichen Feinde der Marketing-Leute sind die Ingenieure, da sie bei jeder Gelegenheit versuchen, ungebeten ihren Sachverstand und ihr Wissen ein-
zubringen. Häufig haben sie überzogene Ansprüche, etwa, daß das Produkt
einen Sinn haben solle. Manchmal jammern sie ohne Ende, weil ein Produkt die
Kunden zu Krüppeln macht. Ingenieure finden immer einen Grund zur Klage.
Sie können dieses Problem jedoch auf ein Minimum reduzieren, indem Sie die
Ingenieure zu Besprechungen einfach nicht einladen.

Ingenieure sind dann am gefährlichsten, wenn sie die Neigung der Marketing-
Leute ausnutzen, alles zu glauben, was sie hören – wie in diesen Beispielen:

HA HA! JETZT, DA DIE INGENIEURE IHRE ZEIT DEM MARKETING IN RECHNUNG STELLEN MÜSSEN, HABEN WIR EUCH IN DER TASCHE!

ICH PROGRAMMIERE IHREN COMPUTER DURCH DIE ZENTRALEINHEIT SO UM, DASS SEINE STRAHLUNG IHRE DNA VERÄNDERT.

IST DAS MÖGLICH??!

SOVIEL MAN WEISS, JA.

ICH HABE EINEM TYP VOM MARKETING ERZÄHLT, ICH HÄTTE SEINEN COMPUTER SO PROGRAMMIERT, DASS ER SEINE DNA VERÄNDERT.

HA HA HA!

SAGEN SIE IHM, SIE HÄTTEN DEN COMPUTER AUF „RAUBMARDER" EINGESTELLT. DANN DAUERT ES LÄNGER, BIS ER DIE VERÄNDERUNG BEMERKT.

ER GLAUBT, ER VERWANDELT SICH IN EIN TIER.

SAGEN SIE MIR DIE WAHRHEIT, ALICE. KANN DILBERT MEINE DNA UMPROGRAMMIEREN?

KLAR. IHR VOM MARKETING HABT NUR EINE HELIX.

VIELLEICHT HÄTTEN SIE STAN NICHT SAGEN SOLLEN, DASS SIE SEINE DNA DURCH DIE ZENTRALEINHEIT UMPROGRAMMIEREN.

DIESE MARKETING-TYPEN GLAUBEN ALLES. DU MEINE GÜTE, SIE GLAUBEN SOGAR AN DIE MARKTANALYSE.

SIE WISSEN NICHT, WAS EINBILDUNG ALLES BEWIRKEN KANN.

ALSO, VIELEN DANK.

ICH SAGTE IM SPASS ZU STAN, ICH HÄTTE SEINE DNA UMPROGRAMMIERT. ER IST SO BESCHEUERT, DASS ER SICH TATSÄCHLICH VERÄNDERT!

NUTZE SEINE EINFALT, UM DEN VORGANG UMZUKEHREN. DENKE DARAN, SEINE REALITÄT BESTEHT NUR AUS SPEKULATIONEN ÜBER DAS VERHALTEN VON KUNDEN.

ICH HABE EIN GERÜCHT VON EINEM VORFALL IN EINER ANGEBLICHEN TESTPERSONENGRUPPE GEHÖRT, WO ES IN EINEM AUS DEM ZUSAMMENHANG GERISSENEN ZITAT HEISST, DASS AUS IHNEN KEIN RAUBMARDER WIRD.

NEIN?! HURR-AAA!

Marketing im Bild

154

E-Mails über Possen aus dem Marketing

Von: (Name dem Autor bekannt)
An: scottadams@aol.com

Scott,

hören Sie sich diese granatenmäßig dumme Idee unserer Marketing-Abteilung an, vielleicht haben Sie dafür Verwendung.

Wir stellen [eine Maschine] her. Eine neue Version unseres Produktes ist zugleich billiger und schneller. Das ist doch eigentlich ein großer Durchbruch, oder?

Nun verlangt das Marketing von den Konstrukteuren, die Einheit so langsam zu machen, daß sie sie sehr billig anbieten können. Dann wollen sie zu einem enormen Preis Upgrades für die volle Geschwindigkeit verkaufen. Technisch gesehen ändert sich nichts, man muß nur an der Programmierung herummurksen, damit die Geräte langsamer laufen.

Von: (Name dem Autor bekannt)
An: scottadams@aol.com

Scott,

wir forderten die Marketing-Abteilung auf, uns zu sagen, wieviel sie von jedem Produkt verkaufen wollen.

Die Antwort: Wir brauchen „x" Dollar. Stellen Sie bitte fest, wie viele Produkte Sie herstellen müssen, um diese Zahl zu erfüllen.

Unser Schluß: Das Marketing hat keine Ahnung von seinem Job; das Marketing will seine Arbeit nicht tun; das Marketing und verwandte, sehr wichtige Unternehmensbereiche (wie etwa die Vorausplanung) sind nur Produkte unserer Einbildung.

Von: (Name dem Autor bekannt)
An: scottadams@aol.com

Scott,

bevor ich bei [Firma] vor zwei Jahren anfing, hatte das Unternehmen sein Basisprodukt fertiggestellt. Als die ersten Verkäufe kurz vor dem Abschluß standen, entschied das Marketing, Einzelheiten des Nachfolgesystems an potentielle Kunden preiszugeben. Den Kunden gefiel das so gut, daß sie beschlossen, das aktuelle Produkt nicht zu kaufen und statt dessen auf das neue zu warten. Da diese Kunden nach einem System suchen, das 25 Jahre halten soll, wollen sie nicht überstürzt kaufen.

Drei Jahre später ist das Nachfolgesystem fast fertig. Die Kunden sind von der Vorführung beeindruckt, haben aber einige Vorbehalte.

„Kein Grund zur Sorge", sagt das Management dazu, „in zwei Jahren können wir Ihnen ein ‚Hochleistungssystem' anbieten, das Ihre Vorbehalte ausräumen wird."

Und wieder entscheiden die Kunden zu warten. Zwischenzeitlich ist [Firma] das Geld ausgegangen, und das so stark angepriesene ‚Hochleistungssystem' ist erst in der frühen Planungsphase. Die Leute aus der Produktionsabteilung sind entlassen worden, aber die meisten Manager und alle Marketing-Leute sind noch da. Die letztgültige Version des Systems wird es vielleicht nie geben.

12

Unternehmensberater

Wenn Sie in der Firma unfähige Arbeitnehmer beschäftigen, erwägen Sie vielleicht, Unternehmensberater anzuheuern. Der Unternehmensberater ist ein Mensch, der Ihnen Geld abnimmt, Ihre Angestellten nervt und gleichzeitig unermüdlich darauf sinnt, wie er seinen Beratungsvertrag verlängern kann.

Unternehmensberater halten in offenbar endloser Folge Konferenzen ab, um diverse Hypothesen und Vermutungen zu überprüfen. Mit Hilfe dieser Übungen soll aus dem Management herausgekitzelt werden, welches Ergebnis am wahrscheinlichsten weitere Beratungstermine zur Folge hat.

Das „richtige" Ergebnis muß – einmal festgestellt – durch eine umfangreiche Analyse gerechtfertigt werden. Die Berater werden sich wie durchgedrehte Biber in einem See aus Kaffee auf die Arbeit stürzen. Ganze Wagenladungen Papier werden verschwinden. Sie werden die Schreie alter, sterbender Wälder hören, wenn die Berater wie am Fließband Dokumente produzieren, um Pläne und Vermutungen zu bekräftigen. Die Analyse wird auf raffinierte Weise so verwirrend wie möglich ausfallen. Damit nimmt man jeder späteren Kritik der hinterhältigen Belegschaft den Wind aus den Segeln, die befürchtet, mit einer einfachen Frage wie ein Idiot dazustehen.

Wenn man Unternehmensberater in eine Abteilung holt, verändert sich das Gleichgewicht und die Chemie innerhalb der Belegschaft. Man muß die Arbeit neu organisieren, um die Fähigkeiten der Berater optimal zu nutzen. Am effektivsten ist es, die dümmsten Angestellten Daten sammeln zu lassen und mit diesen

die gewaltigen Gehirne der Berater zu füttern. Das beschäftigt die Angestellten, und sie fühlen sich in den Ablauf einbezogen. Währenddessen halten die Berater Besprechungen mit den Chefs des Unternehmens ab, um sich über mangelnde Unterstützung zu beklagen und um neue Projekte anzubieten.

Unternehmensberater arbeiten mit einer Reihe standardisierter Entscheidungshilfen; dabei geht es um „alternative Szenarien", die auf unterschiedlichen „Annahmen" basieren. Jede Annahme, die das von Anfang an feststehende Ergebnis nicht untermauert, fällt sofort als unwirtschaftlich unter den Tisch – unwirtschaftlich für die Berater.

Die übrigbleibenden Annahmen werden objektiv bestätigt, indem man die Angestellten beauftragt, Informationen zu beschaffen, die es nicht gibt. Später werden die Annahmen in Beinahe-Tatsachen umgewandelt, indem man lang und breit diskutiert, was denn nun am „wahrscheinlichsten" sei.

Die Unternehmensberater werden Ihnen dann letztlich immer empfehlen, das zu tun, was Sie jetzt *nicht* tun. Zentralisieren Sie alles, was dezentralisiert ist.

158

Verflachen Sie die Hierarchien. Diversifizieren Sie, was konzentriert ist, und stoßen Sie alles ab, was nicht zum „Kern" des Unternehmens gehört. Sie werden höchst selten einen Unternehmensberater finden, der empfiehlt, alles beim Alten zu belassen und kein Geld mehr für Berater zu verschwenden. Ebenso werden sich die Unternehmensberater selten mit dem Ursprung unternehmerischer Probleme beschäftigen, da dieser Ursprung sehr wahrscheinlich mit der Person identisch ist, die sie beauftragt hat. Statt dessen werden die Berater nach Wegen suchen, „Strategien" und „Abläufe" zu verbessern.

Unternehmensberater benötigen nur wenig Erfahrung in der Industrie, um als Experten zu gelten. Sie lernen schnell. Wenn Ihr sechsundzwanzigjähriger Berater auf dem Weg zur Arbeit an einem Software-Geschäft vorbeikommt, zählt das als Erfahrung in der Software-Industrie. Wenn das Geschäft an diesem Tag auch noch Modems verkauft, kommt die Erfahrung mit der Hardware dazu. Diese Art von Erfahrung ist der regulären Belegschaft, die zwanzig Jahre lang im Unternehmen gearbeitet hat und immer noch Haftnotizen zur Kennzeichnung der Kabelbuchsen an ihren PCs braucht, nicht zugänglich.

Unternehmensberater bringen der Firma außer ihrem gewaltigen Intellekt noch viele andere Vorteile, mit denen normale Arbeitnehmer nicht mithalten können.

- Unternehmensberater wirken glaubwürdig, weil sie nicht so dumm sind, als reguläre Arbeitnehmer in Ihrer Firma zu arbeiten.
- Unternehmensberater verschwinden nach einiger Zeit wieder und sind deshalb hervorragend als Sündenböcke für die groben Schnitzer des Managements geeignet.
- Unternehmensberater bekommen jederzeit einen Termin beim Chef, weil sie nicht wie Sie im Ruf eines kleinen Störenfrieds stehen, der ständig mit unlösbaren „Problemen" daherkommt.

- Unternehmensberater sind häufig attraktiver als gewöhnliche Angestellte. Das ist nicht immer der Fall, aber wenn Sie einen Haufen grauer Mäuse bekommen haben, können Sie sie einen Monat später immer noch ersetzen.
- Unternehmensberater rufen Sie zurück, denn sie können diese Zeit in Rechnung stellen.
- Unternehmensberater haben grotesk lange Arbeitstage und lassen so normale Angestellte, die nur sechzig Stunden die Woche arbeiten, als wertlose Kröten erscheinen.

Unternehmensberatung anschaulich gemacht

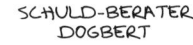

DIE GEBÜHR FÜR MEINE UNTERNEHMENSBERATUNG BETRÄGT 200 DOLLAR PRO STUNDE.

DAS IST ANGEMESSEN.

ICH WERDE DEN TAG DAMIT VERBRINGEN, DIE ANGESTELLTEN ZU BEFRAGEN UND PROBLEMBEREICHE FESTZUSTELLEN.

SPÄTER

ALLE SAGEN DASSELBE: DIE LEUTE SIND UNTERBEZAHLT, UND SIE SIND AN ALLEN PROBLEMEN SCHULD, „SCHMALZKOPF".

UNTERNEHMENSBERATER DOGBERT

IHRE GEWINNE SINKEN DRAMATISCH.

GEHIRNSCHMALZ

DAS PROBLEM IST NICHT EINFACH ZU LÖSEN.

KONKURRENZ

BIBER

SIE

WAS TUN WIR ALSO? DEN SCHULUNGSETAT NOCHMALS KÜRZEN?

UNTERNEHMENSBERATER DOGBERT

ICH SCHLAGE IHNEN EINEN UNORTHODOXEN PLAN VOR, DAMIT SIE IHREN RUF IN DER FIRMA VERBESSERN KÖNNEN.

SELBSTMORD.

GUT GERATEN.

WALLY? ICH DACHTE, MAN HAT SIE GEFEUERT.

RICHTIG.

ABER MENSCHEN AUSSERHALB DER FIRMA SIND KLÜGER. DESHALB HABEN SIE MICH FÜR EINEN HAUFEN GELD ALS UNTERNEHMENSBERATER WIEDER EINGESTELLT.

VERSTANDEN? ES DARF IHNEN NICHT PEINLICH SEIN, MICH BEI SCHWIERIGEN SACHEN UM HILFE ZU FRAGEN.

EINE GUTE NACHRICHT – SIE SIND ENTLASSEN!

SIE BEKOMMEN EINE GROSSZÜGIGE ABFINDUNG, ZWEI WOCHEN URLAUB, UND WIR STELLEN SIE FÜR MEHR GELD ALS FREIEN MITARBEITER EIN!!

UND WENN ICH WILL, KANN ICH ZU HAUSE AM PC ARBEITEN. DA ABER KLEIDERORDNUNGEN NICHT FÜR MICH GELTEN …

AARGH!

BONG BONG

SIEHT AUS, ALS WÄRT IHR AUF DEM WEG ZU EINER LANGEN KONFERENZ, ZU DER ICH NICHT MUSS.

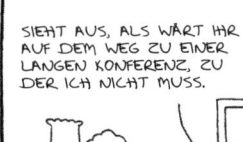

ICH BIN FROH, DASS ICH EIN HOCHBEZAHLTER FREIER MITARBEITER BIN. SO KANN ICH MEINE KARRIERE VORANTREIBEN, WÄHREND IHR DARUM RINGT, EUREM GEHIRN SAUERSTOFF ZUZUFÜHREN.

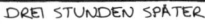
DREI STUNDEN SPÄTER

ICH WURDE MIT EINEM MULTI-MEDIA-PROJEKT BETRAUT. WIE WAR EUER TAG?

ALS IHR UNTERNEHMENS-BERATER SAGE ICH IHNEN, WIE SIE IHRE METHODEN VERBESSERN KÖNNEN.

ICH WERDE IHNEN ZEI-GEN, WIE EIN DURCH-DACHTER PROZESS IHRE FAULHEIT, APATHIE UND VOLLKOMMENE UNFÄHIG-KEIT AUSGLEICHEN KANN.

AM WICHTIGSTEN IST ABER: HABT SPASS BEI DER SACHE.

UNTERNEHMENSBERATER DOGBERT

AN DER FLUKTUATION DER MITARBEITER KANN MAN ABLESEN, WIE GESUND EINE FIRMA IST.

UNSERE FLUKTUATION IST SEHR GERING. WIR STEL-LEN NUR LEUTE EIN, DIE UNFÄHIG SIND, ANDERSWO ZU ARBEITEN.

DANN MUSS MAN HIER VIELLEICHT MIT EINEM ANDEREN MASS MESSEN.

MICH HAT NOCH KEIN MASS BESIEGT!

Geschichten von Unternehmensberatern

Von: (Name dem Autor bekannt)
An: scottadams@aol.com

Scott,

nachfolgend eine Geschichte, die sich in der Firma ereignete, für die ich gearbeitet habe …

Der Chef des Unternehmens ignoriert die Vorschläge der Arbeitnehmer zur Verbesserung von Arbeitsabläufen. Er beauftragt statt dessen einen Unternehmensberater, Vorschläge zu machen. Der spricht mit den Angestellten, holt ihre Vorschläge ein und präsentiert die Vorschläge dem Firmenchef, der sie für „gute Einfälle" hält und sie umsetzen läßt.

Das war wirklich ärgerlich …

Von: (Name dem Autor bekannt)
An: scottadams@aol.com

Scott,

ich habe früher bei einer großen Firma gearbeitet, die Nuklearwaffen und Kernspintomographen herstellte. Sie wollte sich von einem Team von Unternehmensberatern über eine Umstrukturierung der Firma beraten lassen.

Die Unternehmensberater rieten, sich an [Firmenname] zu orientieren. Diese Firma stellte Fahrräder her und hatte in kürzester Zeit eine marktbeherrschende Position erreicht.

Wenn man dort ein Fahrrad bestellte, wurde es nach den persönlichen Maßen hergestellt und in der gewünschten Farbe lackiert. Man konnte es innerhalb von zwei Wochen abholen. Das Produkt wurde hier also auf den Kunden zugeschnitten.

Wir dagegen stellten große, sehr teure Kernspintomographen her. Wir waren skeptisch, ob wir sie deshalb auch in verschiedenen Farben anstreichen sollten.

Das mittlere Management zog am selben Strang wie die Unternehmensleitung und versuchte, uns auf die neue Strategie einzuschwören. Zur selben Zeit wollte ich mir ein Fahrrad kaufen und dachte, es wäre toll, ein maßgefertigtes Rad zu besitzen. Ich sah mich also nach einem [Firmenname]-Rad um, konnte aber keines finden. In den Fahrradgeschäften sagte man mir, der Hersteller sei pleite.

An nächsten Tag erwähnte ich das gegenüber meinem Vorgesetzten. Er gab mir zu verstehen, ich sei naiv (stimmt) und müsse mich täuschen (stimmt nicht).

Jetzt war ich wirklich sauer. Ich rief also einige der Läden an, die mit Rädern von [Firmenname] werben, und kam dadurch mit dem örtlichen Vertreter der Firma in Verbindung. Der sagte mir, die Firma stelle keine Fahrräder mehr her und nannte mir den überregionalen Vertreter.

Ich rief den überregionalen Vertreter an und landete bei der Abteilung, die „Massage- und Badeprodukte" für [Firmenname] vermarktet. Er sagte mir, die Firma verkaufe schon seit einem halben Jahr keine Räder mehr, und wenn es noch irgendwelche Bestände gebe, seien diese an [anderer Firmenname] verkauft worden.

Ich notierte mir alle diese Fakten und die Namen der Vertreter mit deren Telefonnummern und sprach nochmals mit meinem Vorgesetzten (wie gesagt, ich war naiv). Ich vermute, er sprach darüber mit seinem Vorgesetzten, aber wir hörten nie mehr davon.

Ich wette, sie haben die Vertreter nie angerufen.

Von: (Name dem Autor bekannt)
An: scottadams@aol.com

Scott,

vor ungefähr vier Monaten beauftragte meine Firma [ein Kopierzentrum] einen sehr teuren Unternehmensberater, um uns in einem neuen „Qualitäts-Programm" zu schulen. Quintessenz des Programmes: Wir dürfen einfach keine Fehler mehr machen. Natürlich stellten wir die Frage, ob eine solche Perfektion möglich sei, und der Berater argumentierte ungefähr so:

(A) Wenn Sie zehn Sekunden lang keine Fehler machen, können Sie das auch eine Minute lang. Und wenn das eine Minute geht, dann geht es auch sechzig Minuten. Und so weiter und so fort.

(B) Finden Sie es richtig, wenn [Firmenname] Fehler macht? In wie vielen Fällen sollen Fehler denn erlaubt sein? In einem von hundert? Ja? Was wäre, wenn Ärzte eines von hundert Babys auf den Kopf fallen ließen? Was wäre, wenn eines von hundert Passagierflugzeugen mit einem Berg zusammenstieße?

Der Mann hat tatsächlich Kopierfehler mit dem Tod von tausenden Menschen verglichen.

13

Der Geschäftsplan

Irgendwo zwischen den Halluzinationen der Chefetage und der kalten Realität des Marktes liegt etwas, das gemeinhin Geschäftsplan genannt wird. Die Erstellung des Geschäftsplans vollzieht sich in zwei Schritten:

1. Sammeln Sie Informationen.
2. Ignorieren Sie diese.

In der Phase des Informationensammelns wird jede Abteilung gebeten, die Einnahmen und Ausgaben für die kommenden Jahre einzuschätzen. Wie Sie sich ja denken können, sind solche Einschätzungen immer frisiert, damit man sie leichter erfüllen kann. Wenn eine Abteilung beispielsweise im Vorjahr eine Million Einheiten verkauft hat, wird sie für das kommende Jahr womöglich weniger anstrengende Ziele anpeilen.

Umsatzschätzung für das nächste Jahr

„Der Umsatz wird im nächsten Jahr negativ ausfallen. Wir erwarten, daß viele Ladendiebe unsere Produkte aus den Regalen stehlen, dem Kassierer dann das Produkt und auf Kaugummipapier ausgestellte Quittungen vorlegen und sich das Geld zurückerstatten lassen. Die Arztkosten werden um dreißig Prozent steigen, da die wenigen Kunden, die unsere Produkte tatsächlich bezahlen, sie zurückgeben werden, besser gesagt: Sie werden unsere Produkte den Angestellten an den Kopf werfen."

Die Chefetage wird sich die gesammelten Lügen der einzelnen Abteilungen ansehen und sie ihren eigenen Vorstellungen und Zielen anpassen. Das kann zu einer ziemlich großen Kluft führen zwischen dem, was die Arbeitnehmer für möglich halten, und dem, was die Chefetage ihnen abverlangt. Diese Kluft kann geschlossen werden, indem man die beiderseitigen Einschätzungen einander angleicht.

Nehmen Sie zunächst an, daß alle positiven Trends ewig dauern und sich alle negativen Trends in Kürze ins Gegenteil verkehren werden. Dann rechnen Sie mit den entsprechenden Zahlen. Das Ergebnis ist die Zukunft. (Wenn es sich später als falsch herausstellt, machen Sie dafür die globale Wirtschaftslage verantwortlich.)

Einige Firmen ändern die Produktionsabläufe, um die erwünschte Zukunft herbeizuführen. Das ist Zeitverschwendung. Man bekommt das gleiche Resultat durch Anpassung der Einschätzungen im Geschäftsplan. Denken sie daran: Die Zukunft hängt von solchen Einschätzungen ab, und Sie haben sich diese Einschätzungen nur ausgedacht. Warum sich also selbst ausschalten.

Es war noch nie eine gute Idee, sich bei solchen Prognosen von der Wirklichkeit einengen zu lassen. Die Realität ist sehr unbeliebt, und es macht vor allem keinen Spaß, sie zu lesen. Wenn Ihnen die Realität noch nie in schriftlicher Form unter die Augen gekommen ist, zeige ich Ihnen anhand einiger Beispiele, wie deprimierend das sein kann.

Prognosen aufgrund der Realität (zu vermeiden)

Der Projektleiter ist ein Trottel. Das günstigste Szenario besagt, daß er niemanden verletzt, wenn er mit Werkzeugen in der Hand herumrennt.

Das Projektteam benötigt zusätzliche Leute. Das Management reagiert darauf, indem es öfter Zwischenberichte verlangt.

Unsere Marktanalyse wurde anscheinend in einer psychatrischen Klinik durchgeführt. Entweder das, oder es gibt tatsächlich eine große Nachfrage von Leuten namens Moses.

Es mag oberflächlich betrachtet unmoralisch erscheinen, einen Geschäftsplan zu erstellen, der ganz bewußt jeden Kontakt zur Realität vermeidet. Ich sage dazu „papperlapapp!", nicht, weil das etwas bedeutet, sondern einfach weil es mir Spaß macht.[*]

Jedermann weiß, daß Geschäftspläne erst dann erstellt werden, wenn die Führung des Unternehmens ihre Entscheidungen getroffen hat. Daher glaubt Ihren Aussagen sowieso keiner. Sie können also auch nicht unmoralisch handeln, wenn Sie groteske Prognosen von sich geben, Sie schwindeln ja nur, um Ihren Job zu behalten. Man wird Sie dafür respektieren.

Es ist nicht immer einfach, Prognosen zusammenzuschustern, welche die von den Führungskräften gewünschten Resultate stützen. Aber ich bin ja da, um Ihnen zu helfen. Hier sind einige wertvolle Tips, wie Sie in Ihren Analysen die „richtigen" Antworten bekommen.

Irrationale Vergleiche

Wenn es eine bessere Lösung gibt als die, die Sie für Ihre Vorgesetzten mit Fakten untermauern sollen, meiden Sie diese wie eine Dichterlesung mit Arnold Schwarzenegger.

Erwähnen Sie die bessere Alternative mit keinem Wort und hoffen Sie, daß es niemand merkt. Konzentrieren Sie sich statt dessen auf Alternativen, deren Blödheit zum Himmel schreit und die den empfohlenen Ansatz gut aussehen lassen.

---

[*] Na los, probieren Sie es. Sie werden merken, daß Sie oft und gern „papperlapapp" sagen.

Schlechte Alternativen, die Ihren Vorschlag aufwerten

1. Veraltete Geräte aufrüsten.
2. Scharenweise gewerkschaftsnahe Querulanten einstellen.
3. Tatenlos zusehen, wie die Firma vor die Hunde geht, während die pfiffige Konkurrenz unanständige Gewinne einstreicht, in großen Villen wohnt und Ihre Verwandten als Hauspersonal beschäftigt.

Unrealistische Einschätzung der Erträge

Wenn nur ein Prozent der Weltbevölkerung Ihr Produkt kauft, ergibt das fünf Millionen Kunden!

Diese „Analyse" wird in Variationen von jeder Firma, die je ein Produkt auf den Markt bringt, erfolgreich angewandt. Sie ist ein zwingendes Argument für die Markteinführung eines neuen Produktes, weil jeder weiß, daß sich die Gesamtbevölkerung auf folgende Weise aufteilt:

60 %	Menschen, die für das Produkt keine Verwendung haben
30 %	Menschen, die kein Geld besitzen
5 %	Menschen, die verrückt sind
5 %	Menschen, die sowieso jeden Blödsinn kaufen

Das läßt stattliche zehn Prozent der Bevölkerung übrig, die als wahrscheinliche Kunden für Ihr Produkt in Betracht gezogen werden können, und das ist als Grundlage eines Geschäftsplanes mehr als genug. Wenn jemand Ihre Einschätzung des Marktes in Frage stellt, sagen Sie einfach, Ihre Zielgruppen seien

171

„Menschen, die verrückt sind" und „Menschen, die sowieso jeden Blödsinn kaufen". Niemand wird sagen, daß es davon nicht genug gibt.

Erstellen des Geschäftsplanes

Die Arbeitnehmer brauchen das Gefühl, sie hätten gestalterisch am Geschäftsplan mitgewirkt. Geben Sie ihnen das Gefühl, denn mit dem Geschäftsplan in der Hand können Sie die Arbeitnehmer daran erinnern, daß alles, was nicht klappt, ihre eigene Schuld ist.

Hier nun die wichtigsten Schritte, wie Sie die Angestellten auf den Geschäftsplan der Firma einschwören:

1. Die Chefs geben die Ziele der Firma in Form von nützlichen Aussagen vor, etwa so: „Wir wollen Marktführer bei Weichspülern und in der Satellitenkommunikation werden."
   Diese Zielsetzung ist lebenswichtig, denn Arbeitnehmer erliegen leicht dem Irrglauben, es sei das Unternehmensziel, sich aus dem Geschäft zu verabschieden. Oder noch schlimmer: Ein Lastwagenfahrer könnte, verwirrt durch nicht vorhandene Unternehmensziele, anfangen, Mikrochipschaltkreise zu entwickeln statt Weichspüler zu transportieren.
2. Man bittet die Arbeitnehmer, den Wert ihrer Tätigkeiten hinsichtlich der Unternehmensziele objektiv einzustufen.
3. Die Arbeitnehmer sprechen jeder Tätigkeit oberste Priorität und entscheidende Wichtigkeit für die Existenz der Firma zu. Sie untermauern ihre Aussagen mit unlesbaren und mit Abkürzungen überladenen Listen.
4. Die Beiträge der Arbeitnehmer werden in dicken Aktenordnern gesammelt.
5. Die Budgetabteilung verwendet die Beiträge der Arbeitnehmer als Grundlage für ausschweifende Diskussionen über die relative Dummheit und Nutzlosigkeit jeder Abteilung.

Schließlich werden auf der Basis verschieden gewichteter Faktoren Budget-empfehlungen nach folgenden Kriterien vergeben:

Zu 10% an Projekte, deren Namenskürzel der Budgetabteilung am ver-trautesten sind.

Zu 10% aufgrund von Anekdoten aus vierter Hand, die der Finanzabtei-lung zu Ohren gekommen sind. Diese Anekdoten deuten darauf hin, daß die Geschäftsführung ein bestimmtes Projekt unterstützen wird.

Zu 80% zugunsten der Abteilung, in der die Mitglieder der Budgetabtei-lung gerne arbeiten würden – wenn sie nur wüßten, wie sie aus der Budgetabteilung herauskommen.

6. Ein technischer Redakteur wird herbeigerufen, um sich den Vorwurf anzu-hören, die einzelnen Komponenten des Plans ergäben keinen Sinn und die Finanzierung wichtiger Projekte sei nicht gesichert. Verbittert und zynisch, aber in dem sicheren Wissen, daß niemand je den Plan zu Gesicht bekom-men wird, schustert der technische Autor ein Dokument zusammen und kündigt dann angewidert, nachdem er die Quelldatei gelöscht hat.

7. Der Plan wird an einem sicheren Ort verwahrt. Er kann den Arbeitnehmern nicht mitgeteilt werden, weil er so brisant ist.

14

Von Ingenieuren, Wissenschaftlern, Programmierern und anderen seltsamen Menschen

Menschen, die auf den Gebieten der Wissenschaft und Technologie arbeiten, sind anders als alle anderen Menschen. Das kann für Nichttechniker, die mit ihnen zu tun haben, frustrierend sein. Das Geheimnis des Umgangs mit solchen Menschen liegt darin, ihre Motivation zu verstehen. Dieses Kapitel vermittelt Ihnen alles Wissen, das Sie dazu brauchen.

Alle technischen Fachleute haben gewisse Eigenschaften gemeinsam. Der Einfachheit halber konzentriere ich mich hauptsächlich auf Ingenieure, aber man kann ohne weiteres von diesen auf andere wissenschaftliche und technische Berufe schließen.

Nur damit Sie es wissen: Ich bin nicht von Beruf Ingenieur, ich habe aber zehn Jahre lang auf verschiedenen Stellen mit Ingenieuren und Programmierern gearbeitet. Durch Beobachtung habe ich ihre Gewohnheiten und Exzentrizitäten kennengelernt, ähnlich wie Jane Goodall die Gorillas kennenlernte, jedoch ohne so viel Zeit mit Warten auf ihr Auftauchen zu verschwenden.

Mit der Zeit begann ich, die Eigenheiten der Ingenieure zu respektieren und zu schätzen. Schließlich ertappte ich mich dabei, daß ich ihre schöne und zugleich

praktische Lebensphilosophie übernahm. Zwar war es für mich zu spät, um noch einmal in die Schule zu gehen und ein richtiger Ingenieur zu werden, doch konnte ich zumindest so tun, als sei ich einer, und genieße so die offensichtlichen Vorteile eines dadurch gesteigerten Sex-Appeals. Bisher funktioniert es prima.

Ingenieur zu sein liegt heutzutage derart im Trend, daß jeder einer sein möchte. Das Wort „Ingenieur" wird inflationär gebraucht. Wenn es in Ihrem Leben jemanden gibt, der sich Ihrer Meinung nach nur als Ingenieur ausgibt, dann führen Sie diesen Test durch, um die Wahrheit festzustellen.

Test zur Identifizierung von Ingenieuren

Sie betreten ein Zimmer und bemerken, daß ein Bild schief an der Wand hängt. Sie ...

176

A.   hängen es gerade.

B.   ignorieren es.

C.   kaufen ein CAD-System und verbringen das nächste halbe Jahr damit, einen solar betriebenen, sich selbst justierenden Bilderrahmen zu entwikkeln und nutzen jede Gelegenheit, um lautstark zu verkünden, der Erfinder des Nagels sei ein Vollidiot gewesen.

Die korrekte Antwort lautet „C", doch kann auch jeder, der „Kommt darauf an" an den Rand schreibt oder einfach dem „Marketing" die Schuld an diesem Mist gibt, mit etwas geringerer Punktzahl belohnt zu werden.

Mein Beitrag zum Verständnis der Ingenieure ist der Versuch, die edlen, vernünftigen Motive zu erhellen, die hinter ihrem für sogenannte normale Menschen seltsamen Verhalten stehen.

Gesellschaftliche Eignung

Zu sagen, Ingenieure seien nicht gesellschaftsfähig – wie das viele Leute tun –, ist wirklich völlig unterhalb der Gürtellinie. Ingenieure haben, was die soziale Interaktion anbelangt, einfach andere Ziele.

„Normale" Menschen erwarten von sozialer Interaktion verschiedene unrealistische Dinge:

*   anregende und herausfordernde Gespräche
*   wichtige gesellschaftliche Kontakte
*   das Gefühl der Verbundenheit mit anderen Menschen.

Diese Ziele sind irrational und stumpfsinnig. Die Erfahrung zeigt, daß die meisten Unterhaltungen zu Diskussionen über Parkplätze, das Wetter, die seit dem

letzten Fitneßtraining vergangene Zeit und – Gott bewahre! – über „Gefühle"
ausarten. Diese Themen kann man kaum als anregend und herausfordernd bezeichnen. Genausowenig haben sie einen Nutzen.

Ingenieure haben zweitens erkannt, daß ihnen die Pflege persönlicher Kontakte für ihre Tätigkeit nichts bringt. Für sie zählt nicht, wen man kennt, sondern
nur, wer weniger weiß als man selbst.

Es liegt auch kein sonderlich lohnender Wert darin, sich anderen Menschen
„verbunden" zu fühlen. Das überläßt man am besten den Dichtern und einem
ausgeklügelten Marketing. Für einen Ingenieur sind die meisten „normalen"
Menschen intellektuell von mexikanischen Springbohnen, denen man ein Gesicht verpaßt hat, nicht zu unterscheiden. [*] Das Gefühl, mit Idioten auf Kohlen-
stoffbasis „verbunden" zu sein, entspricht in etwa dem Vergnügen, mit
Handschellen an ein totes Zebra gefesselt zu sein – es klingt nach etwas Beson-
derem, aber man kann es schnell leid sein.

Im Unterschied zu „normalen" Menschen verfolgen Ingenieure bei der sozialen
Interaktion rationale Ziele:

- das Gespräch so schnell wie möglich hinter sich bringen
- vermeiden, in etwas Unangenehmes hineingezogen zu werden
- geistige Überlegenheit und die Beherrschung aller Gesprächsthemen demonstrieren.

Dies sind vernünftige Ziele, die viel Freude bereiten können. Die soziale Eig-
nung eines Ingenieurs muß auf der Grundlage dieser rationalen Zielsetzungen
bewertet werden, nicht auf der Basis bizarrer und unsinniger gesellschaftlicher
Normen. In diesem Licht gesehen, denke ich, daß Ingenieure sehr wirkungsvoll

---

[*] Wenn Sie glauben, es sei leicht, sich großartige Vergleiche auszudenken, dann erfinden Sie mal welche!

sozial interagieren. Es sind die „normalen" Menschen, die als verrückt gelten müssen.

Faszination der Technik

Für den Ingenieur kann jegliche Materie des Universums einer von zwei Kategorien zugeordnet werden: (1) Dinge, die repariert werden müssen, und (2) Dinge, die repariert werden müssen, nachdem man ein paar Minuten lang damit gespielt hat. Ingenieure lösen gerne Probleme. Ist gerade kein Problem in Reichweite, schaffen sie sich eines. Normale Menschen können das nicht verstehen. Sie meinen, wenn etwas nicht kaputt sei, müsse es auch nicht repariert werden. Ingenieure sind dagegen überzeugt, daß Dinge, die nicht kaputt gehen, nicht genügend Ausstattungsmerkmale haben.

Kein Ingenieur kann eine Fernbedienung fürs Fernsehen in die Hand nehmen, ohne gleich zu überlegen, mit wieviel Aufwand er sie in ein Narkosegewehr verwandeln könnte. Kein Ingenieur kann duschen, ohne zu überlegen, ob nicht eine Art von Teflonbeschichtung des Körpers das Duschen überflüssig machen würde. Für den Ingenieur ist die Welt eine Spielkiste voller mangelhafter und dürftig ausgestatteter Spielzeuge.

Für die Gesellschaft ist das nur von Vorteil.

Wenn der Forscherdrang der Ingenieure nicht gewesen wäre, hätte die Menschheit das Rad nie zu Gesicht bekommen. Statt dessen hätte sie sich mit einem Trapez zufriedengeben müssen, weil irgendein Neandertaler im Marketing jedermann von dessen großartiger Bremskraft überzeugt hätte. Und auch das Feuer gäbe es nicht, weil irgendein Höhlenbewohner der mittleren Führungsebene gesagt hätte, daß die anderen Höhlenmenschen es längst verwenden würden, wenn das Feuer schon eine so tolle Sache sei.

Aus der E-Mail ...

Scott,

ich arbeite für den Kundendienst von [Firma] und betreue eine Reihe von Kunden vor Ort. Einmal nahm ich den Anruf einer Ingenieurfirma entgegen. Sie meinten, der Fotokopierer habe einen Stau. Als ich dort eintraf, hatten sie den Kopierer bereits in seine Komponenten wie Muttern, Bolzen usw. zerlegt. Daneben sah ich den nackten Rahmen des Geräts.

Der Chefingenieur hatte eine zweibändige Liste mit wirklichen und eingebildeten Fehlern zusammengestellt. Zusätzlich waren jeweils die Tageszeit, die Art der Funktion (einseitiges Kopieren, zweiseitiges Kopieren, Sortieren und Nichtsortieren der Kopien, Papiergewicht usw.) und Schwankungen der Netzspannung notiert. Als ich fragte, warum man den Kopierer auseinandergenommen hätte, bekam ich zur Antwort: „Damit Sie für die Reparatur weniger Zeit brauchen."

Es dauerte vier Tage (das ist kein Witz, und ich übertreibe auch nicht!), das Gerät wieder zusammenzubauen und anhand der Betriebsanleitung in mühevoller Kleinarbeit einzustellen.

Und wissen Sie, was das ganze Problem war? Man hatte Entwicklerflüssigkeit in den Tonerbehälter gekippt! Jemand wie ich hätte das ganz leicht feststellen und (bei diesem Kopierer) in einer halben Stunde reparieren können.

Mode und äußere Erscheinung

Kleider sind für einen Ingenieur das Nebensächlichste der Welt, solange sie den klimatischen Anforderungen und solchen der Schicklichkeit genügen. Wenn keine Anhängsel einfrieren oder zusammenkleben und keine Geschlechtsteile oder Brustwarzen deutlich sichtbar durch die Gegend schaukeln, ist der Zweck der Kleidung erfüllt. Alles andere ist Verschwendung. Logisch betrachtet ist man selbst der einzige Mensch, der sich nicht sehen muß, die kurzen Momente vor dem Spiegel einmal ausgenommen. Ingenieure wissen, daß ihr Erscheinungsbild andere Menschen sowieso tierisch stört und sich eine Optimierung daher nicht lohnt.

Ein weiterer Vorteil: Unvorteilhafte Kleidung kann normale Menschen abschrecken, mit dem Ingenieur zu interagieren und über so nette Dinge wie ihre niedlichen Kinder zu sprechen.

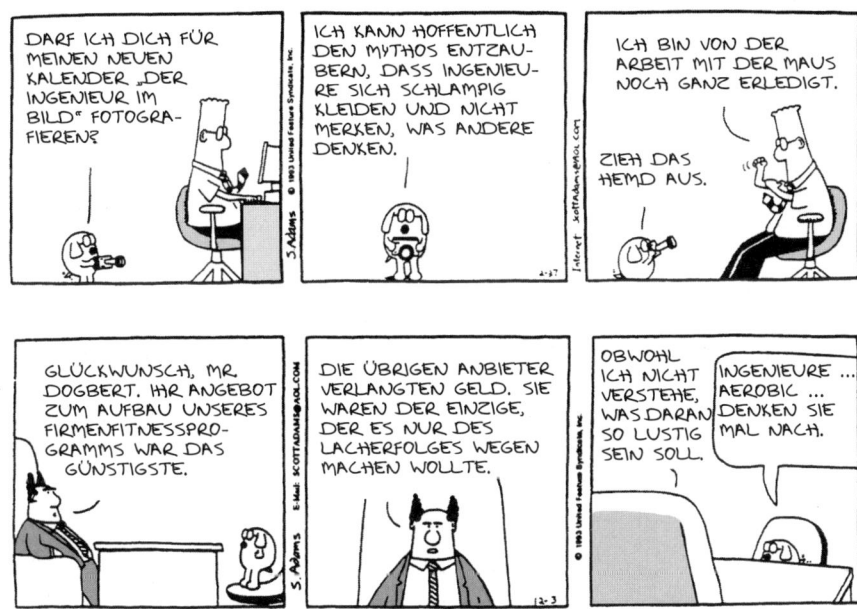

SKEPTIKER MEINEN, EIN FIRMENFITNESSPROGRAMM KÖNNE NICHT ERFOLGREICH SEIN. MACHEN WIR ETWAS AEROBIC UND SEHEN WIR, WER RECHT HAT?

AUTSCH! AU! PATSCH!

DIE SKEPTIKER HABEN RECHT.

WIE FAST IMMER

ICH MÖCHTE IHNEN EINEN UNSERER INGENIEURE VORSTELLEN.

KAREN IST UNSERE NEUE VIZEPRÄSIDENTIN. UND SIE SIND ...?

DILBERT, EIN WERTVOLLER MITARBEITER

ICH GLAUBE AN DAS OFFENE GESPRÄCH, DILBERT. SIE KÖNNEN MIT MIR ÜBER ALLES REDEN.

O JE.

AN WAS ARBEITEN SIE DENN

O NEIN.

NA JA ... ICH HABE GERADE EINE E-MAIL AN JEMANDEN GESCHICKT, DER AN EINEM FENSTER SITZT, UND IHN GEFRAGT, OB ES REGNET.

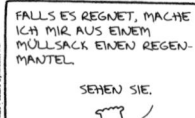

FALLS ES REGNET, MACHE ICH MIR AUS EINEM MÜLLSACK EINEN REGENMANTEL.

SEHEN SIE.

DREI LÖCHER, UND LOS GEHT'S!

WOLLEN SIE IN DER MITTAGSPAUSE ZUM ESSEN GEHEN?

NUR WENN ES REGNET.

DILBERT, SPRECHEN SIE MIT DEM BEWERBER, DER HEUTE KOMMT.

PRÜFEN SIE, OB ER ZUM INGENIEUR TAUGT.

TAG, KARL. WIR FANGEN GLEICH MIT DEM STANDARDINGENIEURSTEST AN.

KLAR, OKAY?

ICH HABE HIER 35 KUGELSCHREIBER UND BLEISTIFTE. WIE VIELE BRAUCHEN SIE, UM IHRE ARBEIT ZU TUN?

ALLE.

RICHTIG ... NUN, WIE TRÄGT MAN SIE RICHTIG?

WIEDER RICHTIG. LETZTE FRAGE: WAS IST AM TRAGEN NATÜRLICHER TEXTILIEN VORTEILHAFT?

STÖHN ... PANIK.

ICH... ICH WEISS NICHT.

IN ORDNUNG, ICH HABE NUR IHRE HAARE GETESTET. SIE SIND EIN INGENIEUR

Die Liebe zu „Raumschiff Enterprise"

Ingenieure haben eine Vorliebe für sämtliche Fernsehfolgen und Kinofilme von „Raumschiff Enterprise", was kaum verwundert, da die Ingenieure des Raumschiffes als Helden dargestellt sind und sogar gelegentlich Sex mit Außerirdischen haben. Jeder Ingenieur träumt davon, das Universum zu retten und Sex mit Außerirdischen zu haben. Das ist sehr viel attraktiver als das wirkliche Leben des Ingenieurs, in dem er sich vor dem Universum versteckt und Sex ohne Beteiligung außerirdischer Lebensformen hat. Solange sich die Ingenieure also von jeder Realität fernhalten, werden die Einschaltquoten für „Raumschiff Enterprise" weiter oben bleiben.

Rendezvous und gesellschaftliches Leben

Ingenieure tun sich mit Rendezvous schwer. Ein normaler Mensch wird verschiedene indirekte und zwielichtige Methoden zum Einsatz bringen, um sich wenigstens den Anschein von Attraktivität zu geben. Ingenieure sind dagegen unfähig, die äußere Erscheinung höher zu bewerten als das rein Funktionale.

Für die Gesellschaft ist es vermutlich vorteilhaft, daß Ingenieure das Funktionale höher bewerten als die Erscheinung. Man will schließlich nicht, daß Ingenieure Atomkraftwerke bauen, die nur so aussehen, als hielten sie die Radioaktivität im Innern zurück. Man muß das global sehen. Doch für Rendezvous ist die Vorliebe für das Funktionale ein großer Nachteil, denn hier geht es darum, solange etwas vorzutäuschen, bis die andere Person einen als den liebt, der man ist.

Ingenieure sind auch keine Freunde des Small talk, weil dabei keine nützlichen Informationen ausgetauscht werden. Es ist nützlicher, jedem Menschen, der lange genug stillhält, komplizierte technologische Pobleme zu erklären. Auf diese Weise bringt er wenigstens ein Minimum an sachlichen Informationen an den Mann, und die Begegnung war nicht umsonst. Leider ist es so, daß sich ein normaler Mensch lieber einen Haufen Kiefernzapfen in die Nase stopfen ließe[*], als einem Gespräch über Technologie zu lauschen. Das ist jedoch kein Grund aufzuhören, wertvolles Wissen an einen Menschen zu vermitteln, den das alles nicht interessiert.

Manchmal versuchen normale Menschen mit Hilfe von Körpersprache der Begegnung mit einem Ingenieur ein Ende zu setzen. Ingenieure ignorieren die Körpersprache allerdings, weil sie auf keinen Fall mehr als eine unpräzise Wissenschaft ist. So ist es beispielsweise fast unmöglich, zwischen einem komatösen, erstarrten Blick und einem interessierten Gesichtsausdruck zu unterscheiden.

Zum Glück haben Ingenieure einen Trumpf im Ärmel: Sie gelten allgemein als erlesenes Heiratsmaterial. Sie sind intelligent, zuverlässig und ehrlich, haben eine Stelle und machen sich im Haus nützlich. Zwar wären viele normale Menschen lieber nicht mit einem Ingenieur befreundet, aber die meisten drängt es danach, sich mit ihnen zu paaren, um technisch begabte Kinder zu zeugen, die schon lange vor dem Verlust ihrer Jungfräulichkeit hochbezahlte Jobs haben werden.

Ingenieure erreichen den Höhepunkt ihrer sexuellen Anziehungskraft später als andere Männer; sie sind von Mitte Dreißig bis Ende Vierzig unwiderstehliche erotische Dynamos. Hier nur einige Beispiele sexuell unwiderstehlicher Männer in technischen Berufen:

---

[*] In kontrollierten Labortests wurde festgestellt, daß 19 von 20 Versuchspersonen es bevorzugten, Kiefernzapfen in die Nasen gestopft zu bekommen. Die übriggebliebene Versuchsperson wollte den Ingenieur in die Nase gestopft bekommen. Man wird ihn vermissen.

- Bill Gates
- MacGyver
- Und so weiter.

Ingenieurinnen werden mit der Volljährigkeit unwiderstehlich und bleiben das bis ungefähr dreißig Minuten nach ihrem klinischen Tod, an warmen Tagen etwas länger.

Wider die ungerechten Klischees

Ingenieure werden in den Medien oft klischeehaft dargestellt. Es ist schrecklich ungerecht, einer ganzen Gruppe von Menschen pauschale Charaktereigenschaften zu verpassen. Einige behaupten, ich hätte das auch getan, aber ich sage: Man hat mir das angehängt.

Um hier Klarheit zu schaffen, habe ich mit Tausenden von Ingenieuren gesprochen und herausgefunden, daß die Klischees *nicht* auf alle von ihnen zutreffen. Hier die Ausnahmen, die ich vorgefunden habe:

185

Ingenieur

Elmer Moline, Calgary, Kanada

Herb Blinthem, San Jose, Kalifornien

Anita Fluman, Dublin, Kalifornien

Hugh Hunkelbein, Schaumburg, Illinois

Art der Ausnahme

Hatte mit 23 Jahren ein zweites Rendezvous.

Las gern *Die Brücken am Fluß*.

Hat Rhythmusgefühl.

Ihm ist egal, wie seine TV-Fernbedienung funktioniert, solange sie funktioniert.

Ehrlich währt am längsten

Für die Menschen ist Ehrlichkeit eine graduelle Sache. Ingenieure sind immer ehrlich in technischen Angelegenheiten und bei zwischenmenschlichen Beziehungen. Man hält Ingenieure deshalb am besten von Kunden, Romantikern und anderen Menschen fern, die mit der Wahrheit nicht umzugehen verstehen.

187

Ingenieure manipulieren die Wahrheit manchmal, um sich vor Arbeit zu drücken. Aber dank des Konzeptes der „allgemeinen Verbreitung" ist dieses Verhalten am neuzeitlichen Arbeitsplatz wirklich nicht als unehrlich zu bezeichnen.

Manchmal sagen Ingenieure Dinge, die wie Lügen klingen, jedoch technisch gesehen keine sind, da nicht damit zu rechnen ist, daß ihnen jemand glaubt. Hier die vollständige Liste solcher Lügen:

„Ich ändere nichts, ohne Sie vorher zu fragen."
„Ich gebe Ihnen das so schwer aufzutreibende Kabel morgen zurück."
„Ich brauche unbedingt neue Geräte, um meine Arbeit zu tun."
„Ich bin auf Ihren neuen Computer nicht eifersüchtig."

Sparsamkeit

Ingenieure sind ganz offenkundig sparsam, aber nicht aus schäbigem Geiz, sondern einfach deshalb, weil jede Konsumsituation lediglich ein Problem der Op-

timierung darstellt, für das die Frage gilt: „Wie entkomme ich dieser Situation und behalte dabei den größtmöglichen Betrag an Bargeld zurück?"

Ratschläge

Ingenieure freuen sich immer, ihr Wissen mit anderen zu teilen, sogar auf Gebieten, von denen sie keine Ahnung haben. Aufgrund ihres logischen Denkens sind sie in jedem Wissenszweig zu Hause. Das kann ein Problem sein, wenn man es mit unlogisch denkenden Menschen zu tun hat, die glauben, man könne sich Wissen nur durch Erfahrung aneignen – wie in diesem Fall:

189

Was es heißt, Ingenieur zu sein

Die meisten Menschen wissen nicht, was es heißt, Ingenieur zu sein. Es gibt viele Typen von Ingenieuren, und sie tun den ganzen Tag über viele faszinierende Dinge. Doch gehen das Abenteuerliche und der Adrenalinrausch des Ingenieurslebens manchmal verloren, wenn man diese Lebensform anderen Menschen erklärt.

Die Kraft der Konzentration

Wenn es eine Eigenschaft gibt, die einen Ingenieur am besten charakterisiert, dann die Fähigkeit, sich auf ein Thema zu konzentrieren und alles andere vollkommen auszublenden. Das führt manchmal dazu, daß man Ingenieure zu früh für verstorben erklärt.

Es existieren zahlreiche Berichte[*] über Ingenieure, die bereits halb einbalsamiert waren, sich dann aber aufsetzten und etwas von sich gaben wie: „Ich hab's

---

[*] Ich kann mich nicht erinnern, wo ich diese Berichte gesehen habe, aber wenn es mir einfällt, schicke ich Ihnen Fotokopien.

– man braucht dazu nur ein zweites Relais!!!" Einige Leichenhallen in Gebieten mit vielen Hochtechnologie-Unternehmen haben angefangen, die Lebensläufe nachzuprüfen, bevor die Leichen für die Bestattung vorbereitet werden. Jede Leiche mit einem akademischen Grad in Elektrotechnik oder mit Erfahrung als Programmierer wird in der Wartehalle für einige Tage aufrecht hingesetzt, um abzuwarten, ob er oder sie noch einmal zu sich kommt.

Risiko

Ingenieure hassen das Risiko. Sie versuchen Risiken auszuschalten, wann immer es möglich ist. Das ist verständlich. Denn läßt sich ein Ingenieur einen kleinen Fehler zuschulden kommen, hängen die Medien das an die große Glocke.

Beispiele schlechter Presse für Ingenieure

- Hindenburg
- Weltraumfähre Challenger
- Weltraumteleskop Hubble
- Apollo 13
- Titanic
- Ford Pinto
- Corvair

Die Kalkulation von Risiko und Belohnung sieht für Ingenieure ungefähr so aus:

Risiko

Öffentliche Demütigung und der Tod Tausender unschuldiger Menschen.

Belohnung

Eine Anerkennungs-Urkunde in einem schmucken Plastikrahmen.

Da Ingenieure praktische Menschen sind, schätzen sie das Gleichgewicht zwischen Risiko und Belohnung ab und entscheiden dann, daß sich das Risiko nicht lohnt. Die beste Möglichkeit, ein Risiko zu vermeiden, ist der Hinweis, das Verlangte sei technisch unmöglich, und zwar aus Gründen, die bei weitem zu kompliziert seien, als daß sie erklärt werden könnten.

Wenn dieser Ansatz nicht ausreicht, ein Projekt zu stoppen, wird der Ingenieur sich auf eine zweite Verteidigungslinie zurückziehen:

„Das ist zwar technisch möglich, kostet aber viel zuviel."

Ein Projekt unwirtschaftlich zu machen, geht am schnellsten durch Verdoppeln der benötigten Mittel mit der Begründung, daß das Projekt sonst scheitern würde.

Das Ego

Zwei Dinge sind, was das Ego betrifft, für Ingenieure von Bedeutung:

- Wie klug sie sind.
- Welche tollen Geräte sie haben.

Man bringt einen Ingenieur am schnellsten dazu, ein Problem zu lösen, wenn man behauptet, das Problem sei unlösbar. Kein Ingenieur kann ein unlösbares Problem sich selbst überlassen, bis es jemand anderer löst. Weder Krankheit noch Ablenkung können den Ingenieur von dem Problem abbringen. Eine solche Herausforderung wird schnell zu einem persönlichen Kampf zwischen dem Ingenieur und den Naturgesetzen.

Um ein Problem zu lösen, verzichten Ingenieure tagelang auf Nahrung und Hygiene. (An anderen Tagen verzichten sie darauf, weil sie es vergessen.) Und wenn sie das Problem erfolgreich gelöst haben, erfahren sie einen Egoschub, der besser als Sex ist – einschließlich des Sexes, an dem andere Menschen beteilig sind. Das Gefühl ist nicht nur im entsprechenden Augenblick besser, es hält auch so lange vor, wie die Leute dem Bericht des Ingenieurs von seiner Eroberung zuhören.

Für einen Ingenieur ist nichts bedrohlicher als die Vorstellung, jemand könne technisch geschickter sein als er. Manche Menschen setzen dieses Wissen als Hebel ein, um den Ingenieur zu noch mehr Arbeit anzuspornen. Wenn ein Ingenieur sagt, etwas könne nicht getan werden (eine verschlüsselte Formulierung dafür, daß eine Aufgabe keinen Spaß macht), sehen einige schlaue Normalbürger den Ingenieur mit einem Blick voller Mitgefühl und Mitleid an und sagen etwa:

„Ich werde Bob beauftragen, es herauszufinden. Er weiß, wie man schwierige technische Probleme löst."

Ab jetzt sollte der normale Mensch nicht mehr zwischen Ingenieur und Problem stehen. Der Ingenieur wird sich auf das Problem stürzen wie ein ausgehungerter Chihuahua auf ein Schweinekotelett.

Ingenieure hören übrigens, wie Maschinen zu ihnen sprechen. Im Rattern eines Automotors hören sie die spöttische Bemerkung: „Ich wette, du kriegst mich nicht." Der Computer summt anerkennend, wenn der Ingenieur etwas besonders Elegantes programmiert hat. Der Toaster sagt „Noch nicht, noch nicht, noch nicht", bis der Toast herausspringt. Ein von Maschinen umgebener Ingenieur ist nie einsam und wird von ihnen nie nach seiner äußeren Erscheinung beurteilt. Er und die Maschinen sind Freunde.

Deshalb überrascht es nicht, daß Ingenieure einen großen Teil ihres Egos in diese Art von „Freunden" investieren.

BELEIDIGEN SIE MICH NICHT, TECHNO-BILL!

MACHEN SIE IHREN ZUG.

MEINE EINZIGE CHANCE SIND MEIN MOBILTELEFON UND DAS MODEM. ICH WERDE MICH IN SEIN KONTROLL-MODUL HINEINWÄHLEN UND ALLE SEINE SYSTEME AUSSCHALTEN.

AAAH!

IDIOT! ICH HABE ZIELWAHL-TASTEN.

PIEPS KLINGEL SUMM

Der Ingenieur im Bild

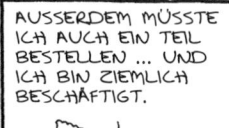

ICH WÜRDE ES SELBER REPARIEREN, ABER MAN BRAUCHT DAZU SPEZIELLE WERKZEUGE.

AUSSERDEM MÜSSTE ICH AUCH EIN TEIL BESTELLEN ... UND ICH BIN ZIEMLICH BESCHÄFTIGT.

NEHMEN SIE ZWEI DAVON.

„INGENIEURS-PILLEN"?

DIE SETZEN SIE AUSSER GEFECHT, BIS ICH FERTIG BIN.

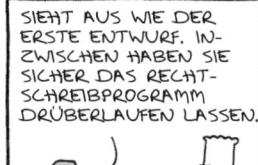

JUNGE, JUNGE! ICH HOFFE, SIE ZEIGEN DAS NIEMANDEM.

SIEHT AUS WIE DER ERSTE ENTWURF. IN-ZWISCHEN HABEN SIE SICHER DAS RECHT-SCHREIBPROGRAMM DRÜBERLAUFEN LASSEN.

TECHNOLOGEN BE-SCHÄFTIGEN SICH MIT IDEEN, NICHT MIT RECHTSCHREIBUNG.

JETZT WO SIE ES SAGEN ...

SO MERKEN SIE DOCH ENDLICH, DASS SIE MÜLLMANN SIND UND NICHT INGENIEUR. ICH BRAUCHE IHRE VERBES-SERUNGSVORSCHLÄGE NICHT.

WAS SCHREIBEN SIE DENN DA? PAH, ALS OB MICH DAS INTE-RESSIEREN WÜRDE!

WENN SIE DAS NICHT VERSTEHEN ... - BALD KOMMT DER ZEITUNGS-JUNGE. ICH HABE MIT IHM GEARBEITET.

WAS WURDE AUS DEM ROBOTER, DEN DU GEBAUT HAST?

KEINER KANN EINEN ROBOTER BAUEN. DAS IST UNMÖGLICH.

HM, EIN PERFEKTER ROBOTER BRAUCHT WAHRSCHEINLICH NUR NOCH EINE NEUROSPEKTRALE FELDEICHUNG.

DAS GANZE ROBOTERPROJEKT WAR SCHLECHT FÜR MEIN EGO ALS INGENIEUR.

HE! RATEN SIE MAL, WER VIEL KLÜGER IST ALS SIE!

DILBERT, IHR NEUER MITARBEITER IST DER AFFE ZIMBU.

ZIMBU HAT MIT EINEM SPEZIELLEN PROGRAMM VON DEN ZOOWÄRTERN ENGLISCH GELERNT.

DIESER AFFE IST EINE BELEIDIGUNG FÜR DIE INTELLIGENZ VON DEN ANDEREN ARBEITERN UND VON MEINER!

DER ANDEREN ARBEITER UND MEINER - GENITIV!

ZIMBU, SIE HABEN IM ZOO VIELLEICHT EINE SPRACHE GELERNT, ABER UM INGENIEUR ZU SEIN, BRAUCHT ES NOCH ETWAS MEHR.

DILBERT, ZIMBU, KOMMT SCHON, WIR DÜSEN IN DIE CAFETERIA UND HOLEN DIE FRÜHSTÜCKSSEMMELN.

OKAY, NACH 10 UHR BRAUCHT ES MEHR ALS SPRACHKENNTNISSE, UM INGENIEUR ZU SEIN.

HEUTE NICHT, WIR HABEN EINE PERSONALBESPRECHUNG

ZEIT, DIESE FARCE ZU BEENDEN, ZIMBU!

IHRE SPRACHFÄHIGKEITEN SIND REIN MECHANISCHE REFLEXE. AFFEN SIND DER LOGIK UND VERNUNFT NICHT FÄHIG.

HA! UND DAS PROGRAMM, DAS SIE SCHREIBEN - WAHRSCHEINLICH IN „BASIC".

ARBEITEN SIE ÜBERHAUPT MAL?

 HEI, DILBERT! IST DAS IHR DEPPENMOBIL? HA HA HA!!

 DAS IST MEINE ALTE HIGH-SCHOOL-NEMESIS, CHUCK.

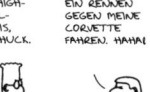 VIELLEICHT WOLLEN SIE EIN RENNEN GEGEN MEINE CORVETTE FAHREN. HAHA!

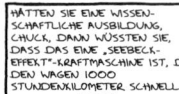 HÄTTEN SIE EINE WISSENSCHAFTLICHE AUSBILDUNG, CHUCK, DANN WÜSSTEN SIE, DASS DAS EINE „SEEBECK-EFFEKT"-KRAFTMASCHINE IST, DIE DEN WAGEN 1000 STUNDENKILOMETER SCHNELL MACHT.

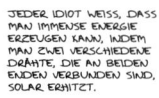 JEDER IDIOT WEISS, DASS MAN IMMENSE ENERGIE ERZEUGEN KANN, INDEM MAN ZWEI VERSCHIEDENE DRÄHTE, DIE AN BEIDEN ENDEN VERBUNDEN SIND, SOLAR ERHITZT.

 SIEHT AUS, ALS WÄRE ICH SCHNELLER _UND_ KLÜGER ALS SIE. UND DIESE STEUERBESCHEIDE ZEIGEN, DASS ICH AUCH MEHR VERDIENE.

 HIER IST EIN FOTO MEINER NEUEN FREUNDIN. SIE GIBT AEROBIC-UNTERRICHT.

 ER GEWINNT. HILF MIR, DOGBERT.

MACH PLATZ.

 ICH HABE BEMERKT, DASS IHRE FREUNDIN UNGEWÖHNLICH GROSSE HÄNDE HAT UND EINEN SEHR AUSGEPRÄGTEN ADAMS-APFEL.

UND?

 DAS IST WIRKLICH ZU GUT ... WIR INGENIEURE ARBEITEN MIT ALTEN 286ER PCS VON IBM, UND SIE HABEN EINE SPARC-STATION.

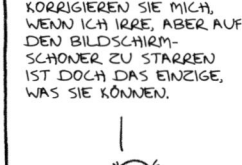 KORRIGIEREN SIE MICH, WENN ICH IRRE, ABER AUF DEN BILDSCHIRM-SCHONER ZU STARREN IST DOCH DAS EINZIGE, WAS SIE KÖNNEN.

 WIE IST ES MÖGLICH, DASS DIESER BALL STÄNDIG HERUMHÜPFT?

WENN MICH JEMAND BRAUCHT, ICH RÄUME MEINE FESTPLATTE EIN WENIG AUF.

15

Veränderungen

„Veränderungen" sind seit ewigen Zeiten die normalste Sache der Welt. Erst dank der Unternehmensberater wurde daraus ein wichtiges Unternehmenskonzept. Es fing alles mit dem Personalabbau an.

Viele Manager verloren dabei ihre Jobs. Diese Ex-Manager nannten sich dann in weiser Voraussicht „Unternehmensberater", was schließlich sehr viel attraktiver klingt als „Penner".

Die Unternehmensberater ließen also ihre Fähigkeiten spielen, und die Formulierung, die sie zunächst am häufigsten benutzten, lautete: „Haben Sie etwas Wechselgeld für mich?" Was mit einem wehleidigen Gemurmel anfing, wurde mit der Zeit zu einer aggressiven Aufforderung an die Passanten: „Wechselgeld!" Es war geradezu ein Kommando. Später wurde das Ganze zu „Wechsel" verkürzt und entwickelte sich zu einer erfolgreichen Methode der Unternehmensberatung. (Ich irre mich vielleicht bei einigen Einzelheiten, aber ich weiß, daß Unternehmensberater, die Geld verlangen, dabei eine Rolle spielen.)

Das Beste an einem Change-Management-Konzept ist, daß man es praktisch jeder Firma verkaufen kann. Unternehmen erfahren mehr Veränderungen als ein Haufen Babys in einem Wettbewerb für Biertrinker.[*]

Das Beratungsgespräch eines Unternehmensberaters funktioniert in etwa so:

Unternehmensberater: „Sie planen also Veränderungen?"

Manager: „Hm ... ja, ich denke doch."

Unternehmensberater: „Haben Sie bereits einen Managementplan für diese Veränderungen vorbereitet?"

Manager: „Was ist das?"

Unternehmensberater: *„Sie sind dem Untergang geweiht!!!* Geben Sie mir schnell Geld!"

Angst vor Veränderungen

Die Menschen hassen Veränderungen, und das aus gutem Grund. Veränderungen machen uns relativ gesehen dümmer. Eine Veränderung fügt dem Universum neue Informationen hinzu, Informationen, die uns unbekannt sind. Unser Wissen – ein Bruchteil des möglichen Wissens – wird jedesmal, wenn sich etwas verändert, noch kleiner.

Und ganz offen gesagt, wenn wir schon über einen Bruchteil oder Prozentsatz des möglichen Gesamtwissens im Universum sprechen, dann sind wir unseren Möbeln gar nicht so viele Prozentpunkte voraus. Ich hasse es aber, morgens

---

[*] Richtig, dieser Vergleich ist hier fehl am Platz und fügt dem Kapitel nichts Neues hinzu. Ich habe aber den ganzen Vormittag daran gearbeitet, deshalb bleibt er jetzt stehen.

beim Aufwachen feststellen zu müssen, daß sich der intellektuelle Unterschied zwischen mir und meinem Büffet verringert hat. So fängt man keinen Tag an.

Auf der anderen Seite ist Veränderung vorteilhaft für Menschen, die die Veränderung verursachen. Sie verstehen die dem Universum hinzugefügten neuen Informationen und werden im Vergleich zu uns übrigen Menschen klüger. Das ist Grund genug, ihre Bestrebungen zu sabotieren. Ich empfehle Sarkasmus mit einem kaum merklichen drohenden Unterton.

Veränderer: „Ich hoffe, ich kann auf Ihre Unterstützung zählen."

Sie: „Selbstverständlich. Ich bin entzückt, meine kurzfristigen Ziele aufs Spiel setzen zu können, damit sich Ihre Karrierevorstellungen erfüllen."

Veränderer: „Das ist nicht genau ..."

Sie: „Es macht mir nichts aus, wenn mir wie einem verwirrten Nagetier zumute ist und ich Überstunden ableiste, erst recht nicht, wenn die Bezahlung nach dem neuen System durchgeführt wird, gegen das ich mich so heftig gewehrt habe."

Ziel von Veränderungen ist es, bei einfältigen Arbeitnehmern den Irrglauben zu erzeugen, die Veränderungen seien gut für sie, indem man an ihren Abenteuergeist und Forscherdrang appelliert. Das ist so, als überrede man eine Forelle dazu, aus dem Bach zu springen, um das Abenteuer der Entgrätung zu erleben. (Forellen sind keine Team-Player.)

Um den natürlichen Widerstand der Opfer zu überwinden, haben die Unternehmensberater eine ganze Reihe moderner Managementtechniken entwickkelt, die ich im folgenden für Sie zusammengefaßt habe.

Kommunikation ohne Inhalt

Arbeitnehmer, die mit Veränderungen konfrontiert werden, beschäftigt eine Frage: „Was passiert mit mir?" Eine Unternehmenspolitik, die Erfolg haben will, geht dieser Frage in ihren Verlautbarungen aus dem Weg.

Es ist nur selten der Fall, daß eine Umstrukturierung des Unternehmens alle glücklich macht und daß niemand entlassen wird. Das kann problematisch sein, weil Veränderungen die Mitwirkung aller Parteien verlangen, einschließlich derjenigen, die dann den kürzeren ziehen. Ein geschicktes Management hält alle Beteiligten so lange hin, bis die Veränderungen vollzogen sind und die Verlierer an die Luft gesetzt werden können.

Gespräche mit Angestellten über Veränderungen gleichen einem Hamburger aus Holz. (Bleiben Sie jetzt am Ball.) Wenn sie den Hamburger schön genug garnieren, wird er auch geschluckt. Nicht zufällig sind die Menschen, die hölzerne Hamburger verspeisen (nennen wir sie die „Unbegabten"), dieselben, die durchgreifenden Veränderungen zum Opfer fallen.

Man kann die unbegabten Holzfresser täuschen, indem man in unzähligen Konferenzen, E-Mail-Mitteilungen, Rundschreiben und Nachrichten auf Anrufbeantwortern von guten Aussichten spricht, ohne zu sagen, für wen. Die möglichen Opfer werden dann glauben, auch für sie breche eine goldene Zeit an. Mit etwas Glück können Sie diese Menschen sogar glauben machen, sie selbst gestalteten die Veränderungen.

Die großen Change-Manager

Den Arbeitnehmern sagt man: „Wenn Sie die Veränderungen befürworten, werden Sie als ‚große Gestalter' statt als glücklose Opfer in die Geschichte eingehen." Das ist für Erwachsene so gut, wie Superman zu sein, nur ohne die entsprechenden Klamotten und die ganze Action.

Wenn ich die Wahl hätte, wollte ich natürlich auch Gestalter sein, weil ich dann vielleicht Visionen hätte wie ein Röntgengerät.

Die zynischen Arbeitnehmer, die sich lieber raushalten, aber gleichzeitig die großen Gestalter ärgern, haben ebenfalls einen Namen. Sie heißen „Provokateure der großen Gestalter". Aber das ist ein ganz anderes Buch.

Perpetuum mobile

Veränderungen werden durch Unternehmensberater verursacht. Als zweites brauchen Sie dann Unternehmensberater, die Ihnen sagen, wie Sie die Veränderungen durchführen. Danach brauchen Sie Unternehmensberater, die Ihnen sagen, daß sich die Umfeldbedingungen verändert haben und Sie weitere Veränderungen durchführen sollten.

Das ist ein richtiges kleines Perpetuum mobile, und deshalb ist es auch so problematisch, wenn man Unternehmensberater nach Stunden bezahlt. In einigen kleineren Städten dürfen Unternehmensberater nicht bei der freiwilligen Feuerwehr sein. Man befürchtet, sie könnten die Stadt anzünden.

16

Finanzplanung

Die Finanzplanung wurde von einer außerirdischen Rasse sadistischer Wesen erfunden, die großen Katzen ähnelten. Die Katzenwesen lehrten die ägyptischen Pharaonen die Finanzplanung, und diese setzten sie beim Bau der Pyramiden als Strafe ein. Das erklärt, wie 20 Tonnen schwere Steinblöcke von gerade mal drei Menschen kilometerweit fortbewegt werden konnten.

Der teuflische Plan der außerirdischen Katzen zielte darauf, große Teile der menschlichen Bevölkerung zu quälen, um sie bei einem späteren Besuch dann aufzufressen. Leider endeten die Katzenwesen tragisch; sie parkten ihr Raumschiff in einem heißen Gebiet der Galaxis, um ein Nickerchen zu machen, und wurden in die Sonne hineingezogen.

Im Lauf der Jahre ging der eigentliche Zweck der Finanzplanung verloren. Heute gilt sie aufgrund einer unglücklichen Fehldeutung[*] von Hieroglyphen als Methode, die Ausgaben großer Unternehmen zu kontrollieren. Ironischerweise wird dieses Ziel hauptsächlich dadurch erreicht, daß man Manager aus dem Produktionsfluß entfernt – wo sie der Versuchung ausgesetzt wären, Geld auszugeben – und in Konferenzen lockt, die Monate dauern können.

Im Gegensatz zu landläufigen Vorstellungen versteht man unter „Budget" keinen festen Betrag. Ein Budget wird im Lauf eines Jahres oft geändert, und so wird das Prinzip der „Unwägbarkeiten bei der Budgetplanung" immer wieder bestätigt.

Wenn man das Budget oft genug ändert, verhalten die Arbeitnehmer sich schließlich wie Taschenratten auf dem Schießstand: Sie haben Angst vor jeder Bewegung, die Aufmerksamkeit auf sie lenken könnte. Und wo die Angst herrscht, sind die Ausgaben niedrig. Und wo die Ausgaben niedrig sind, gibt es gewaltige Aktienoptionen für das obere Management, gefolgt vom schließlichen Niedergang des Unternehmens.

---

[*] Die Hieroglyphe für „Konferenz" ist dem Symbol für „Auisch!! Eine Sphinx hat sich auf mein Bein gesetzt!" sehr ähnlich.

Ich wollte mit all dem auf irgend etwas hinaus, aber wahrscheinlich war es nicht so wichtig.

Das Budget aufblähen

Sie können sich Ihren Teil am Kuchen sichern, indem Sie Ihren Wert als Arbeitnehmer und die Anforderungen Ihrer Arbeit übertreiben. Zwar tut das jeder Manager, seit der erste Höhlenmensch sich zwei verkohlte Stöckchen beschafft und damit auf der Höhlenwand herumgekratzt hat, aber es kann immer noch klappen.

Ihr Chef erwartet, daß Sie mit hohen Zahlen zu ihm kommen; diese Zahlen werden dann in dem altehrwürdigen Kampf zwischen den Ahnungslosen und den Lügnern zusammengestrichen.

Einige Angestellte machen den naiven Fehler, doppelt soviel zu verlangen, wie sie benötigen. Der Chef wird dieses plumpe Manöver sofort durchschauen und die gewünschte Summe halbieren. (Chefs sind nicht so doof, wie sie aussehen!) Die in meinen Augen naheliegendste Lösung ist, einige Milliarden Dollar mehr zu verlangen als nötig. Wenn Sie beispielsweise drei PCs für Ihre Abteilung brauchen, fordern Sie 50 Milliarden Dollar. Das wird zu wütenden Blicken und womöglich sogar zu harten Worten führen. Aber auch wenn Sie dann nur bei, sagen wir, 20 Prozent Ihres Wunschbetrags landen, sind das immer noch lässige zehn Milliarden. Und dann bekommen Sie von Ihrem Computer nie mehr die Meldung, daß der Arbeitsspeicher voll ist.

Verteidigung des Bugdets

Das Management wird versuchen, Ihr Budget zu kürzen. Dazu schickt es eine Armee rangniederer, ahnungsloser Finanzplaner, um Ihnen aufschlußreiche Fragen zu stellen, wie etwa: „Was könnten Sie mit der Hälfte Ihres jetzigen Budgets tun?"

Ihr erster Impuls könnte sein, den Kopf zurückzuwerfen und in jenes spöttische, selbstgerechte Lachen auszubrechen, das Sie für die „besonders" Ahnungslosen reserviert haben.

Folgen Sie diesem Impuls nicht.

Gehen Sie auf die Finanzplaner ein. Diese schlagen dem Management Kürzungen des Etats vor. Tun Sie, als seien Sie an ihnen persönlich interessiert (als hätten Sie einen Freund, der Finanzplaner ist). Diese Menschen haben keine wirklichen Freunde, deshalb können sie überhaupt nicht beurteilen, ob Sie es ehrlich meinen. Manchmal können Sie Millionen Ihres Budgets retten, indem Sie einfach eine Tüte mit Gebäck kaufen, sie auf den Schreibtisch des Finanzplaners stellen und etwas Persönliches dazu sagen, etwa: „Wie war das Wochenende, Kumpel?"

Wenn Sie Ihren Etat verteidigen müssen, merken Sie sich zwei Methoden: (1) lügen und (2) lügen. Vielleicht haben Sie deswegen moralische Bedenken. Diese Bedenken vergehen, wenn Sie das erste Mal die Wahrheit gesagt und festgestellt haben, daß Ihr Etat geleert wurde wie die letzte Tüte Kartoffelchips auf einem Konzert der Greatful Dead.* Schlimmstenfalls gewöhnen Sie sich an das Lügen. Nach einiger Zeit werden Sie eine starke Vorliebe dafür entwickeln.

Einige Menschen sind keine guten Lügner. Studieren Sie folgende Beispiele, um sich mit dieser Technik anzufreunden:

---

* Dieser Vergleich wurde vor Jerry Garcias frühem Tod niedergeschrieben. Aber er gefällt mir so gut, daß ich beschloß, ihn als Erinnerung daran beizubehalten, wie wichtig die Erhaltung des Regenwalds ist.

Falsch

„90 Prozent von dem, was wir tun, geht daneben, und keiner im Team glaubt, daß auch nur ein Kunde das Produkt kaufen wird. Deshalb würde ich vorschlagen, Sie stecken meine ganze Abteilung in einen Jutesack, ertränken uns im Fluß und sind damit selbst aus dem Schneider."

Richtig

„Großer Gott, Mensch!!! Sind Sie des Teufels?? Kapieren Sie denn nicht, daß Sie, wenn Sie auch nur einen Dollar unseres Budgets kürzen, eine Kettenreaktion auslösen, die die Erdrotation ändern, das Polareis abschmelzen und uns alle zum Kältetod verurteilen könnte!!!??"

Falsch

„Okay, Sie haben mich ertappt. Wir brauchen nicht das ganze Geld. War nur ein Trick, um meine Stellung zu verbessern und befördert zu werden, damit ich eine attraktive Chefsekretärin bekomme, die ich auf Reisen mitnehmen kann."

Richtig

„Aaaaagh!!! Wie können Sie nur an sowas denken? Ich arbeite hier mit ein paar Pfennigen und buttere sogar mein eigenes Geld zu. Aber das ist schon okay, weil ich an dieses Projekt glaube. Ganz im Gegensatz zu dem aufgeblasenen, überfinanzierten „Projekt Einhorn" ein paar Türen weiter. Und wenn Sie mit denen reden, sagen Sie Ihnen, ich fände überhaupt nicht, daß Sie wie Schweinchen Dick aussehen."

Rechtfertigen Sie Ihre Budgetforderungen immer mit verwirrenden Diagrammen und Kalkulationstabellen. Ein Zuviel an Information gibt es nicht, wenn Sie Ihren Etat verteidigen müssen. Langeweile und Verwirrung sind im Kampf um das Budget Ihre Verbündeten.

Ihre Budgetdiagramme und Kalkulationstabellen sollten so kompliziert aussehen, daß sie zwei Botschaften übermitteln:

1. „Ich habe gründlich überlegt, wieviel Geld ich brauche."
2. „Intelligente Menschen verstehen dieses Diagramm, und zu denen gehören Sie doch."

Geben Sie alles Geld aus

Was immer Sie tun, lassen Sie am Ende des Jahres kein Geld im Topf. Für Ihre Chefs ist das ein Zeichen von Versagen und Schwäche, von falscher Vorausberechnung ganz zu schweigen. Ihr Budget für das nächste Jahr wird zur Strafe entsprechend gekürzt.

Die Unternehmensleitung würde Ihnen nie so viel Geld überlassen, wenn sie nicht von Ihnen erwartete, daß Sie es ausgeben. Dagegen könnte es nötig sein, daß Sie etwas flexibler definieren, welche Ausgaben für die Firma unabdingbar sind. Ich empfehle die Bestellung von Papierhandtüchern in großen Mengen, um letzte Etatbeträge aufzubrauchen. Papierprodukte sind immer nützlich und haben den Vorteil, daß man sie die Toilette hinunterspülen kann, wenn Sie später im Lagerraum Platz brauchen.

Finanzplanung in Bild

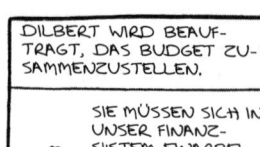

DILBERT WIRD BEAUFTRAGT, DAS BUDGET ZUSAMMENZUSTELLEN.

SIE MÜSSEN SICH IN UNSER FINANZSYSTEM EINARBEITEN.

ES WURDE VOR 400 JAHREN VON EINEM VERRÜCKTEN MÖNCH ENTWICKELT, DER SICH IN EINEM WEINFASS EINGESPERRT HATTE.

LEIDER GIBT ES IHN IMMER NOCH.

HEI ICH HABE EINE ANDERE IDEE.

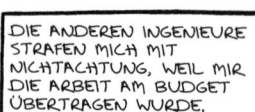

DIE ANDEREN INGENIEURE STRAFEN MICH MIT NICHTACHTUNG, WEIL MIR DIE ARBEIT AM BUDGET ÜBERTRAGEN WURDE.

NUR NICHT BEACHTEN.

SIE WISSEN, ICH KÖNNTE JEDEN MOMENT ZUSCHLAGEN UND DUMME, HYPOTHETISCHE FRAGEN ZUM BUDGET STELLEN.

NUR NICHT BEACHTEN.

WAS WÄRE, WENN SIE NÄCHSTES JAHR NUR NOCH HALB SOVIEL STROM HÄTTEN?

ZU SPÄT. ICH HABE SIE NICHT BEACHTET.

HE, DILBERT, ICH HABE GEHÖRT, SIE MÜSSEN SICH JETZT MIT DEN FINANZEN BEFASSEN.

HA HA! MUß WIRKLICH AUFREGEND SEIN. ICH MEINE, MANN, ALLE DIESE ZAHLEN ZUSAMMENZUZÄHLEN.

HA HA! BIN ICH FROH, DASS WENIGSTENS ICH EINE RICHTIGE ARBEIT HABE!

JETZT NICHT MEHR.

CLICK

ICH HABE DIE AUSWIRKUNG DES ETATS AUF 600 PROJEKTE IN DREI PUNKTEN ZUSAMMENGEFASST.

„SAUERSTOFF IST GUT – KONKURRENZ IST SCHLECHT – ICH MAG GÖTTERSPEISE."

FINDEN SIE, ES IST FÜR DEN VORSTAND ZU DETAILLIERT?

LASSEN SIE DAS MIT DER „KONKURRENZ" WEG.

ICH HABE EINEN TIPPFEHLER IM KALKULATIONSPROGRAMM GEFUNDEN ... FÜR EINE KORREKTUR IST ES ZU SPÄT.

WIR HABEN EINE STELLE EINER ANDEREN GRUPPE ZUGEWIESEN, GELD UND MITARBEITERZAHL ABER NICHT VERÄNDERT.

... WIR BEZAHLEN SIE ALSO, ABER SIE DÜRFEN NICHT MEHR FÜR UNS ARBEITEN.

DAS IST DER GLÜCKLICHSTE TAG MEINES LEBENS.

BUMM!

KRACH!!

WIE ICH HÖRE, KÜRZT IHRE FIRMA DIE FAHRTSPESEN.

KANN MIR JEMAND GELD FÜR DEN BUS NACH HAUSE LEIHEN?

DIE FIRMA BLEIBT EINE MILLIARDE DOLLAR UNTER DEN ANGESTREBTEN ERTRÄGEN.

VON HEUTE AN ESSEN NUR NOCH MANAGER MEINES RANGES ODER DARÜBER AUF FIRMENKONFERENZEN DONUTS.

DAS IST FÜR KEINEN VON UNS LEICHT. MENSCH, ICH WEISS DOCH NICHT MAL, OB ICH SO VIELE DONUTS ESSEN KANN.

ICH HABE ENTSCHIEDEN, IHREN PROJEKTETAT ZU HALBIEREN, DIE ZIELE ABER BEIZUBEHALTEN.

DAS IST EIN BRILLANTER PLAN. WIR KRIEGEN ALLE VORTEILE FÜR DIE HÄLFTE DER KOSTEN!

WARUM BESTIMMEN IMMER DIE VERRÜCKTESTEN LEUTE, WAS REALITÄT IST?

UND WARUM SCHREIBE ICH DEN GESCHÄFTSBERICHT NICHT NEU, UM DIE ERTRÄGE ZU ERHÖHEN?

213

NEIN! SIE KÖNNEN MICH NICHT ZWINGEN, IN DER BUCHHALTUNG ZU ARBEITEN! ICH BIN INGENIEUR!

ZU SPÄT ...

SIE SIND GEKOMMEN ... HABEN DIE LUFT EINGEATMET ... DIE VERÄNDERUNG IST IRREVERSIBEL, BRADLEY WIRD SIE EINARBEITEN.

ICH BEKOMME ALLMÄHLICH EINE ABNEIGUNG GEGEN DIESEN JOB ...

GUT, DANN KANN ICH JA DIESEN TEIL DER SCHULUNG ÜBERSPRINGEN.

DILBERT WIRD GEZWUNGEN, IN DER BUCHHALTUNG ZU ARBEITEN.

ZUERST MÜSSEN SIE VERSTEHEN, WIE ZAHLEN DIE REALITÄT VERÄNDERN ...

ZAHLEN VERÄNDERN DIE

MANCHE GLAUBEN, ZAHLEN SPIEGELN EINE REALITÄT ... WIR GLAUBEN, ZAHLEN SCHAFFEN REALITÄT.

ZAHLEN VERÄNDERN DIE REALITÄT

DAS IST DER RAUM, IN DEM DIE BUDGETS GEKÜRZT WERDEN.

SCHNELLER KÜRZEN!

GROSSARTIG ... ICH WERDE NICHT NUR GEZWUNGEN, IN DER BUCHHALTUNG ZU ARBEITEN, ICH VERWANDLE MICH AUCH LANGSAM IN EINEN KOBOLD.

BUDGET-KÜRZUNGS-TEAM

MOMENT MAL ... DAS IST DAS BUDGET DER BUCHHALTUNG. WAS PASSIERT, WENN ICH DAS WEGKÜRZE?

CHEF!!! CHEF!!!

HILFE! ICH SCHMELZE! AAAAGH!!

Wahre Geschichten aus der Buchhaltung

Von: (Name dem Autor bekannt)
An: scottadams@aol.com

Scott,

vor einigen Jahren schaltete unser Management die abwärts führenden Rolltreppen ab, um – das ist kein Witz – Geld zu sparen. Damit war sofort Schluß, als der Konzernchef uns besuchte und der verantwortliche Manager die Rolltreppe als Beispiel dafür erwähnte, wie kreativ er beim Sparen sei.

Von: (Name dem Autor bekannt)
An: scottadams@aol.com

Scott,

unser Unternehmen wollte Kosten einsparen. Jemand meinte, wir könnten „x" Dollar einsparen, wenn wir auf die Hygieneartikel in der Damentoilette verzichteten. Unser neuer, begeisterungsfähiger Personalchef fand das toll und kündigte die Neuerung per E-Mail in der gesamten Firma an.

Überflüssig zu erwähnen, daß die Frauen der Firma den Mann zu einem gut frittierten Kartoffelchip verarbeiten. Die geschätzten Einsparungen entsprachen in etwa dem Gesamtbetrag, den wir dem Reinigungsunternehmen zahlen, das die fraglichen Produkte ohne Zusatzkosten zur Verfügung stellt.

Der Ton der E-Mail wurde immer heftiger: „Der Einfall ist sexistisch", „Wir sollten die Kaffeemaschinen loswerden", „Streichen wir die Prämien für Führungskräfte ...".

Was die Diskussion schließlich beendete und den Beschluß rückgängig machte, war die E-Mail eines Managers, der über eine ihm bekannte weibliche Führungskraft im Verkauf berichtete. Immer wenn diese Frau mit einem aussichtsreichen Kunden verhandelte, überprüfte sie die Hygieneartikel auf der Damentoilette der Firma des Kunden. Wenn sie fehlten, wußte sie, daß die Firma am Ende war.

Eine ähnliche Geschichte, die ich erlebt habe

Einer meiner Kollegen bei Pacific Bell stellte fest, daß die Putzfrauen angebrochene Klopapierrollen aus den Toiletten entfernten, lange bevor das letzte Viertel aufgebraucht war. Für ihn war das eine ungeheuerliche Verschwendung und womöglich sogar eine kriminelle Unterschlagung seitens der Putzfrauen. Die Verschwörungstheorie redete ich ihm aus. Er war jedoch überzeugt, daß Handeln vonnöten sei. Er verbrachte einen ganzen Nachmittag damit, ein ausführliches

Memorandum zu diesem Problem zu verfassen, inklusive Kostenkalkulation, und schickte das Ganze mit der Bitte um entsprechende Maßnahmen an das Facility Management.

Er wartet noch heute auf eine Antwort.

17

Der Verkauf

Wenn die Produkte Ihrer Firma überteuert und mangelhaft sind, läßt sich das durch Motivation der Verkäufer ausgleichen. Es gibt kein Problem, das von einem entsprechend motivierten Verkäufer nicht gelöst werden könnte.

Es ist zum Beispiel hinreichend dokumentiert, daß eine Frau mit einem Körpergewicht von 45 Kilo genügend Adrenalin erzeugen kann, um einen Chrysler-Kleinbus anzuheben, der auf ihrem Fuß geparkt hat. Experimente haben ebenfalls gezeigt, daß sie, wenn der Kleinbus zum dritten Mal auf ihrem Fuß parkt, die Forscher, die diese Experimente durchführen, mit einem Minenbleistift ermordet und dabei etwas schreit wie: „VERLANGEN SIE NIE MEHR VON MIR, NOCH EINMAL AUSHILFSSEKRETÄRIN IN DIESEM HÖLLEN-LOCH ZU SEIN!!!" Seltsam ist dabei nur, daß die Frau in Großbuchstaben schreit. Aber darauf will ich hinaus: Die Menschen können fast alles, wenn sie den richtigen Anreiz haben.

Wenn Ihre Firma zu niedrige Umsätze verbucht, liegt das daran, daß die Verkäufer nicht richtig motiviert sind. Das läßt sich leicht beheben. Sie müssen lediglich die Absatzziele hinaufsetzen, bis das Verkaufspersonal zwischen zwei Lebensstilen entscheiden muß:

A. Ein Leben voller Betrug und Niedertracht.

B. Ein Leben im Wohnwagen.

Leute aus der Verkaufsabteilung überleben in einer Wohnwagensiedlung nur etwa drei Minuten. Das entspricht der Zeit, die die anderen Bewohner der Siedlung benötigen, sie aufzuspüren und zu töten. (Diese Menschen haben meist bittere Erinnerungen an Verkäufer, die ihnen eingeredet haben, Metall könne die Sommerhitze abhalten.)

Intelligente Verkäufer werden die erste Alternative wählen – ein Leben voller Betrug und Niedertracht. Daran können sie sich gewöhnen, und mit etwas Geduld und Übung finden sie schließlich auch Freude daran. Nur wenige Dinge bereiten mehr Vergnügen, als unbeliebten Kunden mangelhafte Produkte zu verkaufen. Man kann damit nicht unbedingt vor seinen Enkeln angeben, aber es ist besser als ein herzhaftes Niesen im Wald.

Etwas zu verkaufen ist nicht leicht. Sicher, qualitativ hochstehende Produkte zu vernünftigen Preisen kann jeder verkaufen, das ist keine Kunst. Die wirkliche Kunst des Verkaufens kommt ins Spiel, wenn das Produkt im Vergleich zur Konkurrenz nichts taugt. Die Marketing-Abteilung der Firma kann diese Lücke nur zum Teil schließen (siehe Kapitel 11 über das Marketing.) Die Leute vom Verkauf müssen den Rest erledigen. Im folgenden gebe ich Ihnen einige Tips, wie Sie ein Verkäufer von Weltklasse werden.

Vermeiden Sie Kostendiskussionen

Sprechen Sie mit dem Kunden nie über die wahren Kosten Ihres Produktes. Das verleitet ihn nur zu rationalen Entscheidungen. Konzentrieren Sie sich auf die vielen „nicht greifbaren" wirtschaftlichen Vorteile, die Ihr Unternehmen bietet. Und denken Sie daran: Verwirrung ist beim Verkauf Ihr Freund.

Beispiel:

„Wenn Sie Ihr Konto bei uns einrichten, arbeitet Ihr Geld vom ersten Tag an steuerfrei für die Inflation."

Irrelevante Vergleiche

Machen Sie sich die natürliche Stumpfsinnigkeit des Durchschnittskunden zunutze. Die meisten Menschen können nicht zwischen einem logischen Argument und einem an ihrer Stirn festgeschnallten Stachelschwein unterscheiden.[*] Ködern Sie den Kunden mit dummen und irrelevanten Vergleichen.

Beispiel:
„Sicher, 80 Stundenkilometer sind für einen Sportwagen vielleicht keine beeindruckende Höchstgeschwindigkeit, aber vergleichen Sie das mal mit Hüpfen."

Seien Sie ein „Partner"

Seien Sie ein „Partner" des Kunden, nicht einfach nur ein Verkäufer. Das ist ein wichtiger Unterschied. Ein Verkäufer nimmt lediglich das Geld des Kunden und gibt ihm dafür das Produkt. Ein Partner nimmt das Geld des Kunden und stellt eine „Lösung" zur Verfügung, die verdächtig wie ein „Produkt" aussieht, aber mehr kostet.

Ein Partner hilft Kunden herauszufinden, was sie brauchen. Das kann ein Problem sein, wenn Ihr Produkt sich nur durch Mängel von anderen Produkten unterscheidet. Im Fall des Sportwagens mit seiner Höchstgeschwindigkeit von 80 Stundenkilometern könnten Sie beispielsweise den Aspekt der Sicherheit als wichtigsten Vorteil hervorheben.

Beispiel:
„Den Tod durch Verhungern ausgenommen, ist in diesem Sportwagen noch nie ein Mensch zu Tode gekommen. Und das ist doch das wichtigste für Sie."

Einstellung

Optimismus steckt an. Ein Verkaufsprofi wird negative Formulierungen vermeiden und nur positiv klingende Wörter verwenden:

---

[*] Endlich ein Vergleich, der haarscharf den Punkt trifft.

Sagen Sie nicht:	**Sagen Sie:**
veraltete Technologie	mit alten Geräten kompatibel
überteuert	exklusiv
nicht lieferbar	immer sofort ausverkauft
ein Haufen Mist	einzigartig
nicht kompatibel	firmentypisch

Halten Sie sich an die Entscheidungsträger

Ein professioneller Verkäufer sollte stets die Entscheidungsträger des betreffenden Unternehmens ausfindig machen. Entscheidungsträger wissen am wenigsten von der konkreten Situation und glauben daher wahrscheinlich alles, was ein Verkäufer ihnen erzählt.

Ob man einem Entscheidungsträger gegenübersitzt, läßt sich zuverlässig am Büro und Mobiliar des Betreffenden ablesen. Entscheidungsträger sind selten in einer Umgebung anzutreffen, die aussieht wie eine große Pappschachtel, also in einem Großraumbüro. Und Sie werden im Büro eines Entscheidungsträgers auch keinen der folgenden Kommentare an der Wand finden:

„Ich habe nein gesagt; was verstehen Sie daran denn nicht?"
„Pünktlich. Mängelfrei. Wählen Sie eins von beidem."
„Trautes Zellen-Heim, Glück allein."

Lassen Sie sich aber nicht von einem beeindruckenden Büro mit einer Tür narren. Auch Leute, die keine Entscheidungsträger sind, sitzen manchmal in Büros. Sie können die Wichtigkeit einer Person prüfen, indem Sie sie fragen, wie groß der Arbeitsspeicher ihres Computers ist. Jemand, der diese Frage beantworten kann, ist kein Entscheidungsträger.

Verkäufer können jederzeit Besprechungen mit Führungskräften von Kundenfirmen anberaumen. Angestellte können das nicht. Für den durchschnittlichen Angestellten ist eine Nebenbeschäftigung als Caddie die einzige Möglichkeit, mit einer Führungskraft zu sprechen. Führungskräfte hassen es, sich mit Angestellten zu unterhalten, weil diese immer eine Menge unlösbarer Fragen stellen. Verkäufer laden Führungskräfte einfach zum Mittagessen ein. Kein Vergleich.

Ein Verkäufer kann den Zugang zu Führungskräften als Druckmittel gegen das in Großraumbüros gepferchte und stumpfsinnige Schilder aufhängende Fußvolk der Angestellten benutzen, seine Firma zu „empfehlen". Arbeitnehmer leben in der Angst, der Unternehmensführung könnte etwas Nachteiliges über sie zu Ohren kommen. Und das passiert todsicher, wenn der betreffende Angestellte empfiehlt, etwas anderes zu kaufen als das Produkt des Verkäufers.

Verkauf im Bild

NORMALERWEISE NUTZEN WIR SOLCHE STELLEN, UM JEMANDEN FÜR DAS MANAGEMENT VORZUBEREITEN. IN DIESEM FALL NEHME ICH SIE EINFACH NUR HART RAN!

DILBERT, SIE SIND VORÜBERGEHEND ZUM VERKAUF IN DEN AUSSENDIENST VERSETZT.

SIE REDEN MAL WIEDER ZUVIEL, SIR.

AUSSERDEM KANN ICH DEN VERKAUFSCHEF NICHT LEIDEN.

ALSO ... DILBERT, WILLKOMMEN IN DER VERKAUFSABTEILUNG. ICH BIN TINA, IHRE NEUE CHEFIN.

ALS NEULING BEKOMMEN SIE DIE KUNDEN, DIE UNSERE PRODUKTE VERACHTEN UND UNS PERSÖNLICH KRÄNKEN WOLLEN.

ICH HASSE SIE! ICH HASSE SIE!

SIE VERKAUFEN AN KLEINUNTERNEHMEN. ER IST IHR BESTER KUNDE.

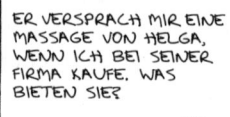

VERKÄUFER DILBERT

DER VERKÄUFER VON DER KONKURRENZ WAR VOR EINER STUNDE HIER.

ER VERSPRACH MIR EINE MASSAGE VON HELGA, WENN ICH BEI SEINER FIRMA KAUFE. WAS BIETEN SIE?

ICH GEBE IHNEN MEIN HAUS FÜR HELGA.

SIE SIND NEU IM GESCHÄFT ...

UND UNSER PRODUKT HAT EINEN 30-BILLIONEN-BIT-ARBEITSSPEICHER. UND DAS BRAUCHT IHRE FIRMA. SAGEN SIE WAS DAZU, DILBERT.

ES HAT GAR KEINEN ARBEITSSPEICHER

UND ES KANN TACHYONFELDEMISSIONEN FESTSTELLEN.

SIE VERWECHSELN UNS WIEDER MIT RAUMSCHIFF ENTERPRISE, STAN.

WIR BAUEN DIESE DINGER IN UNSER NÄCHSTES KOSTENLOSES UPGRADE EIN.

WIR NEHMEN ES.

BEAMEN SIE MICH HOCH, SCOTT. AUF DIESEM PLANETEN GIBT ES KEIN LEBEN.

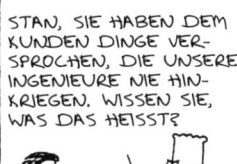

225

18

Konferenzen

Wenn Sie ein Neuling in der Welt der Unternehmen sind, glauben Sie vielleicht irrtümlicherweise, Konferenzen seien eine einzige qualvolle Hölle der Langeweile, bevölkert von Schwachköpfen galaktischen Ausmaßes. Ich dachte damals, als ich zu arbeiten begann, dasselbe. Inzwischen habe ich jedoch begriffen, daß Konferenzen eine Art künstlerischer Performance sind, in denen die Schauspieler die folgenden anspruchsvollen Rollen darstellen:

- der Meister des Offensichtlichen
- der wohlmeinende Sadist
- der jammernde Märtyrer
- der zusammenhangslose Schwafler
- der Schläfer.

Haben Sie erst einmal die wahre Natur solcher Besprechungen verstanden, können Sie an Ihren schauspielerischen Fähigkeiten feilen und eine neue Rolle für sich schaffen. In diesem Kapitel werde ich einige der klassischen Rollen beschreiben, die Sie jedoch beliebig kombinieren und um neue Nuancen bereichern können.

Der Meister des Offensichtlichen

Der Meister des Offensichtlichen ist überzeugt, daß der Rest der Welt im Fernsehen „Baywatch" gesehen und dazu Salzstangen verspeist hat, während er die

Schriften Platos, Sir Isaac Newtons und Peter Druckers studiert hat. Er verspürt den Drang, seine Weisheit bei jeder Gelegenheit anderen Menschen mitzuteilen, und weiß, daß jeder Gedanke – auch der alltäglichste – für die Spatzenhirne seiner Umgebung eine Offenbarung kosmischen Ausmaßes ist. Seine (im Brustton der Überzeugung vorgetragenen) Lieblingssentenzen sind:

- „Um etwas zu erwirtschaften, braucht man Kunden!"
- „*Gewinn* ist die Differenz zwischen *Einnahmen und Ausgaben.*"
- „Schulung ist entscheidend."
- „In der Industrie gibt es Wettbewerb."
- „Die guten Arbeitnehmer muß man halten."
- „Wir brauchen eine Lösung, die optimalen Gewinn abwirft."

Das Erfolgsgeheimnis des Meisters des Offensichtlichen liegt in der Verbindung von Arroganz und Ehrlichkeit. Ihr Publikum muß glauben, daß Sie sich ernsthaft fragen, wie andere Menschen es täglich auf Anhieb schaffen, sich selbständig anzuziehen und den Weg zur Arbeit zu finden. Es muß so aussehen, als ob Ihnen solche Probleme wirklich am Herzen liegen.

Üben Sie diese Rolle, wenn Sie allein sind. Sie brauchen dazu nur eine ganz gewöhnliche Tischlampe. Erklären Sie der Lampe immer wieder, warum für Licht Elektrizität „unverzichtbar" ist. Formulieren Sie den Gedanken immer wieder neu. Entwickeln Sie ein Stottern oder wenigstens ein nervtötendes Stocken auf der Suche nach dem passenden Wort. Üben Sie so lange, bis Sie die Glühbirne nur durch Reden dazu bringen auszubrennen.

Der wohlmeinende Sadist

Der wohlmeinende Sadist findet, Konferenzen sollten wehtun. Das entspricht in etwa der Einstellung erfolgreicher Serienmörder. Beide handeln übrigens nach derselben Devise:

„Tut das weh? Und jetzt?"

Dem wohlmeinenden Sadist stehen mehrere Techniken zur Verfügung, um in anderen Personen Unbehagen auszulösen. Diese Techniken können einzeln oder in Verbindung miteinander angewandt werden:

- Setzen Sie, unabhängig vom Thema, übertrieben lange Besprechungen an.
- Setzen Sie bei Ihren Konferenzen nie ein klares Ziel.
- Lassen Sie keine Pausen für den Toilettengang zu (am besten geeignet in Verbindung mit Kaffee).
- Legen Sie Konferenzen auf Freitagnachmittage oder auf die Mittagszeit.

Sie müssen Ihre Rolle mit Aufrichtigkeit, Hingabe und vor allem einer menschenverachtenden Gleichgültigkeit gegenüber dem Leben anderer spielen. In die richtige Stimmung können Sie sich versetzen, indem Sie sich unaufhörlich Filme ansehen, in denen die Familie des Helden massakriert wird und sein Hund später den Opfertod stirbt, indem er eine für den Helden gedachte Kugel auffängt. (Wählen Sie Filme mit schlechten Schauspielern, die dafür gut in Judo oder Karate sind.)

Der jammernde Märtyrer

Jammernden Märtyrern wird viel Bühnenpräsenz eingeräumt. Deshalb gibt es einen harten Konkurrenzkampf um diese Rolle. Die Leute werden Sie dafür hassen, daß Sie ein jammernder Märtyrer sind, doch wird das Ihre schöpferische Kraft nur beflügeln. Bei der Performance ist das Publikum Teil der Show.

Sie sollten als jammernder Märtyrer Ihre Klagen in Geschichten einbauen, die veranschaulichen, wie wertvoll und intelligent Sie im Vergleich zu den Deppen Ihrer Umgebung sind. Stellen Sie sich vor, daß Ihre Kollegen jeden Ihrer Schritte zu vereiteln versuchen, fügen Sie einen Schuß Selbstmitleid hinzu und voilà – fertig ist der perfekte jammernde Märtyrer.

Empfohlene Klagen

„Sieht aus, als müßte ich schon *wieder* für den Chef einspringen."

„Ist doch egal, wenn Sie den Rest des Kaffees nehmen. Ich kratze einfach mit meinem Kugelschreiber etwas vom Belag in der Kanne ab und kaue während der Konferenz darauf herum."

„Ich kann es nicht glauben, daß der Konzernchef noch eine Besprechung mit mir will."

„[Seufzend] ... Ja, das kann ich schon für Sie tun ... Am Samstagabend habe ich ja immer Zeit, das ist kein Problem. Meine Frau hat mich verlassen und die Kinder mitgenommen."

„Junge, ich würde mich *liebend* gern für ein paar Tage krank melden – wie Ihr, die Ihr nichts zu tun habt."

„*Noch* eine Konferenz? Da geht die letzte Mittagspause dahin, die ich in diesem Geschäftsjahr hätte nehmen können."

Der zusammenhangslose Schwafler

Die meisten wichtigen Rollen in einer Konferenz können von Frauen oder Männern gespielt werden. Die Rolle des „zusammenhangslosen Schwaflers" kann jedoch nur ein Mann übernehmen. Frauen versuchen sich zwar manchmal darin, doch kommt dabei nur „Geplapper"[*], kein wirkliches „Geschwafel" heraus.

---

[*] Im Gegensatz zum zusammenhangslosen Geschwafel ist das Geplapper mit dem Thema verwandt, vermittelt jedoch über größere Zeiträume keinerlei greifbaren Informationen. Plappern können Männer und Frauen, zusammenhangslos schwafeln aber nur Männer.

Die Rolle des Schwaflers besteht darin, jedes Gespräch auf ein Ereignis umzulenken, das mit dem Thema zwar nichts zu tun hat, an dem er aber beteiligt war. Diese Umlenkung kann in eine humoristische Pointe münden, dient aber meist dazu, die anderen wissen zu lassen, wie intelligent man selbst ist.

Der Meister des Offensichtlichen kann hier zum Komplizen des Schwaflers werden, indem er gelegentlich Bemerkungen wie „In Alaska ist es im Winter kalt" einfließen läßt. Solche Kommentare sind ein willkommener Anknüpfungspunkt für weitere Ausführungen, die Stunden dauern können.

Der Schwafler ist bei regelmäßigen Besprechungen für gewöhnlich eine kleine Nebenrolle, weil sogar der wohlmeinende Sadist und der jammernde Märtyrer ihn leid werden (bei aller Lust am Schmerz).

Am erfolgreichsten ist der Schwafler in Kombination mit dem nachstehend beschriebenen Schläfer.

Der Schläfer

Der Schläfer ist eine Art Bühnenrequisite, eine Rolle ohne Text. Man erwartet von Ihnen modische Kleidung, jedoch nicht so extravagant, daß Sie von den Schauspielern mit Text ablenken.

Es ist erlaubt, mit dem Kopf zu nicken, wenn andere Schauspieler sprechen. Das erinnert an das sanfte Wiegen eines Baumes im Wind. Sie dürfen auch Gebäck essen und Kaffee trinken. Manövriert man Sie in eine Lage, in der Sie antworten müssen, gebrauchen Sie als letzten Ausweg eine dieser Formulierungen:

- „Aha."
- „Es gibt nichts Neues zu berichten."
- „Immer dasselbe, immer dasselbe."
- „Das haben Sie völlig richtig verstanden" (in einem Tonfall, als seien Sie hinterwäldlerisch).

---

* Dr. Kervorkian: amerikanischer Arzt, der aktive Sterbehilfe praktiziert.

19

Projekte

Wenn Sie nicht an einem „Projekt" arbeiten, haben Sie wahrscheinlich einen undankbaren, langweiligen und sich ständig wiederholenden Job. Sie arbeiten dann wie eine Ameise, die unaufhörlich Krümel zu ihrem Nest schleppt. Wenn Sie dagegen an einem Projekt arbeiten, sieht das Leben gleich ganz anders aus. Sie sind natürlich noch immer eine Krümel schleppende Ameise, aber zwischen Ihnen und dem Ameisenhügel findet ein russisches Hocktanz-Festival[*] statt.

Und Sie phantasieren in Ihren wachen Stunden oft darüber, wie großartig es wäre, einen undankbaren, langweiligen und sich ständig wiederholenden Job zu haben.

Ich habe dieses Kapitel für alle geschrieben, die überlegen, an einem Projekt mitzuarbeiten. Quintessenz: FLIEHEN SIE!! UND ZWAR SOFORT!!

Jedes Projekt durchläuft unabhängig von seinem Zweck verschiedene Stadien. Ich werde auf diese Stadien separat eingehen, denn würde ich alle zusammen erörtern, sähe es willkürlich aus, und das kann ich nicht leiden.

---

[*] Ja, es gibt sicher einen anderen Namen dafür. Aber es *sollte* Hocktanz heißen.

Projektbenennung

Der Erfolg eines Projektes hängt hauptsächlich von zwei Dingen ab:

1. Glück
2. Einem tollen Projektnamen

Für das Glück kann man nichts tun, außer vielleicht einen Pfennig mit Knoblauch einreiben und ihn in den Strumpf stecken. Das mache ich. Es ist kein alter Brauch oder so etwas; ich mag einfach das damit verbundene Gefühl. Und wer weiß, vielleicht hat es mit den alten Bräuchen ja auch so angefangen. Irgend jemand muß den ersten Schritt tun. Wenn Sie alles getan haben, was Sie für das Glück tun können, dann ist die nächstwichtigste Aufgabe, einen erfolgverheißenden Projektnamen zu finden. Sie brauchen einen Namen, der Stärke und Zuversicht ausdrückt, einen ungewöhnlichen Namen, an den man sich leicht erinnert. Nachfolgend der übliche Vorgang bei der Suche nach einem solchen Namen:

1. Das Projektteam macht ein Brainstorming zu Namen.
2. Man engt die Auswahl in wiederholten Abstimmungen ein.
3. Die besten Namen werden dem oberen Management zur Zustimmung vorgelegt.
4. Der Vizepräsident benennt die Gruppe dann nach seiner Lieblingspuppe aus der Muppet-Show.

Der Teamleiter

Der Job eines Teamleiters gilt häufig als Sprungbrett zu einer Management-Position. Man nimmt an, daß jemand, der so naiv ist, zusätzliche Arbeit ohne zusätzliche Bezahlung auf sich zu nehmen, das Zeug zum Management hat.

Angesichts des schlechten Images, das diesem Job anhaftet, ist es schwer, jemanden zu finden, der freiwillig Teamleiter sein möchte. Meist ist das Management gezwungen, einen Mitarbeiter aufgrund folgender Qualifikationen zum Teamleiter zu verdonnern:

- Der Kandidat muß Tageslichtfolien herstellen können.
- Der Kandidat muß ein auf Kohlenstoff beruhendes Lebewesen sein.

Der Teamleiter ist typischerweise eine Person ohne besondere Fähigkeiten. Das ist bei langen Besprechungen ein Vorteil. Während die fähigen Leute ungeduldig das Ende der Besprechung herbeisehnen, um endlich ihre Fähigkeiten spielen zu lassen, kann der Teamleiter in dem frohen Bewußtsein ausharren, daß er nicht sein eigenes Talent vergeudet.

Der Begriff „Leiter" ist in diesem Zusammenhang vielleicht irreführend, da zu den Aufgaben des Teamleiters auch gehört, die Leute zu fragen, was sie tun sollen, ob sie es tun und warum sie es nicht getan haben. Aber die Führung eines Teams kann viele Formen annehmen, und manchmal verlangt es die Situation ja gerade, andere zu ärgern.

Anforderungen

Zu irgendeinem Zeitpunkt im Verlauf des Projekts wird irgend jemand unbedingt Projekt-„Anforderungen" festlegen wollen. Dazu gehören Interviews mit Leuten, die nicht wissen, was sie brauchen, aber seltsamerweise genau wissen, wann sie es brauchen. Diese Leute heißen „Endverbraucher" oder einfach nur „Dummköpfe".

Forschungen haben gezeigt, daß es auf diesem Planeten nichts Dümmeres gibt als „Endverbraucher". Das unten abgebildete Diagramm stuft die relative Intelligenz einiger verbreiteter Haushaltsgegenstände folgendermaßen ein:

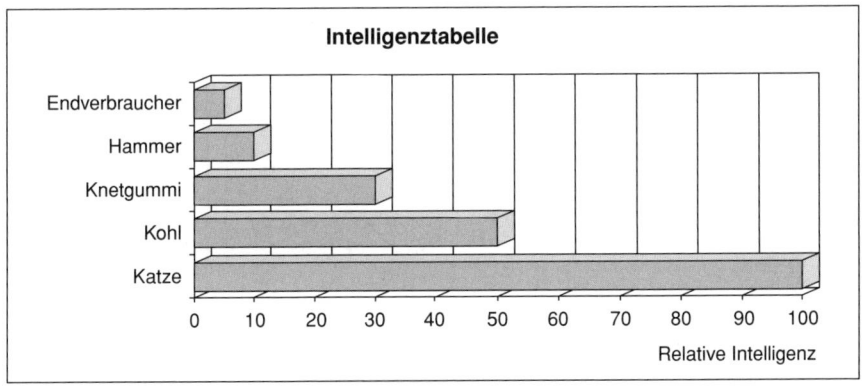

Das Projektteam wird Anforderungen sammeln, bis eine dieser beiden Bedingungen erfüllt ist:

1. Die Endverbraucher vergessen zu atmen, was dazu führt, daß sie im Schlaf sterben.[*]

2. Das Projektteam beschließt, daß Anforderungen doch nicht so wichtig sind, wie ursprünglich angenommen.

---

[*] Das ist ein größeres Problem, als Sie denken.

Unterstützung durch das Management

Kein Projekt kann ohne die Unterstützung des Managements erfolgreich sein. Die beste Hilfe ist dabei die, bei der das Management sich über das Projekt erst kundig macht, nachdem es auf dem Markt Erfolg hatte. Nimmt das Management zu früh von einem Projekt Kenntnis, wird es dieses auf die folgenden Arten unterstützen:

- Es werden zahlreiche Zwischenberichte verlangt, in dem Sie Rechenschaft darüber ablegen müssen, warum das Team nicht genügend Zeit hatte, seine Termine einzuhalten.

- Es werden Erklärungen verlangt, in welcher Hinsicht sich das Projekt von anderen unterscheidet, die ähnliche Abkürzungen im Namen führen.

- Das Team wird gefragt, was es noch leisten könnte, wenn es nur noch die Hälfte des Etats zur Verfügung hätte.

- Ein Kontrollausschuß wird ernannt, dessen Mitglieder ständig verreist sind.

Anders ausgedrückt: Manager begreifen ihre Rolle dahingehend, daß sie dem Projektteam Hindernisse aus dem Weg räumen sollen. Sie könnten das mit Hilfe von Dr. Kervorkian wahrscheinlich auch, doch leider sind die meisten Manager nicht so fair. Deshalb ist das Management zufälligerweise selbst das größte Hindernis für den Erfolg eines Projektes.

Zeitplanung

In dieser Phase eines Projektes geht es darum, Leute zu fragen, wieviel Zeit sie für ihre Arbeit benötigen. Das läuft für gewöhnlich wie folgt ab:

Projektleiter: „Wie lange brauchen Sie, um einen Verkäufer zu finden?"

Teammitglied: „Zwischen einem Tag und einem Jahr."

Projektleiter: „Das müssen Sie schon etwas präzisieren."

Teammitglied: „Okay, drei Jahre."

Projektleiter: „Aber das ist doch länger als ein Jahr."

Teammitglied: „Gut. Sie sind der Fachmann, Sie bestimmen die Zeit. Ich halte mich raus."

Projektleiter: „Wie wäre es mit zwei Jahren?"

Teammitglied: „Natürlich, und warum suchen Sie, wenn Sie schon dabei sind, den Verkäufer nicht gleich selbst aus, wo Ihnen doch Qualität offensichtlich nichts bedeutet."

Dieses konstruktive Verfahren des Gebens und Nehmens wird in einer genauen Zeitkurve für das Projekt resultieren. Die Zeitkurve wird in ein kompliziertes Diagramm übertragen und an die Wand eines Besprechungszimmers gehängt. Dort kann die Planung bequem ignoriert werden, bis irgendein externer Faktor den tatsächlichen Fälligkeitstermin für das Projekt festlegt.

Bei großen Projekten setzen Teamleiter eine komplexe Projektmanagement-Software ein, um nicht die Übersicht zu verlieren, wer was tut. Die Software sammelt die Lügen und Vermutungen des Projektteams und stellt sie in Schaubildern zusammen, die sofort wieder überholt und zu langweilig sind, um sie überhaupt genau anzusehen. Das Ganze heißt dann „Planung".

Projektergebnis

Projekte im Bild

WIE DIE NATUR SCHWACHE PRODUKTE SCHÜTZT.

ZUERST BLÄHT DER INGENIEUR SEINEN ZEITPLAN AUF.

SECHS MONATE?   MINDESTENS.

EINEN MONAT FÜR DIE HERSTELLUNG DES PRODUKTS UND FÜNF MONATE, UM AUF MEINEM PC „DOOM" ZU SPIELEN.

DANN BLÄHT DER MANAGER DEN ZEITPLAN AUS VERHANDLUNGS-TAKTISCHEN GRÜNDEN AUF.

EIN JAHR ... ES SEI DENN, SIE GEBEN MIR NOCH EINIGE MITARBEITER.

DANN BLÄHT DER VIZEPRÄSIDENT DEN ZEITPLAN AUF, UM VOR DEM PRÄSIDENTEN NICHT SCHLECHT DAZUSTEHEN.

ACHTZEHN MONATE.

IN DER ZWISCHENZEIT DENKEN SICH DIE LEUTE VOM AUSSENDIENST EINE ZEITSPANNE AUS, WEIL IHNEN NIEMAND ETWAS SAGT.

IN ZWEI MONATEN, UND DAMIT SIND IHRE PROBLEME GELÖST!

DAS ERZEUGT BEI DEN KUNDEN EIN IRRATIONALES VERLANGEN NACH DEM PRODUKT.

SCHICKEN SIE MIR DIE „BETA"-TESTVERSION IN EINEM MONAT.

DIE NATUR TARNT ALSO SCHWACHE PRODUKTE ALS „BETA".

PAPPE? DAS IST BESCHEUERT.   OH ... DANN IST ES BETA.

WIR HABEN EBEN AUF EINER KONFERENZ BESCHLOSSEN, IHR PROJEKT ENTSCHEIDEND ZU ÄNDERN.

WIR HABEN SIE NICHT DAZUGELADEN, DA ALLES VIEL GLATTER LÄUFT, WENN KEINER EINE AHNUNG HAT.

UM WELCHE ÄNDERUNGEN HANDELT ES SICH DENN?

WENN ICH MICH DARAN ERINNERE, SPRECHE ICH ES IHNEN AUF DEN ANRUFBEANTWORTER.

WIE GEHT ES IHREM PROJEKT?

ZU WENIG GELD UND ZUM SCHEITERN VERURTEILT. ICH MACHE AUCH KEINEN FINGER KRUMM UND BIN DABEI, DER MARKETING-ABTEILUNG DIE SCHULD IN DIE SCHUHE ZU SCHIEBEN.

ICH HABE DAS GEFÜHL, ICH SOLLTE HIER ETWAS TUN.   ICH HABE SIE NÄCHSTE WOCHE FÜR EINE ENTSCHEIDUNG OHNE INFORMATIONEN VORGESEHEN.

HIER IST MEIN TÄGLICHER LAGEBERICHT.

„DIE MORAL LIEGT DARNIEDER GERÜCHTE ÜBER EINE MEUTEREI GEHEN UM. WIR TRÄUMEN DAVON, ZU KÜNDIGEN UND RETTUNGSSCHWIMMER IN „BAYWATCH" ZU WERDEN. TOD DEM SPITZHAARIGEN."

HEILIGER BIMBAM! „BAYWATCH" STELLT LEUTE EIN???!

DAS PROBLEM ...

WEGEN PERSONALMANGELS IST DAS PROJEKT SECHS MONATE IN VERZUG.

DIE ANALYSE ...

ICH KANN KEINE LEUTE ABSTELLEN ... ICH KANN DEN TERMIN NICHT ÄNDERN ... ICH KANN ES ABER AUCH NICHT IGNORIEREN.

DAS ERGEBNIS ...

ER MÖCHTE TÄGLICH BERICHTE, BIS DIE SITUATION SICH BESSERT.

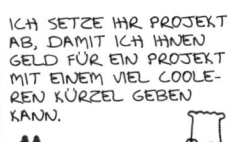

ICH SETZE IHR PROJEKT AB, DAMIT ICH IHNEN GELD FÜR EIN PROJEKT MIT EINEM VIEL COOLEREN KÜRZEL GEBEN KANN.

HA! ICH BIN DER DUMME! DAS HABE ICH VON ANFANG AN ERWARTET UND DAHER WOCHENLANG NICHTS WEITER GETAN, ALS LEERE AKTENORDNER HERUMZUTRAGEN!

IN SEINEM JOB GUT ZU SEIN IST WENIGER ERFÜLLEND, ALS MAN DENKEN KÖNNTE, DOGBERT.

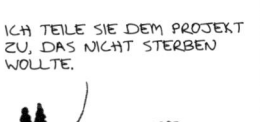

ICH TEILE SIE DEM PROJEKT ZU, DAS NICHT STERBEN WOLLTE.

ALLE MÖGEN ES ZU SEHR, UM ES ABZUSETZEN, ABER NICHT SO SEHR, UM ES ORDENTLICH ZU FINANZIEREN.

AAARRGHH!

FANGEN SIE ALSO AN UND ERHALTEN SIE DEN STATUS QUO!

SIE SOLLTEN IHRE MOTIVIERENDEN REDEN WIRKLICH NICHT MIT EHRLICHKEIT VERMISCHEN.

243

BITTE SONDIEREN SIE UNSERE OPTIONEN BEIM PROJEKT „ZEBRA", UND SPRECHEN SIE EINE EMPFEHLUNG AUS.

ÜBERSETZUNG: „LESEN SIE MEINE GEDANKEN UND EMPFEHLEN SIE DANN DIE OPTION, FÜR DIE ICH MICH BEREITS ENTSCHIEDEN HABE."

ICH MACHE MICH SOFORT DARAN!

ÜBERSETZUNG: „DAS IST DAS ENDE. ICH SEHE MIR STATT DESSEN UNANSTÄNDIGE BILDER IM INTERNET AN."

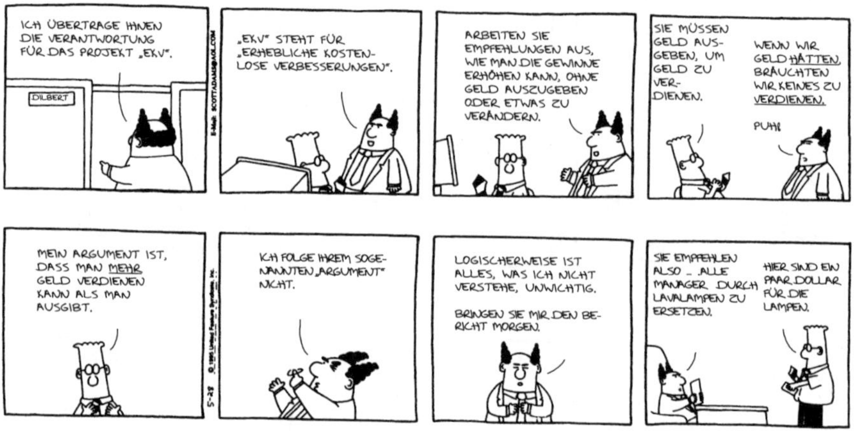

ICH ÜBERTRAGE IHNEN DIE VERANTWORTUNG FÜR DAS PROJEKT „EKV".

DILBERT

„EKV" STEHT FÜR „ERHEBLICHE KOSTENLOSE VERBESSERUNGEN".

ARBEITEN SIE EMPFEHLUNGEN AUS, WIE MAN DIE GEWINNE ERHÖHEN KANN, OHNE GELD AUSZUGEBEN ODER ETWAS ZU VERÄNDERN.

SIE MÜSSEN GELD AUSGEBEN, UM GELD ZU VERDIENEN.

WENN WIR GELD HÄTTEN, BRAUCHTEN WIR KEINES ZU VERDIENEN.

PUH!

MEIN ARGUMENT IST, DASS MAN MEHR GELD VERDIENEN KANN ALS MAN AUSGIBT.

ICH FOLGE IHREM SOGENANNTEN „ARGUMENT" NICHT.

LOGISCHERWEISE IST ALLES, WAS ICH NICHT VERSTEHE, UNWICHTIG.

BRINGEN SIE MIR DEN BERICHT MORGEN.

SIE EMPFEHLEN ALSO... ALLE MANAGER DURCH LAVALAMPEN ZU ERSETZEN.

HIER SIND EIN PAAR DOLLAR FÜR DIE LAMPEN.

20

ISO 9000

Wenn Ihre Firma mit einer Sache namens „ISO 9000" nichts zu tun hat, dann wissen Sie wahrscheinlich auch nicht, was das ist. Wenn Ihre Firma etwas mit ISO 9000 zu tun hat, dann wissen Sie natürlich erst recht nicht, was das ist. Mich dürfen Sie nicht fragen – ich werde auch nicht schlau daraus. Ich habe mir jedoch aus verschiedenen Anhaltspunkten eine einigermaßen funktionierende Theorie gebildet.

Meine Theorie lautet: Eine Gruppe von gelangweilten Europäern hatte ein bißchen zuviel Heineken-Bier intus und beschloß, den großen Unternehmen dieser Welt einen hinterlistigen Streich zu spielen. Dieser Streich wurde als ISO 9000 bekannt, so genannt aufgrund der Anzahl der in jener Nacht konsumierten Biere. („ISO" ist entweder eine unverständliche Buchstabenkombination oder womöglich einer der vierhundert europäischen Slangausdrücke für „Ist das mein Bier?")

Die angetrunkenen Europäer begriffen völlig richtig, daß jede schwachsinnige Managementmethode zu einer internationalen Manie werden kann; man darf nur nicht lachen, wenn man sie anderen vorstellt. Ihr „Einfall" war, daß Unternehmen jeden Arbeitsvorgang und jede Tätigkeitsbeschreibung innerhalb ihrer Organisation dokumentieren sollten, weil man damit angeblich ein großes Problem aller Unternehmen lösen kann: was man mit der vielen übrigen Zeit tut.

Wie die Witzbolde voraussahen, verlangten Kunden, die von den Vorteilen von ISO 9000 gehört hatten, von ihren Lieferanten, daß sie die Norm übernahmen.

Denn, so folgerten sie, bei Unternehmen, die sich nicht nach ISO 9000 richteten, wisse man nicht, was sie mit der freien Zeit anfingen.

Überall in großen Unternehmen begannen Manager, alles, was sie taten, zu dokumentieren und jedes von ihnen benutzte Werkzeug zu etikettieren. So begann ein hektisches Etikettieren und Dokumentieren und Dokumentieren und Etikettieren. Sich langsamer fortbewegende Arbeitnehmer mußten sich abends zu Hause in der Badewanne einweichen, um die Etiketten zu entfernen, die übereifrige Kollegen ihnen auf den Leib geklatscht hatten. Es war schrecklich.

Der ganze Aufwand hatte jedoch auch Vorteile – für Unternehmensberater, die sich mit dem Verkauf von „Qualitäts"-Programmen schwer taten. Sie bezeichneten sich flugs als Experten für ISO 9000. Für den ungeübten Betrachter mag es aussehen, als hätten Qualitätsprogramme und ISO 9000 nichts miteinander zu tun. Auch ich war verwirrt, bis ein Unternehmensberater mich aufklärte: „ISO 9000 hängt eng mit Qualität zusammen, weil alles, was Sie tun, Qualität ist und ISO 9000 alles dokumentiert, was Sie tun – also geben Sie uns bitte das Geld."

Dem läßt sich eigentlich nicht widersprechen.

ISO 9000 im Bild

HIER DER PLAN, WIE WIR DAS ISO-9000-ZERTIFIKAT BEKOMMEN.

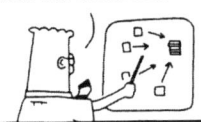

JEDER VON IHNEN WIRD EIN IRRSINNIG LANGWEILIGES UND SCHLECHT FORMULIERTES DOKUMENT VERFASSEN. ICH SAMMLE DAS DANN IN EINEM GROSSEN, SCHÖNEN AKTENORDNER.

DANN SCHICKE ICH DEN ORDNER ALLEN ABTEILUNGSLEITERN ZWECKS STELLUNGNAHME ZU. DIE WERDEN DIE ORDNER WIE EINEN TOTEN WASCHBÄR BEHANDELN UND DEM NÄCHSTBESTEN IN DIE HAND DRÜCKEN, DER VORBEIKOMMT.

WIR HABEN DIESE WOCHE EIN ISO-9000-AUDIT.

SEHEN SIE SICH IHRE STELLENBESCHREIBUNG AN, UND STELLEN SIE SICHER, DASS SIE DAS TUN, WAS DA DRIN STEHT, WENN DER AUDITOR FRAGT.

NACH DEM HIER BIN ICH EINE ART INGENIEUR.

ALS OB WIR FÜR SO WAS ZEIT HÄTTEN ...

ICH WURDE VON IHRER FIRMA BEAUFTRAGT, EIN ISO-9000-AUDIT DURCHZUFÜHREN.

DAS HEISST, ICH BEKOMME VON IHNEN GELD UND SAGE IHNEN DAFÜR, DASS SIE EIN HAUFEN DEPPEN SIND. ES IST DER PERFEKTE JOB FÜR MICH.

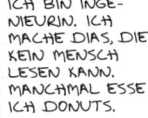

SAGEN SIE MIR, WAS SIE HIER TUN, ALICE - WENN DAS IHR RICHTIGER NAME IST.

ICH BIN INGENIEURIN. ICH MACHE DIAS, DIE KEIN MENSCH LESEN KANN. MANCHMAL ESSE ICH DONUTS.

HIER SIND DIE ERGEBNISSE DES ISO-9000-AUDITS IHRER FIRMA.

DIE MEISTEN IHRER ANGESTELLTEN SIND UNGESCHULT UND - WIE MIR LEIDER AUCH AUFGEFALLEN IST - ZIEMLICH UNATTRAKTIV.

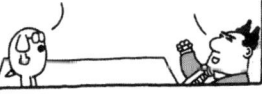

SIE SIND ZUGLEICH ABER SEHR GESCHICKTE LÜGNER, DESHALB HABEN SIE DAS AUDIT AUF ANHIEB BESTANDEN.

WIR HABEN DORT ERFOLG, WO ES DARAUF ANKOMMT!!!!

247

21

Downsizing

Als ich 1979 zu arbeiten begann, existierte der Begriff „Downsizing" noch gar nicht. Ein neuer Arbeitnehmer konnte sich im Unternehmen einnisten und sich einen kleinen Schlupfwinkel einrichten, der auf Jahrzehnte hinaus sicher war. Ich fühlte mich wie eine glückliche kleine Termite in einem viktorianischen Herrenhaus, an das immer wieder neue Zimmer angebaut werden. Ich knabberte an den Balken, bekam einen Gehaltsscheck nach dem anderen, und niemand bemerkte je die kleinen Spuren meiner Zähne.

Ich erinnere mich noch an meinen ersten „Personal"-Job bei einer großen Bank in San Francisco. Das war 1980. Mein Partner Dean und ich wurden aus einem Managementschulungsprogramm herausgerissen und für ein „Sonderprojekt" abgestellt.

Der Begriff „Sonderprojekt" bedeutet: „Die wirklich ernstzunehmenden Jobs haben Leute, die auf den ersten Blick nicht annähernd so unfähig erscheinen wie Sie." In meinem Fall traf das bestimmt zu. Dean dagegen war eigentlich ziemlich gut darin, kompetent zu erscheinen, er vermutete aber, er werde für etwas bestraft, das er zu jemandem gesagt habe.

Unsere Aufgabe war es, ein Computerinformationssystem für die Filialen der Bank zu entwickeln. Dafür waren wir bestens geeignet: Dean hatte schon einmal einen Computer gesehen, und ich hatte Dean davon reden hören.

Unser Büro war ein ungenutzter Lagerraum im Kellergeschoß direkt neben der Tiefgarage, groß genug, um zwei ramponierten Schreibtischen und ein paar knarrenden Stühlen Platz zu bieten. Der Raum hatte kahle, weiße Wände, einen Fußboden ohne Teppich und keine Fenster, und er hallte schauerlich. Es war wie in einer Gefängniszelle, nur ohne den Zugang zu einer Bibliothek und ohne die kostenlosen Fußgewichte.

Manchmal versuchte ich andere Leute in der Firma anzurufen, um wichtige Informationen für unser Projekt zu bekommen. Die Reaktion war stets die gleiche: „Wer sind Sie und warum wollen Sie das wissen?"

Ich versuchte dann, wichtig zu klingen, indem ich den Vornamen eines Vizepräsidenten einfließen ließ und schilderte, inwiefern das Schicksal der freien Welt von der Übermittlung dieser äußerst wichtigen Informationen abhing. Also etwa so: „Bill braucht das, ... um die Unabhängigkeit unserer großen Nation zu bewahren."

Aber irgendwie fanden sie immer heraus, daß ich ein 22 Jahre alter Bursche mit schlecht geschnittenen Haaren und einem billigen Anzug war, der in einem Lagerraum neben der Tiefgarage saß. An Tagen, an denen ich besonders charismatisch war, hatten die Leute immerhin die Höflichkeit, mich zu beschimpfen, bevor sie auflegten.

Nach und nach gewöhnten Dean und ich uns eine feste Tagesroutine an. Wir saßen in dem kleinen, kahlen Raum, tratschten über Mitarbeiter, rechneten aus, wieviel Geld wir noch auf dem Konto hatten, und überlegten, ob draußen wohl die Sonne schien. Wenn uns langweilig wurde, sprachen wir stundenlang über die Informationen, die wir brauchten, und spekulierten über deren Inhalt, bis wir zuletzt beide eigentlich sicher waren, die benötigten Informationen zu kennen. Dann stellten wir sie zu „Benutzeranforderungen" zusammen und reichten diese an eine Frau namens Barbara weiter, die das System in ungefähr zwei Wochen programmierte. Das gesamte Projekt nahm etwa ein Jahr in Anspruch, da es sich um etwas handelte, das man nicht überstürzen wollte.

Als wir alle benötigten Informationen weitergegeben hatten, lieferte das System hartnäckig falsche Ergebnisse. Dennoch versicherte uns unser Manager, er sei zufrieden, weil er sowieso nur die Zahlen verwendete, die seine persönliche Meinung stützten.

In diesem Jahr erkannte ich, daß die Welt besser funktionieren würde, wenn Unternehmen weniger Menschen wie mich beschäftigten. In den folgenden

Jahren kamen Manager auf der ganzen Welt zur selben Erkenntnis. Damit brach das Zeitalter des Downsizing an.

Die erste Runde des Downsizing fegte Leute wie Dean und mich hinweg[*] – Leute in Jobs, die gut klingen, aber eigentlich für niemanden einen Wert haben. Das Unternehmen verbesserte seine Erträge, und niemand mußte deshalb härter arbeiten.

Die zweite Runde hatte einschneidendere Folgen. Die verbliebenen Angestellten mußten sehr viel mehr arbeiten, um die Aufgaben der Entlassenen mitzuerledigen. In vielen Fällen handelte es sich dabei allerdings um Empfänger fester Gehälter, was bedeutet, daß sie Überstunden machten, ohne wegen fehlender zusätzlicher Bezahlung lautstark zu protestieren. Ergebnis: Die Firmen verbesserten ihre Erträge. Sie wußten, daß sie hier eine einträgliche Strategie entdeckt hatten.

Im Verlauf der dritten Runde des Downsizing wurden auch sehr wichtige Stellen in großer Zahl gestrichen, aber meist in Bereichen, wo man die Auswirkungen wenigstens ein Jahr lang nicht bemerken würde. Dazu gehörten Bereiche wie Forschung, Entwicklung neuer Systeme, wirtschaftliche Expansion und Schulung. Ergebnis: Die Firmen verbesserten ihre Erträge. Die Möglichkeiten des Downsizing schienen noch nicht erschöpft.

Die mutigen Unternehmen, die eine vierte Runde des Downsizing in Erwägung ziehen, vertrauen den Versprechungen des „Reengineering", daß man den Downsizing-Grill mit weiteren Mitarbeitern befeuern kann. (Für eine wissenschaftliche Erörterung des Reengineering siehe Kapitel 23.)

---

[*] Dean und ich überlebten das Downsizing, indem wir vorhersahen, wo es jeweils eintreten würden, und rechtzeitig in weniger gefährdete Bereiche hineinrutschten.

Das Erfolgsgeheimnis des Downsizing beruht darauf, daß Manager seine psychologischen Auswirkungen erkennen. Experimente mit Versuchstieren zeigen, daß die fortgesetzte Behandlung eines Hundes mit Elektroschocks die Stromrechnung derart hochtreibt, daß man schließlich auf den Hund wütend wird. Unternehmen wenden diese medizinische Theorie auf das Downsizing an. Die erste Runde erwischt die Leute, die sowieso keiner leiden kann. Das ist einfach. In den späteren Runden entwickeln die Manager einen aufrichtigen Haß auf die verbliebenen Arbeitnehmer. Sie werden so rücksichtslos, daß sie zuletzt auch Familienmitglieder rauswerfen, während sie Melodien aus Fernsehshows summen. An diesem Punkt fangen die wirklichen Einsparungen an.

Aus der E-Mail ...

Von: (Name dem Autor bekannt)
An: scottadams@aol.com

Scott,

hier eine neue Geschichte:

Sie kennen ja die Firmen, die versuchen, „schlank und rank" zu werden. Eine Freundin sagte mir, ihre Firma sei inzwischen noch darüber hinausgegangen und sei jetzt nur noch „Haut und Knochen".

Meine persönlichen Erfahrungen mit Downsizing

Während meiner Tätigkeit im Bankgewerbe hatte ich Gelegenheit, in einer Vielzahl von Jobs zu arbeiten, für die ich durchweg ungeeignet war. Glücklicherweise hatte keiner dieser Jobs für die Firma irgendeine Bedeutung, so daß meine Unfähigkeit der regionalen Wirtschaft keinen großen Schaden zufügte.

Zu einem bestimmten Zeitpunkt bestand meine Aufgabe darin, „Berufsdarlehen" zu vergeben (Kredite für Ärzte), obwohl ich noch nie ein Darlehen vermittelt oder an einer Schulung zu diesem Thema teilgenommen hatte. Fachleute aus dem Kreditwesen wurden angewiesen, ihre Darlehensvorschläge unserer Abteilung zur Genehmigung einzureichen. Jedes Darlehenspaket wurde von allen fünf Mitgliedern der Gruppe geprüft (für den Fall, daß einer etwas übersah). Dann gaben wir es zur „tatsächlichen" Genehmigung an unseren Chef weiter.

Obwohl für diesen Job nicht ausgebildet, lernte ich dabei eine Menge:

• Ärzte sind schlechte Kunden, weil sie sich selbst Medikamente verschreiben können.

• Laut meinem früheren Chef hinterziehen alle chinesischen Kunden Steuern und sind durch diesen ausgezeichneten Cash-flow Musterknaben bei der Rückzahlung von Darlehen. (Später erfuhr ich, daß dies eine ungerechte Verallgemeinerung ist.)

• Wenn Ihr Mitarbeiter seinen Kaffeebecher täglich zur Toilette trägt, um ihn dort abzuspülen, können Sie den Leuten erzählen, er trinke den Kaffee auf der Toilette.

Als das Downsizing begann, tat es nicht sonderlich weh. Statt fünf nutzloser Leute hatten wir vier, dann drei und schließlich nur noch mich. Ich ließ alle wissen, daß ich für fünf arbeitete. Das brachte mir keine Sympathien ein, denn alle Angestellten arbeiten für fünf, wenn man glauben darf, was man hört.

Zum Schluß habe ich selbst die Stelle gewechselt. In den seither vergangenen 13 Jahre taten null Leute die Arbeit von ehemals fünf, aber es gab keine Beschwerden. Das ist ein klares Anzeichen dafür, daß Downsizing Zukunft hat.

Downsizing der Intelligenz

Pessimisten zufolge sind die Menschen, die einem schrumpfenden Unternehmen zuerst den Rücken kehren, die intelligentesten, weil sie Abfindungen mitnehmen und in anderen Firmen gleich bessere Jobs bekommen. Die Dummen dagegen, die zurückbleiben, leisten schlechtere Arbeit, gleichen das aber aus: durch längere Arbeitszeiten und durch mehr minderwertige Arbeit pro Kopf als je zuvor. Pessimisten wollen uns glauben machen, dies sei schlecht.

Ich gehörte zu denen, die die ersten Runden des Downsizing überlebten. Daher weiß ich, daß sich die Pessimisten irren. Im Gegensatz zu ihrer düsteren, kleinkarierten „Logik" produzierte ich nach dem Downsizing nicht mehr Arbeit minderer Qualität. Statt dessen bekam ich einen Strategiejob, in dem ich überhaupt keine Arbeit leistete.

Als alle intelligenten Leute abgehauen waren, erkannten die Unternehmen, daß sie im Interesse der Arbeitsmoral dafür sorgen mußten, daß Downsizing wie eine positive Entwicklung klang.[*] Das wurde dadurch erreicht, daß man in einem schöpferischen Prozeß fröhlich klingende Formulierungen erfand, die alle im Grunde dasselbe bedeuteten:

„Wir entlassen." (1980)

„Wir reduzieren." (1985)

„Wir sparen ein." (1990)

„Wir verschlanken." (1992)

Ich erwarte, daß dieser Trend sich fortsetzt. Sie werden sehen, daß sich in den nächsten fünf Jahren folgende Formulierungen einbürgern:

„Wir dynamisieren!"

„Wir optimieren!"

„Wir orgasmieren!"

Aus der E-Mail ...

Von: (Name dem Autor bekannt)
An: scottadams@aol.com

Scott,

in unserer Firma gibt es eine neue Masche, wie man den Leuten zu verstehen gibt, daß man sie demnächst entlassen wird: Sie werden in den „Mobilitätspool" verlegt.

---

[*] Die Moral der Angestellten war aus irgendeinem Grund auf dem Tiefpunkt angelangt, als sie erkannten, daß ihre Arbeitsbelastung sich verdreifacht hatte, ihre Gehälter unverändert blieben und sie immer noch da waren, nachdem alle guten Leute weg waren.

TED, SIE SIND MIT SO-FORTIGER WIRKUNG TEIL DES „VERSCHLAN-KUNGS"-PROGRAMMS DER FIRMA.

DANKE! ES IST NETT, EIN POSITIVES FEEDBACK VOM CHEF ZU KRIEGEN!

DAS IST KEIN FEED-BACK. ICH MEINE, IHRE STELLE WURDE VOM MANAGEMENT ANGEPASST.

KLINGT TOLL! GIBT ES AUCH EINE GE-HALTSERHÖ-HUNG?

SO HÖREN SIE MIR DOCH ZU!! SIE GE-HÖREN AB SOFORT ZUM „MANAGER-ABBAU-PROGRAMM"!

SUPER! IST DAS EIN CRASHKURS FÜR MANAGER?

ICH HABE GEHÖRT, DASS MAN TED FÜR DAS „MANAGER-ABBAU-PROGRAMM" AUSGEWÄHLT HAT.

WARUM NICHT UNS?

WENN SIE UNS NICHT AUCH AM „MANAGER-ABBAU-PROGRAMM" TEILNEHMEN LASSEN, KÜNDIGEN WIR!

WIE IST EIN FLAMMENWERFER ZUR HAND, WENN MAN EINEN BRAUCHT.

Downsizing im Bild

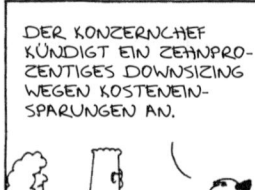

DER KONZERNCHEF KÜNDIGT EIN ZEHNPRO-ZENTIGES DOWNSIZING WEGEN KOSTENEIN-SPARUNGEN AN.

FRAGE: BETRUG DAS GEHALT DES KONZERN-CHEFS DIESES JAHR NICHT 20 MILLIONEN DOLLAR?

JA ...

ABER RIS-KANTE JOBS RECHT-FERTIGEN EIN HÖHERES GEHALT.

FRAGE: SAGTEN SIE NICHT, WIR WÜRDEN REDUZIERT?

ÜBER DEN ABBAU DER BELEGSCHAFT ENT-SCHEIDET EIN MIT VER-BUNDENEN AUGEN AUF DEN ORGANISATIONS-PLAN GEWORFENER PFEIL.

AAEEEE!

SIE HABEN JOHNSON ERMOR-DET!

REDEN SIE DOCH LIEBER VON ENT-SCHEIDUNGS-FREUDIGEM MANAGEMENT!

ICH MUSS AUCH BEI DEN INGENIEUREN REDUZIEREN. ICH VERSUCHE JETZT HERAUSZUFINDEN, WEN VON IHNEN BEIDEN ICH AM BESTEN BEHALTE.

ICH HABE GUTES ÜBER ZIMBU DEN AFFEN GEHÖRT. WER VON IHNEN IST ZIMBU DER AFFE?

DAS IST NICHT EBEN DER STOLZESTE MOMENT MEINER BERUFLICHEN LAUFBAHN.

ES WIRD EINE HARTE ENTSCHEIDUNG SEIN, WER VON IHNEN BEIDEN ENTLASSEN WERDEN SOLL.

ICH MÖCHTE DEN ANGESTELLTEN BEHALTEN, DER DAS PROFESSIONELLSTE IMAGE VERMITTELT.

DA MÜSSTE ER EIGENTLICH ZIEMLICH ALT AUSSEHEN.

ICH HABE EINEN NEUEN DIREKTOR DER ABTEILUNG HUMAN RESSOURCES EINGESTELLT, DER DAS DOWNSIZING DURCHFÜHREN SOLL.

ICH BRAUCHTE JEMANDEN, DER FREUNDLICH TUT, SICH INSGEHEIM ABER AM ELEND DER LEUTE FREUT.

WIR MÜSSEN MITEINANDER REDEN, PAUL, ABER ZUERST HAUE ICH SIE AUF DEN KOPF UND KRATZE SIE.

HA HA HA! WIE NIEDLICH!

CATBERT, DIREKTOR DER ABTEILUNG HUMAN RESSOURCES

DAS IST DER NEUE ORGANISATIONSPLAN. VIELLEICHT STEHEN SIE DA DRAUF, VIELLEICHT AUCH NICHT.

OOOH! GUTER VERSUCH! KNAPP VERFEHLT! SO EIN PECH.

ES MACHT SPASS, MIT IHNEN ZU SPIELEN, BEVOR SIE ENTLASSEN WERDEN.

ALS IHR UNTERNEHMENS-BERATER EMPFEHLE ICH IHNEN ZUR BELEGSCHAFTS-REDUZIERUNG DEN „WERF-O-MAT".

DER WERF-O-MAT, GETARNT ALS TOILETTENKABINE, KATAPULTIERT WAHLLOS LEUTE AUS DEM GEBÄUDE, INDEM IHNEN EIN BLAUER BRIEF AUF DEN RÜCKEN GEKNALLT WIRD.

DANN KRIEGE ICH IHREN GESICHTSAUSDRUCK JA GAR NICHT MIT.

HM, WIR KÖNNEN SIE AN DEN ÜBERWACHUNGS-KAMERAS VORBEI-SCHLEUDERN ...

SIE SIND ENTLASSEN, WALLY. DA WIR UNS ABER UM SIE SORGEN, HABEN WIR EINE BERA-TUNGSAGENTUR BEAUFTRAGT, IHNEN ZU HELFEN.

SIE BEKOMMEN EIN EIGENES KLEINES BÜRO, UND SIE KÖNNEN FOTOKOPIEREN, WAS SIE WOLLEN!

WAS SOLL ICH DENN FOTOKOPIEREN?

BRIEFE VOM SOZIALAMT, DOLLARNOTEN, SO WAS IN DER ART.

DIE ENTLASSUNGEN WERDEN SO MENSCHLICH WIE NUR MÖGLICH GEHANDHABT.

PENG!

WIE LANGE WIRKT DAS BETÄU-BUNGS-MITTEL?

ER WACHT IM ARBEITS-AMT WIEDER AUF.

ICH VERSICHERE IHNEN, DASS DER WERT DES DURCHSCHNITTS-ANGE-STELLTEN WEITERHIN STEIGEN WIRD.

LIEGT DAS DARAN, DASS WIR WENIGER SEIN WERDEN, ABER MEHR ARBEIT TUN MÜSSEN?

ICH HABE RECHT, ODER?

BIS AUF DAS „WIR".

UNSERE ZIELE SIND DIESES JAHR DOWN-SIZING UND VERBESSERUNG DES KUNDENDIENSTES.

FRAGE: WIE KANN MAN DEN KUNDENDIENST VERBESSERN, WENN MAN DIE KUNDENDIENSTLEUTE RAUSWIRFT?

WER BRINGT DENN IHRER MEINUNG NACH IM KUNDENDIENST ALLES DURCHEINANDER? PUH ...

SUE WURDE FÜR DAS PROGRAMM „MENSCHENWÜRDIGER ARBEITSPLATZ" EINGESTELLT.

SIE SOLL DAFÜR SORGEN, DASS DIE ANGESTELLTEN SICH WOHL FÜHLEN, WÄHREND SIE FÜR WENIGER GELD HÄRTER ARBEITEN.

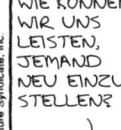

WIE KÖNNEN WIR UNS LEISTEN, JEMAND NEU EINZUSTELLEN?

ERINNERN SIE SICH AN DIE MITARBEITER, DIE SIE MAL HATTEN?

VORSTANDSZIMMER

DIE KONKURRENZ TRITT UNS IN DEN BLANKEN HINTERN.

DOGBERT SOLL ANGESTELLTE RAUSWERFEN, BIS WIR STÄRKER SIND ALS DIE KONKURRENZ.

WER TUT DIE ARBEIT, WENN WIR KEINE ANGESTELLTEN MEHR HABEN?

ICH WERDE EINE PROJEKTGRUPPE GRÜNDEN, DIE SICH DAMIT BESCHÄFTIGT.

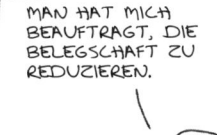

MAN HAT MICH BEAUFTRAGT, DIE BELEGSCHAFT ZU REDUZIEREN.

UM GERECHT ENTSCHEIDEN ZU KÖNNEN, WER GEHT, HABE ICH EINEN WISSENSCHAFTLICHEN ALGORITHMUS ENTWICKELT.

ICH DACHTE, SIE WERFEN DIE LEUTE MIT DEN HÖCHSTEN GEHÄLTERN RAUS.

GUT, „ALGORITHMUS" IST VIELLEICHT ETWAS ÜBERTRIEBEN.

259

Von Firmen, die immer noch zu viele Angestellte beschäftigen

Von: (Name dem Autor bekannt)
An: scottadams@aol.com

Scott,

ich habe den Freitag vormittag in der vierteljährlichen Vollversammlung von [Firma] verbracht. Ich war bereit, einen Vormittag meines Lebens für ein T-Shirt zu opfern, in diesem Fall ein sehr schönes. Dort wurde also ein Preis im Rahmen des Betrieblichen Vorschlagwesens verliehen.

Mit dem Preis wurde die Gruppe prämiert, die sich das Verfahren zur Verleihung des Preises ausgedacht hatte.

Von: (Name dem Autor bekannt)
An: scottadams@aol.com

Scott,

in meinem Unternehmen gibt es einen Koordinationsausschuß für fünf Projektgruppen, die sich mit Fragen zum Betriebsklima befassen. Der Auftrag des Ausschusses ist es, die Arbeit der Projektgruppen zu koordinieren. Die Aufgabe der Projektgruppen ist es, Informationen zu sammeln und ein Verfahren zu empfehlen, nach dem man ein Programm entwickeln kann, mit dem man Probleme des Betriebsklimas angehen kann ... Wie Sie sich sicher vorstellen können, habe ich mir das nicht ausgedacht!

Von: (Name dem Autor bekannt)
An: scottadams@aol.com

Scott,

letzte Woche berief einer unserer Manager eine Besprechung für die weibliche Beleg-schaft in einem unserer Büros ein, um zu sagen, daß jemand Klopapier aus der Damen-toilette entwendet habe und daß das aufhören müsse. Ist das nicht lächerlich? Ich meine, man stelle sich vor, was es kostet, wenn ein Manager sich mit dem Verbrauch von Toilettenpapier beschäftigt und mehrere Leute zu einer Besprechung einberuft, wenn sie doch produktiver arbeiten könnten. Ich bin überzeugt, die Kosten dieser Ak-tion und ihrer Durchführung übersteigen die Kosten der „entwendeten" Papierrollen bei weitem! Na ja, es war nicht alles umsonst. Das Toilettenpapierszenario löste einige kreative Ergüsse aus, zu denen es in unserer reglementierten, bürokratisierten Umge-bung sonst nicht kommt. Ein paar Leute fingen jedenfalls fröhlich an, anonyme Bot-schaften zu verfassen, und jemand hat sogar versucht, den Diebstahl einer Kollegin in die Schuhe zu schieben: Sie hat eine Rolle Toilettenpapier in der Schreibtischschubla-de der Kollegin deponiert und ein Ende verräterisch aus der offenen Schublade her-aushängen lassen und über den Teppich bis vor ihre Bürozelle aufgerollt! Und natürlich gab es alle möglichen witzigen Vorschläge, wie man das Problem aus der Welt schaffen könnte usw.

Von: (Name dem Autor bekannt)
An: scottadams@aol.com

Scott,

das folgende habe ich mir nicht ausgedacht!

In unserer Firma wurde aus den Managern der mittleren Führungsebene (zwei Ebe-nen über mir) ein großer Ausschuß gebildet, der sich Problemen widmen sollte, die von Angestellten vor kurzem in einer Umfrage angesprochen worden waren.

Es gibt bei uns rund hundert solcher Manager, und sie kamen auf viele außerordentlich witzige Anregungen. Die beste ist diese:

Sie wollten einen Unterausschuß bilden, um „unproduktive Mitarbeiter" ausfindig zu machen und zu entfernen. Die Manager hatten dazu zwei Vorschläge, wobei sie völlig übersahen, daß der unproduktive Mitarbeiter ja immer der andere ist:

(1) Eine speziell dafür eingerichtete Telefonnummer. Jeder sollte jeden anschwärzen können, worauf dann umgehend eine Untersuchung anberaumt werden sollte. Paranoia.

(2) Gruppen von mittleren Managern sollten „durch die Gänge streifen" und nach un-produktiven Mitarbeitern Ausschau halten – also eine Art „Mitarbeiter-Polizei". Ich habe keine Ahnung, wie das funktionieren sollte.

Ich bin froh, daß sie beim Lach-Test vor dem Vorstand durchfielen.

Von: (Name dem Autor bekannt)
An: scottadams@aol.com

Scott,

hier die Kopie eines WIRKLICHEN (ohne Witz!) Memorandums, das erst vor einigen Tagen ausgeteilt wurde.

– Memorandum –

In den letzten Monaten sind die Kosten unserer monatlichen Donut-Konferenz extrem hoch ausgefallen. Ein großer Teil dieser Kosten hängt damit zusammen, daß mehr und mehr Donuts pro Besprechung benötigt werden.

Das liegt nicht daran, daß wir Monat für Monat mehr Leute in der Firma hätten, sondern weil es bei uns in bezug auf Donuts keine Fairneß gibt. Die Angestellten, die als erste zur Konferenz kommen, nehmen sich gleich drei oder vier auf einmal, und dann bleibt nichts für später Eintreffende übrig, und die Cafeteria muß noch mehr bringen. Zu diesem Problem kommt hinzu, daß Leute, die auf der Besprechung eigentlich gar nichts zu suchen haben, nur wegen ein oder zwei Donuts vorbeischauen. Das muß sich ändern.

Deshalb werden wir für die Februarkonferenz und alle folgenden Besprechungen einen „Donut-Gutschein" herausgeben. Der Gutschein berechtigt den Überbringer zu 0,3 l Kaffee oder Mineralwasser und einem Stück Obst oder einem Donut. Wir glauben, daß wir damit die exzessive Eßlust unserer Angestellten zügeln und unsere monatlichen Kosten senken können.

Die Konferenzen sind für 13., 14. und 15. Februar angesetzt. Vor diesen Terminen holen Sie bitte am Empfang die Gutscheine zur Verteilung in Ihren Abteilungen ab. Die

Gutscheine sollen den Angestellten kurz vor ihrem Konferenztermin ausgehändigt werden. Die Gutscheine dürfen nicht vervielfältigt werden. Diese Gutscheine sind nur für die Februar-Donutbesprechung gültig. Es gibt einen Gutschein pro Person und Konferenz.

Ich danke Ihnen für Ihre Hilfe. Sollten Sie noch Fragen haben, setzen Sie sich bitte mit mir in Verbindung.

– Ende des Memorandums –

Von: (Name dem Autor bekannt)
An: scottadams@aol.com

Scott,

eine köstliche Begebenheit, die Sie verpaßt haben, hat mit den wichtigen Strategien zu tun, die wir in den Bericht der Strategiegruppen für die Führungskräfte aufgenommen haben.

Schreibkräfte schrieben die wunderbaren Einfälle ab, die Gruppenmitglieder auf an die Wand geklebte Zettel gekritzelt hatten. Einige schrieben nicht sehr deutlich. Eine wichtige Strategie war: „VERKAUFEN SIE NICHT NACH BÖRSENSCHLUSS." Als Abschrift kam heraus: „VERKAUFEN SIE KEINE BOHNENSCHÜSSELN." Das ließen wir im Bericht stehen. Ich glaube, einem Manager der mittleren Ebene fiel es auf, und er fragte nach. Er hatte nichts dagegen, daß wir es stehen ließen.

Von: (Name dem Autor bekannt)
An: scottadams@aol.com

Scott,

hier ist Futter für Sie.

Ein Programmierer der MIS-Abteilung schrieb ein nützliches Programm für die Abteilung A.

Abteilung A hatte eine Besprechung mit der MIS-Abteilung, um das Programm dokumentieren und erweitern zu lassen. Die MIS-Abteilung meinte, das sei unmöglich. Darauf meinte Abteilung A, das Programm existiere doch bereits!

Am nächsten Tag fand Abteilung A heraus, daß das Programm von seinen Computern gelöscht worden war. Das Programm wurde nie dokumentiert oder erweitert.

Raffinessen des Downsizing

Von: (Name dem Autor bekannt)
An: scottadams@aol.com

Scott,

ich habe eben ein internes Rundschreiben bekommen, in dem steht, daß wir alle einen „Special Day" haben, an dem die Leute, welche die Firma im Zuge der Freiwilligen Belegschaftsreduzierung verlassen, mit Namensschildern in der Cafeteria sitzen. Dort können die anderen Mitarbeiter sie sich dann ansehen.

Es soll auch Kuchen verkauft werden. Ich bin nicht sicher, wofür, aber wenn wir genügend Geld einnehmen, können vielleicht einige von ihnen wieder eingestellt werden oder so. Ich weiß nicht warum, aber irgendwie kommt mir das wie eine bizarre Art von „Soylent Green" vor.*

* Soylent Green: die grünen Plätzchen zur Speisung der übervölkerten, verelendeten Stadt New York im Buch bzw. Film *Make Room, Make Room*! nach dem Roman von Harry Harrison; die Plätzchen werden im Film aus den Körpern Verstorbener hergestellt.

Von: (Name dem Autor bekannt)
An: scottadams@aol.com

Scott,

das große Unternehmen, für das ich arbeite, veröffentlichte kürzlich Richtlinien für sein neues „Programm für Berufsumsteiger", anders ausgedrückt: Programm zur Entlassung von Mitarbeitern.

Die Richtlinien wurden an alle Mitarbeiter geschickt, was die Moral immens hob.

Bei den „Höhepunkten und Vorteilen" des Programms hieß es, daß es „konkurrenzfähig" sei. Das veranlaßte mich zu der Überlegung: „Hmmm. Ist das Programm für Berufsumsteiger ein konkurrenzfähiger Vorteil dieser Firma? Soll man in Gesprächen mit Bewerbern darauf hinweisen, daß ein solches Programm zur Entlassung von Mitarbeitern ein Vorteil für die ist, die hier arbeiten?"

Von: (Name dem Autor bekannt)
An: scottadams@aol.com

Scott,

ich erfuhr vor kurzem, daß der Vizepräsident des Unternehmens in einer Konferenz der Führungskräfte eine Vorausschau auf das kommende Jahr gab. Im Verlauf seiner Rede erwähnte er, daß die Firma dann keinen Marketing-Leiter mehr haben würde.

Sie ahnen sicher, was jetzt kommt! Als nächster sprach der Leiter des Marketing, und auf diese Weise setzte man ihn in Kenntnis. Zwei Wochen später war er weg.

Ich hoffe, das hatte keinen Einfluß auf seine Rede.

Von: (Name dem Autor bekannt)
An: scottadams@aol.com

Scott,

Mir wurde heute eine schrecklich demütigende Lektion erteilt. Jeder von uns hier bei [Firma] mußte eine Telefonnummer anrufen, um zu erfahren, ob er noch angestellt war. Das Management schickte per E-Mail die Nummer, wir riefen an – und hörten dann ein lapidares „Daumen hoch" oder „Das wär's dann".

Pfui Teufel, was? Na ja, viele Leute meinten, das würde alles an Dilbert erinnern … Ich würde das Ganze so anstellen: Der Chef verteilt die HABEN-SIE-NOCH-IHREN-JOB?-Nummern, aber Jobs gibt es (wie bei den klassischen Rundfunksendungen) nur für jeden siebten Anrufer oder so ähnlich …

Von: (Name dem Autor bekannt)
An: scottadams@aol.com

Scott,

die Stimmung in meiner Abteilung ist so mies, daß man den „firmeneigenen Gehirnklempner" von [Stadt] herschickte. Er sah deprimiert aus, wahrscheinlich weil SEINE Arbeitsstelle im Restrukturierungsplan stand, und er hatte wenig Hoffnung, seinen Job ein weiteres Jahr zu behalten. Er redete vor den Arbeitsgruppen darüber, daß man hart im Nehmen sein müsse … usw. Der Kern seiner Botschaft war aber: „Wenn Sie glauben, daß es Ihnen schlecht geht, hören Sie sich meine Geschichte an." Ich fand dann durch einige Nachfragen heraus, daß die Versicherung des Unternehmens keine anderen Beratungsprogramme zuließ – nur den firmeneigenen Gehirnklempner.

22

Wie man herausfindet, ob die Firma dem Untergang geweiht ist

Vielleicht arbeiten Sie in einer Firma, die kurz vor dem Aus steht. Prüfen Sie dies anhand der folgenden tödlichen Faktoren:

Vorboten des Verderbens

- Großraumbüros
- Teamarbeit
- Präsentationen vor dem Management
- Reorganisationen
- Prozeßmanagement

Großraumbüros

Angenommen, Ihr Computer hat Sie noch nicht ganz sterilisiert. Dann werden Ihre Nachkommen sich eines Tages erstaunt erinnern, daß Menschen unserer Generation in sogenannten „Großraumbüros" gearbeitet haben. Unser Leben wird ihnen so vorkommen wie uns das Leben zur Zeit der Industriellen Revolution, als die Arbeiter (wie ich gehört habe) täglich 23 Stunden arbeiteten, um Stahlerzeugnisse herzustellen, und das mit bloßen Händen. Stellen Sie sich das ungläubige Staunen unserer Nachfahren vor, wenn sie lesen, daß wir gezwungen wurden, den ganzen Tag in großen Schachteln zu sitzen, ausgesetzt den verschiedensten unerträglichen Geräuschen, Gerüchen und Störungen. Vielleicht halten sie das Ganze für ein grausames Experiment.

Wissenschaftler: „Sobald Sie sich zu konzentrieren versuchen, wird dieses Gerät auf dem Schreibtisch ein lautes Klingeln von sich geben, um Sie von der Arbeit abzuhalten."

Arbeitnehmer: „Äh, gut."

Wissenschaftler: „Wenn sich Ihr Streßniveau zu normalisieren beginnt, wird Ihr Chef hereinplatzen und Ihnen eine Aufgabe übertragen, die auf seinem Schreibtisch zu einer Zeitbombe geworden ist."

Arbeitnehmer: „Was genau soll bei diesem Experiment eigentlich herauskommen?"

Wissenschaftler: „Im Grunde gar nichts. Wir traktieren die Leute mit solchen Sachen gern in unserer Mittagspause."

Daß Großraumbüros so verbreitet sind, ist das direkte Ergebnis früherer Labortests mit Ratten.

Anfang der sechziger Jahre wurden Ratten mit verschiedenen sinnlosen Zielvorgaben in das maßstabsgerechte Modell eines Großraumbüros gesetzt. Zuerst huschten die Ratten aufgeregt umher und suchten nach Käse. Als sie merkten, daß ihre Anstrengungen nicht belohnt wurden, begannen sie, an Besprechungen teilzunehmen und sich über fehlende Schulung zu beschweren. Forscher nannten diese Ratten „schlechte Team-Player" und beachteten sie nicht weiter. Viele der Ratten starben oder entkamen und reduzierten so die Belegschaft. Als Unternehmen von dieser neuen Methode zum Abbau der Belegschaft hörten, fingen sie an, Angestellte in Großraumbüros zu verfrachten.[*]

Wenn Ihre Firma bereits mit Großraumbüros ausgestattet ist, bedeutet das nicht notwendigerweise, daß es mit ihr zu Ende geht. Wenn die Firma aber zur Unterteilung in immer kleinere Bürozellen neigt oder immer mehr Leuten in eine Zelle stopft, dann ist der Niedergang nicht mehr aufzuhalten.

Teamarbeit

Wird in der Firma viel über Teamarbeit geredet, geht sie zugrunde. Das Konzept der „Teamarbeit" änderte sich, als man es aus der Welt des Sports auf die Geschäftswelt übertrug. Im Basketball ist ein guter Team-Player ein Spieler, der den Ball weiterspielt. Steckt man einen Geschäftsmann in eine Basketballmannschaft, wird er dem Spieler, der den Ball führt, folgen und Dinge fragen wie: „Was haben Sie damit vor? Können wir zuerst darüber sprechen?"

Teamarbeit ist das Gegenteil von gutem Zeitmanagement. Sie können sich Ihre Zeit nur dann gut einteilen, wenn Sie Ihre Kollegen in die Schranken verweisen. Ihre Kollegen werden versuchen, Sie dazu zu bringen, daß Sie Ihre eigenen

---

[*] Einige Firmen behielten die Ratten in der Belegschaft, typischerweise für Jobs in der Buchprüfung und der Qualitätssicherung. Wenn Sie in Ihrem Kollegen eine Ratte vermuten, beobachten Sie seine Interaktion mit der Computer Maus. Wenn er sie zur Handhabung des Cursors einsetzt, ist er ein Mensch. Wenn er versucht, sich mit ihr zu paaren, ist er vielleicht aus den früheren Tests übriggeblieben. Wenn er sie als Fußpedal benutzt, ist er Ihr Chef.

Prioritäten zugunsten der Prioritäten aller anderen aufgeben. Ihre Kollegen sind selbstsüchtig und böse.

Wenn Sie ein Team-Player sind, sind Sie wie ein Haufen Vogelfutter im Vogelhaus. Jeder Mitarbeiter wird für einen Schnabelvoll bei Ihnen vorbeikommen und Ihnen ein kleines „Geschenk" zurücklassen, das nur begrenzten Wiederverkaufswert besitzt. Überall dort, wo Teamarbeit im Gange ist, sehen Sie Leute, die auf dem Kopf viele durch Schnäbel verursachte Wunden haben.

Alle Unternehmen machen bis zu einem bestimmten Grad Erfahrungen mit Teamarbeit, doch sind nicht alle deshalb dem Untergang geweiht. Eine simple Art herauszufinden, ob der Untergang infolge von Teamarbeit bevorsteht, ist folgender: Beobachten Sie, wieviel Zeit vergeht zwischen Ihrer Entscheidung, mit einem Kollegen essen zu gehen, und dem Moment, in dem Sie wirklich gemeinsam am Tisch sitzen.

Zeitspanne, bis man beim Essen sitzt	Einstufung der Teamarbeit
fünf Minuten	Teamarbeit ist ärgerlich, aber noch nicht bedenklich
Viertelstunde	Gefahr, roter Alarm
Stunde	Teamarbeit hat den kritischen Punkt erreicht, die Firma ist verloren

Präsentationen vor dem Management

Das Unternehmen ist nicht mehr zu retten, wenn Sie in erster Linie Folien für Overheadprojektoren erstellen. Eine typische Firma hat gerade genug Mittel zur Verfügung, um einen von zwei möglichen Wegen zu gehen:

1. Etwas zu erreichen.

2. Sorgfältig ausgearbeitete Präsentationen vorzubereiten, die Lügen darüber verbreiten, wieviel man erreicht hat.

Der vernünftige Arbeitnehmer wird die verfügbaren Mittel nicht dazu einsetzen, etwas zu erreichen, sondern für das lohnendere Ziel, sich Lügen über das von ihm Erreichte auszudenken. Beides bedeutet gleich viel Arbeit, aber nur eins zahlt sich aus.

Reorganisationen

Manager führen sich auf wie Katzen im Katzenklo. Sie werfen instinktiv alles durcheinander, um zu verbergen, was sie angestellt haben. In der Geschäftswelt nennt man das „reorganisieren". Der normale Manager reorganisiert, solange er zu essen bekommt.

Daß Ihre Firma zu oft reorganisiert wurde – und daher zugrunde gehen wird –, erkennen Sie daran, daß Kollegen auf dem Flur folgende Fragen stellen:

„Wie schlimm wäre es, wenn ich in einem Müllcontainer leben müßte?"

„Wo duschen sich Obdachlose eigentlich?"

„Ist Tuberkulose tödlich?"

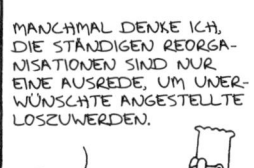

Arbeitsverfahren

Wenn in Ihrer Firma ein Haufen Holzköpfe angestellt ist, dann ist die Firma verloren. Diese Situation bezeichnet man gewöhnlich indirekt als Bedürfnis nach „Verfahrensverbesserungen". Wenn Sie bemerken, daß man Verfahrensverbesserungen große Aufmerksamkeit zukommen läßt, ist das ein sicheres Zeichen dafür, daß sämtliche intelligenten Arbeitnehmer die Firma verlassen haben und die restlichen verzweifelt versuchen, ein so einfaches „Verfahren" zu finden, daß es auch die übriggebliebenen Holzköpfe handhaben können.

An diesem Punkt wäre es sehr lustig, die Augen zu schließen und sich im Büro eine Lautsprecherdurchsage folgenden Inhalts vorzustellen: „Marilyn vos Savant hat das Gebäude verlassen."

PROBLEM: FÜR DIE ENTWICKLUNG UNSERER PRODUKTE SIND WIR AUF DAS ENGAGEMENT VON MANAGERN ANGEWIESEN, DIE UNS DEN TOD WÜNSCHEN.

MEINE LÖSUNG IST, KONTROLLAUSSCHÜSSE EINZURICHTEN, DIE DIE PROBLEME NICHT VERSTEHEN UND KEINE ZEIT HABEN, SICH ZU TREFFEN.

ICH BIN ... ICH BIN BLIND

SIE HABEN WIEDER DIREKT IN DIE LAMPE GESCHAUT.

ICH HABE EINE INTERDIS-ZIPLINÄRE PROJEXTGRUP-PE EINGESETZT, UM UNSERE ENTSCHEIDUNGSVERFAH-REN ZU UNTERSUCHEN.

SIE BENUTZEN EIN SCHLECHTES ENTSCHEI-DUNGSVERFAHREN, UM ZU ENTSCHEIDEN, WIE MAN UNSERE SCHLECHTEN ENTSCHEIDUNGSVERFAH-REN VERBESSERN KANN?

ICH WEISS NICHT, WIE WIR SONST DEN URSPRUNG UNSERES PROBLEMS FINDEN SOLLTEN.

VIELLEICHT IHREN SCHÄDEL RÖNTGEN?

ICH DARF BEKANNTGE-BEN, DASS DER BE-RICHT ÜBER „HERVOR-RAGENDE TEAMARBEIT" BEINAHE FERTIG IST.

VIERZIG LEUTE AUS EINEM DUTZEND ABTEILUNGEN HABEN DARAN GEARBEITET, ZULETZT MIT VOLLEM EINSATZ.

IST DAS NICHT DIE STUDIE DARÜBER, WARUM WIR KEINE ENTSCHEIDUNGEN TREFFEN KÖNNEN?

URSPRÜNGLICH JA. DARAUS WURDE ALLER-DINGS EINE ERÖRTE-RUNG ÜBER DAS WAN-DERVERHALTEN VON EICHHÖRNCHEN.

23

Reengineering

Reengineering wurde von dem Bakteriologen Dr. Jonas Salk als Gegenmittel für Qualitätsprogramme erfunden.

Das war nur ein Witz.

Die anerkannten Stammväter des Reengineering sind Michael Hammer und James Champy. Wenn ich „Väter" sage, meine ich damit nicht, daß Sex im Spiel war – und entschuldige mich, falls ich Sie auf diesen Gedanken gebracht habe. Ich meine damit nur, daß die beiden den 1993 erschienenen Bestseller *Business Reengineering. Die Radikalkur für das Unternehmen* geschrieben haben.

Unternehmen strömten dem Reengineering zu wie Verbindungsstudenten einer betrunkenen Weinkönigin. (Dieser Vergleich war unnötig, aber ich versuche, mich von Hammer und Champy abzulenken.)

Beim Reengineering geht es darum, radikal neue Ansätze für die Organisation eines Unternehmens zu finden. Rein theoretisch klingt das besser als jener Ansatz der „Qualitätssicherung", bei dem es darum geht, solche Dinge effizienter zu tun, die man besser lassen sollte.

Das Reengineering hat jedoch eine dunkle Seite. Es besteht das Risiko, daß die gesamte in der Firma vorhandene natürliche Inkompentenz in einem monumentalen Maßstab entfesselt wird, statt sparsam in kleinen „Qualitatsportionen" verteilt zu werden. Das kann gefährlich sein, sollten wir – wie ich oft angemerkt habe – ein Haufen Idioten sein.

Hammer machte auf dieses Risiko aufmerksam und brachte 1995 geschickt ein weiteres Buch mit dem Titel *Die Reengineering Revolution. Handbuch für die Praxis* heraus. Darin beschreibt er die ganzen blödsinnigen Dinge, die Manager getan haben, um sein Rezept für Reengineering ad absurdum zu führen.

Beispiel, wie man Reengineering ad absurdum führt

Konzernchef: „Untergebener, unterziehen Sie die Firma einem Reengineering."

Untergebener: „Ich brauche dazu zwei Millionen Dollar."

Konzernchef: „Für was?"

Untergebener: „Für das Reengineering."

Konzernchef: „Idiot – Reengineering *spart* doch Geld."

Untergebener: „Ähm ... Ich fange sofort damit an."

Konzernchef: „Geben Sie mir Bescheid, wenn Sie fertig sind."

Reengineering tendiert dazu, die Zahl der Angestellten zu reduzieren, die zur Ausführung einer betrieblichen Funktion nötig sind. Diese unglückliche Nebenwirkung verursacht Angst und Mißtrauen bei den Arbeitnehmern, deren Mitwirkung aber darüber entscheidet, ob das Reengineering zum Erfolg führt. Angst und Mißtrauen müssen die Anstrengungen des Reengineering aber nicht unbedingt sabotieren. Es gibt zahlreiche Beispiele für Verfahren, die prima funktionieren, obwohl sie mit viel Angst und Mißtrauen verbunden sind. Beispiele:

- Todesstrafe
- Präsidentschaftswahlen
- Multilevel-Marketing.

Aus der E-Mail ...

Von: (Name dem Autor bekannt)
An: scottadams@aol.com

Scott,

auf einer Toilette in der Chefetage hörte ich eines Tages zufällig folgende Unterhaltung: „Na, wie läuft's? Ich habe dich eine ganze Weile nicht gesehen."

„Ich bin umstrukturiert worden."

„Oh, das ist ja übel."

Man kann das arme Schwein bemitleiden, dem die Aufgabe übertragen wurde, eine Firma einem Reengineering zu unterziehen. Von oben kommt nur unzulängliche Hilfe durch das Management, von unten schlägt einem Verrat entgegen. Erfolg ist nicht ausgeschlossen, aber die Chance ist gering.[*]

Verteidigung durch Maulwürfe

Manager werden oft gebeten, Mitarbeiter ihrer Gruppen für ein Reengineering der Firma zur Verfügung zu stellen. Das ist für Manager die Gelegenheit, ihre unfähigsten Leute im Namen der Teamarbeit loszuwerden. Die imkompetenten Arbeitnehmer fungieren als eine Art Maulwurf: Sie zerstören das Reengineering-Projekt, lassen die existierende Organisation aber intakt.

Sind die Maulwürfe versammelt, gilt es in einem gemeinsamen Brainstorming über radikale Reengineering-Möglichkeiten nachzudenken:

Maulwurf Nr. 1: „Hat jemand eine radikale Idee fürs Reengineering?"

Maulwurf Nr. 2: „Warum lecken wir die Laschen der Briefkuverts nicht im voraus ab?"

Maulwurf Nr. 1: „Das läuft mehr auf Qualitätssteigerung als auf radikales Reengineering hinaus."

(Langes Schweigen)

Maulwurf Nr. 2: „Wir könnten Leute rauswerfen, die wir nicht kennen, und so Geld sparen."

Maulwurf Nr. 3: „Wer tut dann ihre Arbeit?"

(Wieder langes Schweigen)

Maulwurf Nr. 2: „Vielleicht andere Leute, die wir nicht kennen?"

Maulwurf Nr. 1: „Solche Rechnungen machen mir wirklich Spaß!"

---

[*] Der Erfolg ist so unwahrscheinlich wie bei einer Wette auf ein Rennpferd, das noch nie auf einer nassen Rennbahn gewonnen hat und jetzt plötzlich in strömendem Regen laufen muß. Obwohl es an zwei Beinen einen Gips trägt. Und tot ist.

Verteidigung durch Tarnung

Vom Reengineering bedrohte Manager der mittleren Ebene werden sich listig verteidigen. Sie werden sofort das, was sie gerade tun, als Reengineering bezeichnen. Das „Kundendienstprojekt" heißt dann plötzlich „Kundendienst-Reengineeringprojekt". Sie bekommen keinen Haarschnitt mehr, sondern ein „Kopf-Reengineering". Sie gehen nicht zum Mittagessen, sondern zum „Darm-Reengineering". Bald gibt es so viel Reengineering, daß es schwierig wird, etwas zu finden, das kein Reengineering ist, zumindest dem Namen nach.

Dann wird das Budget verteilt.

Die oberen Chefs wissen, daß sie irgend etwas mit „Reengineering" im Namen finanzieren müssen, weil sie sonst wie Steinzeitmenschen aussehen. Reengineering ist „in" und passiert überall. Am billigsten ist es, bereits finanzierte Dinge als „Reengineering" zu bezeichnen. (Die oberen Chefs waren einst Teil des mittleren Managements; sie wissen, wie man mit Budgets umgeht.)

Die Chefs können dem einzigen „wirklichen" Reengineering-Projekt eine minimale Spende überweisen, damit ein kleiner Versuch stattfinden kann.

Probelauf für das Reengineering

Ein Reengineering-Probelauf ist der Test eines neu strukturierten Verfahrens im kleinen Maßstab. Typischerweise sind dafür weder die technischen noch die finanziellen Mittel vorhanden, die für das Reengineering-Projekt im großen Maßstab vorgesehen sind. Daher läuft die Planung für den Probelauf folgendermaßen ab:

Team-Mitarbeiter Nr. 1: „Wir benötigen dezentrale EDV-Arbeitsplätze, die über ein weltweites Satellitennetz verbunden sind."

Team-Mitarbeiter Nr. 2: „Alles was wir haben, ist diese Kanne *koffeinfreien* Kaffees, die von der vorigen Besprechung übriggeblieben ist."

Team-Mitarbeiter Nr. 3: „Nehmen wir die einfach dazu. Die Ergebnisse können wir interpolieren."

Team-Mitarbeiter Nr. 1: „Seid ihr verrückt? Er ist doch *koffeinfrei.*"

Schlußfolgerung

Eine Firma einem Reengineering zu unterziehen ist ein bißchen wie eine Blinddarmoperation, die man an sich selbst durchführt. Es schmerzt ein wenig, man weiß nicht genau, wie die Operation durchzuführen ist, und es besteht die große Wahrscheinlichkeit, daß man nicht überlebt. Wenn doch, gewinnt man dadurch so viel Selbstvertrauen, daß man als nächstes einige wichtige Organe in Angriff nehmen kann, zum Beispiel das große rote, pumpende Ding.

24

Stärkung des Teamgeistes

Wenn die Angestellten einer Firma ein Haufen eigenbrötlerischer und ungeselliger Psychopathen sind, dürften einige Übungen zur Stärkung des Teamgeistes angesagt sein. Solche Übungen können vielfältige Formen annehmen, sie wurzeln jedoch alle im Strafvollzug. Die typische teambildende Übung sieht vor, daß die Angestellten einer Vielzahl von unangenehmen Situationen ausgesetzt werden, bis sie entweder ein eingeschworenes Team sind oder eine Autoknackerbande.

Ich kam während meiner Karriere im Großraumbüro zweimal zusammen mit meinen begabten und vertrauenswürdigen Kollegen in den aufregenden Genuß eines Kurses zur Einübung des Teamgeistes. Ich lernte schon beim ersten Mal so viel, daß ich den zweiten Kurs sehr viel lockerer angehen konnte. Insbesondere lernte ich, daß man, wenn man eine Handverletzung vortäuscht, von Tätigkeiten befreit wird, die einen umbringen können.

Die erste „Lerneinheit" des zweiten Kurses war eine vertrauensbildende Übung. Wir wurden willkürlich zu Paaren zusammengestellt; dann ließ der eine Partner sich steif nach hinten fallen, und der andere Partner, dem er vertraute, fing ihn auf. Das ging mit den meisten Paaren in meiner Gruppe gut. Meine Partnerin jedoch – nennen wir sie Margie – entschloß sich, den Weg des geringsten Widerstandes zu gehen und die Schwerkraft walten zu lassen. Später dazu befragt, erklärte sie, sie habe befunden, daß mein drahtiger, ein Meter siebzig großer Körper für sie „zu schwer" sei, und deshalb habe sie es vorgezogen, ihm aus dem Weg zu gehen.

Ich wußte, daß wir in einer späteren Übung von hohen Bäumen herunterbaumeln würden, lediglich von der Wachsamkeit zuverlässiger Kollegen und Kolleginnen behütet, die die Seile hielten, an denen wir sicherheitshalber angeseilt waren. Dummerweise meldete sich meine alte Handverletzung wieder, und ich mußte diesen Teil der Übung auslassen.

Ganz ungeschoren kam ich allerdings nicht davon. Ich mußte einen unglaublich dämlichen Helm aufsetzen und dann den anderen bei Verrichtungen zusehen, die man normale Menschen nur selten tun sieht. Ich trug meinen Helm mit großer Würde, und fühlte mich meinen Teamkameraden sportlich verbunden, bis jemand die versammelte Menge darauf hinwies, daß ich den Helm verkehrt herum aufhatte. Ein anderer Mitarbeiter holte sofort eine Kamera, weil ich in meinen Shorts und dem bescheuerten Helm angeblich so „lustig" aussah. An diesem Tag erkannte ich, daß ich, sollte ich je dieser Hölle entfliehen, auf jeden Fall hinter mir abschließen würde, bevor ich mich auf den Weg in die Stadt machte.

Höhepunkt meiner Erfahrungen war eine Übung, in der das ganze Team ein Feld überqueren mußte, nur indem man auf Baumstümpfe trat, die so weit auseinander lagen, daß man sie nicht springend erreichen konnte. Der Trick dabei war, mit Planken in genau der richtigen Abfolge provisorische Brücken zu bauen, so daß das Team hinüberkam, ohne Planken oder einen Kollegen zurückzulassen. Wir hatten die Übung zu einem Teil hinter uns gebracht, als unserem furchtlosen Bezirksmanager einfiel, daß es keine gute Strategie sei, auf die Gruppe zu hören. Er übernahm die „Kontrolle" und brüllte Befehle. Wir folgten den Befehlen, obwohl sie uns ungeeignet schienen. Aber inzwischen vertrauten wir ihm – und natürlich mußte man immer seine „Vergeltung" fürchten. Wir akzeptierten also bereitwillig seine Führung. Die Übung endete damit, daß alle bis auf unseren Anführer sicher auf der anderen Seite des Feldes ankamen. Er war viele Baumstümpfe weiter hinten steckengeblieben und balancierte zwei Planken unter den Armen. Ich glaube, er steht immer noch da.

Alles was Sie über Maßnahmen zur Stärkung des Teamgeistes und Teamarbeit wissen müssen, ist in den folgenden Cartoons und E-Mail-Mitteilungen enthalten.

Teamarbeit im Bild

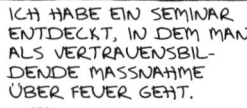

ICH HABE EIN SEMINAR ENTDECKT, IN DEM MAN ALS VERTRAUENSBIL- DENDE MASSNAHME ÜBER FEUER GEHT.

SIE WERDEN BARFUSS ÜBER GLÜHENDE KOHLEN LAUFEN, WÄHREND ICH ZU- SEHE?

ABER WIR LERNEN, DASS WIR UNS DABEI WUNDERSAMERWEISE NICHT VERLETZEN, RICHTIG?

NEIN, DAS SEMINAR KOSTET VIEL MEHR.

AUF DEM FEUERLAUF- SEMINAR FÜR MANAGER

WER TROTZT DEN GLÜHENDEN KOHLEN ALS ERSTER?

SIE GEHEN DEN ANDEREN MIT GUTEM BEISPIEL VORAN.

WAS SIE AUS WALLYS BEISPIEL LERNEN, IST: MAN BENUTZE NIE EIN AFTER-SHAVE AUF ALKOHOLISCHER BASIS.

AUF DEM FEUERLAUF- SEMINAR FÜR MANAGER

ICH GLAUBE NICHT, DASS SIE BEREIT SIND.

DAS GEHEN ÜBER FEUER SETZT HUNDERTPRO- ZENTIGES VERTRAUEN VORAUS. ALLES ANDERE IST GEFÄHRLICH.

MIR IST NUR KALT.

GUT... DANN GEHEN SIE IN SOCKEN.

DER RENOMMIERTE PSYCHOLOGE DOGBERT WIRD UNS HELFEN, IN DER TEAMARBEIT HÖCHSTLEISTUNGEN ZU ERREICHEN.

HÖCHSTLEISTUNG IST RELATIV. SIE SIND EIN HOCHGRADIG FUNKTIONS- GESTÖRTES TEAM, WIR MÜSSEN UNS ALSO REALISTISCHE ZIELE STECKEN.

WAS WÄRE DAS FÜR UNS?

KANNIBALISMUS VERHINDERN.

285

Geschichten von der Teamarbeit

Von: (Name dem Autor bekannt)
An: scottadams@aol.com

Scott,

bei [Firma] werden viele Geschäfte auf dem Flur abgewickelt. Es kann große Zeitverschwendung sein, in diese Ad-hoc-Besprechungen hineingezogen zu werden, doch ist es schwierig, ihnen aus dem Weg zu gehen, weil die Teilnehmer immer die Meinung von jemand anderem hören wollen. Um ihnen zu entgehen, sage ich entweder, ich sei auf dem Weg zur Toilette, oder ich bringe mit bloßen Händen Eiswürfel von der Kü-che in mein Büro. Wenn ich dann doch in ein Gespräch verwickelt werde, kann ich sa-gen: „Ihr seht ja, das Eis schmilzt und meine Hände sind kalt. Muß jetzt gehen!" Man läßt mich dann gehen, und keiner scheint sich zu fragen, warum ich den ganzen Tag Eis durch die Gegend transportiere.

Von: (Name dem Autor bekannt)
An: scottadams@aol.com

Scott,

unser Team hat eine neue Ingenieurin eingestellt, und wir haben eine möblierte Büro-zelle für sie freigemacht. Sie fängt nächste Woche an. Ein Typ des Teams [Kollege Nr. 1] meinte jedoch, er brauche unbedingt dieses Büro statt seines bisherigen. Er heu-erte also ein anderes Teammitglied an, um ihm beim Umzug zu helfen.

Ich ging rüber, um nachzusehen, was die beiden da vorhatten. Sie räumten gerade die Möbel der neuen Kollegin aus. „Die Möbel sind besser als meine", sagte ich mir und überredete die Kollegen, die Möbel der Neuen in meine Zelle zu schaffen und dafür meine Möbel ... Nun, meine Möbel landeten in der neuen Zelle von [Mitarbeiter Nr. 1]. Seine alten Möbel blieben, wo sie waren, und dort hat jetzt die neue Kollegin ihr Büro.

Als die beiden gerade meinen Schreibtisch hinüberschafften, der identisch mit dem von [Mitarbeiter Nr. 1] ist, kam ein weiterer Ingenieur [Mitarbeiter Nr. 2] vorbei, um sich zu erkundigen, was wir da räumten. Er fand, der Schreibtisch sei besser als sein Schreibtisch (der nur ein Tisch ist).

Wenn die neue Kollegin aufkreuzt, hat sie dann wahrscheinlich zwei kaputte Akten-schränke, einen winzigen Tisch, einen Stuhl für Besucher und dazu das Büro gleich ne-ben dem Besprechungszimmer. Außerdem arbeiteten wir den ganzen Vormittag nicht, und einige machten sich schon Sorgen, daß vielleicht bald einer aus dem Team aus-schiede, wo wir doch unsere Möbel getauscht hätten und so weiter.

Von: (Name dem Autor bekannt)
An: scottadams@aol.com

Scott,

hier ist ein lustiges Katastrophenszenario, eine Situation, wie es sie tatsächlich bei der Firma, wo ich gearbeitet habe, gegeben hat. Der Präsident des Unternehmens be-schloß, wir müßten einen Betriebsausflug machen. Ideal sei eine Fahrradtour. Er such-te also eine 48 Kilometer lange Strecke aus und verteilte von Hand gezeichnete Karten.

Die Hälfte der Belegschaft besaß keine Räder und mietete sich welche. Keiner war in Form. Die Route stellte sich als ziemlich bergig heraus (und 48 km sind, wenn man nicht regelmäßig Rad fährt, eine lange Strecke, selbst in flachem Gelände). Die Karte stimmte nicht, und eine richtige Karte hatte niemand dabei. Einige Leute gingen verloren und schafften es nicht zum Mittagessen. Ein Mitarbeiter landete im Krankenhaus (er brach wegen zu niedrigen Blutzuckers zusammen, als er einen Berg hochfuhr). Die für diesen Tag vorgesehenen Diskussionen und Aktivitäten fielen aus. Und der Präsident kapierte noch Tage später nicht, was für eine Katastrophe er angerichtet hatte. Ihm hatte das Radfahren Spaß gemacht.

25

Die Führungskraft

Definition der Führungskraft

Führungseigenschaften lassen sich nur schwer fassen oder definieren. Das ist wahrscheinlich auch gut so, denn wenn die Angestellten eine solche Definition hätten, würden sie die Führungskräfte stellen und umbringen. Ein Zyniker könnte sagen, eine „Führungskraft" sei jemand, der die Menschen dazu bringt, etwas für ihn Vorteilhaftes zu tun. Das ist jedoch keine gute Definition, weil es, wie sie ja genau wissen, so viele Ausnahmen gibt.[*]

Vision der Führungskraft

Führungskräfte verbringen die Zeit damit, sich auf „Visionen" der Zukunft zu konzentrieren. Zu dieser Tätigkeit gehören auch etwa Essen mit anderen Führungskräften, die Teilnahme an Golfpartien und manchmal sogar die Lektüre eines Buches. Solange nichts Greifbares dabei herauskommt, kann sie viele Formen annehmen. Durch derlei Aktivitäten hofft die Führungskraft, die Arbeitnehmer von folgendem zu überzeugen:

1. Die Führungskraft kennt die Zukunft und ist bereit, sie dem Rest der Firma mitzuteilen, statt mit Hilfe dieser eindrucksvollen Fähigkeit ein Vermögen im Glücksspiel zu machen.

---

[*] Teilen Sie mir bitte mit, um welche Ausnahmen es sich handelt; ich fange an, zynisch zu werden.

2. Die eingeschlagene Richtung ist nicht so unmittelbar „einleuchtend", wie man annehmen könnte; um so besser ist es, eine Führungskraft zu haben, koste sie, was sie wolle.

3. Das Arbeitnehmerdasein hat Vorteile, die nicht greifbar sind. Diese immateriellen Vorteile gleichen die geringe Bezahlung und die schlechten Arbeitsbedingungen aus. Wie diese nicht greifbaren Vorteile aussehen, wird einem irgendwann in der Zukunft offenbart – aber nur, wenn man brav ist.

Jede gute Führungskraft geht offenbar von der Annahme aus, daß die zu führenden Menschen erstaunlich leichtgläubig sind. Diese Annahme ist durch die Geschichte gerechtfertigt, denn viele Führungskräfte sind *nicht* ermordet worden.

Wie man als Führungskraft überlebt

Die wichtigste Fähigkeit einer Führungskraft ist, das Verdienst für etwas in Anspruch zu nehmen, das ganz von selbst passiert. In primitiven Zeiten beanspruchten Stammeshäuptlinge das Verdienst für den Wechsel der Jahreszeiten und die Tatsache, daß Holz im Wasser schwimmt. Die Ignoranz der Massen wirkte sich für sie als Vorteil aus. Das Fernsehen hat diese „Wissenslücke" weitgehend geschlossen, so daß der neuzeitliche Führungstyp das Verdienst für subtilere Ereignisse in Anspruch nehmen muß.

Wenn die Buchhaltung des Unternehmens beispielsweise steigende Gewinne aufgrund einer Veränderung der internationalen Wechselkurse voraussagt, wird eine gute Führungskraft eine firmeninterne „Qualitätsinitiative" ins Leben rufen, um mit Hinweis auf dieses Programm das Verdienst für die Gewinne in Anspruch nehmen zu können. Die Arbeitnehmer spielen gutmütig mit, in der Hoffnung, daß eine andere Firma auf die Führungskraft aufmerksam wird und sie abwirbt. Eine erfolgreiche Führungskraft ist für alle ein Gewinn.

Woher kommen Führungskräfte?

Diese Frage gibt es seit Menschengedenken: Werden Führungskräfte geboren oder gemacht? Und wenn sie gemacht werden, können wir sie dann in der Garantiezeit zurückgeben?

Führungskräfte sind Menschen, die einen offenbar sinnlosen oder sogar gemeingefährlichen Weg einschlagen können. Der gesunde Menschenverstand sagt uns, daß niemand einen Führer für einen Weg braucht, den man ganz intuitiv beschreitet. Wenn eine Führungskraft also einen Weg empfiehlt, der dem „Durchschnitts"-Menschen unlogisch erscheint, können wir daraus schließen, daß eine Führungskraft entweder

1. so klug ist, daß niemand sonst ihre Vision sehen kann
   oder ...
2. ein Dummkopf ist.

Um eine Antwort auf die Frage „Visionär oder Dummkopf" zu erahnen, wollen wir uns einige Großtaten von Führungskräften ansehen und dann entscheiden, ob sie das Werk geistig inkompetenter Menschen oder großer Visionäre waren. Wenn sich dabei ein Muster herausbildet, haben wir unsere Antwort.

Die Chinesische Mauer

Nehmen wir die Chinesische Mauer als Beispiel. Buchstäblich Dutzende von Chinesen mußten Überstunden machen, um diese sich kilometerlang durch China erstreckende Mauer zu errichten. Sie ist derart gewaltig, daß man sie sogar aus dem All sehen kann, was sich jedoch offengesagt nicht lohnt, denn man muß dafür die Luft sehr lange anhalten und verglüht wahrscheinlich beim Wiedereintritt in die Erdatmosphäre.

Der Zweck der Chinesischen Mauer bestand darin, einfallende Armeen abzuhalten. Die Angreifer kapierten freilich bald, daß die Torwächter entlang der Chinesischen Mauer sehr einfach bestochen werden konnten. Dank der maßlosen Besteuerung durch die chinesischen Herrscher entsprach das Nettogehalt des durchschnittlichen Torwächters einer Brotrinde und einigen glänzenden Steinen. Das machte die Wächter etwas anfällig für Bestechung.

Ein angreifender General ließ seine Armee vor der Mauer halten, warf dem Torwächter ein Paar Sandalen zu und wartete darauf, daß das Tor aufging. Dann tötete der General den Wächter, denn warum sollte er gute Sandalen verschwenden?

Erste Schlußfolgerung

Die Führungskräfte, die die Chinesische Mauer bauten, waren Dummköpfe.

Zweite Schlußfolgerung

Sie waren immerhin klüger als Torwächter.

Die großen Pyramiden

Nehmen wir nun die ägyptischen Pyramiden unter die Lupe. Ich habe im Fernsehen noch nichts über die Pyramiden gesehen, so daß ich nicht gerade als Autorität auf diesem Gebiet gelten kann. Aber ich glaube, der Zweck der Pyramiden bestand darin, die Führungskräfte zu ehren und ihnen womöglich im Jenseits zu helfen. Auf Papyrus sah das alles sehr gut aus.

Es ist dann doch anders gekommen als geplant. Ich habe einmal zwölf Dollar bezahlt, um mir im De-Young-Museum in San Francisco den Behälter anzusehen, der den kleinen, in Leinenbinden eingewickelten Leichnam des Pharaos Tutenchamun enthielt. Ich erinnere mich noch, wie ich dachte, daß der Pharao höchst erfreut über seine „Karriere" nach seinem Tod sein müßte.

Schlußfolgerung

Die Führer, die die Pyramiden gebaut haben, waren Dummköpfe.

Dschingis Khan

Vor vielen Jahren, an einem schrecklich kalten Abend in der Tundra, befahl Dschingis Khan seinen mongolischen Horden, die Pferde zu besteigen und sich in den Nachbardörfern zu amüsieren. Dafür gab es keinen richtigen Grund, außer daß er etwas Frieden und Ruhe brauchte, während er in seinem Zelt saß und ein paar modische Kleidungsstücke aus toten Tieren herstellte. Einigen der Mongolen war es später peinlich zuzugeben, daß sie den Befehl „die Pferde zu besteigen" falsch verstanden hatten. Das sorgte nach der Rückkehr ins Lager für einiges Gelächter. Später, durch wiederholtes kreatives Nacherzählen, wurde diese Dschingis-Khan-Legende zu etwas viel Größerem aufgeblasen, als es eigentlich war. Aber man muß berücksichtigen, daß auf diesem Planeten damals vielleicht zwei Dutzend Menschen lebten und deshalb alles wichtig schien. Und alle hielten es für das Beste, die Geschichte ein wenig auszuschmücken, damit die Mongolen später in Wirtschaftsbüchern keine schlechte Figur machten.

Schlußfolgerung

Dschingis Khan war als Führungskraft ein Dummkopf, dafür war er ein passabler Designer von Pelzmoden.

Neuzeitliche Beispiele für Führungsqualitäten

Man kann nicht nur auf der Basis einiger geschichtlicher Beispiele zu einer Schlußfolgerung kommen, so überzeugend sie sein mögen. Hören wir uns statt dessen an, was Menschen berichten, die gegenwärtig in Firmen rund um den Globus „geführt" werden. Ich glaube, dabei kommt ein Muster zum Vorschein.

Von: (Name dem Autor bekannt)
An: scottadams@aol.com

Scott,

dies ist eine wahre Geschichte:

Unsere überlastete Buchhaltung arbeitete kürzlich 20 Tage durch, um den Jahresabschluß zu machen; sie arbeitete auch am Wochenende und an Feiertagen. Als die Arbeit getan war, sprach einer der Manager mit dem Firmenchef über einen möglichen

Ausgleich durch Urlaubstage oder eine Prämie. Der Chef entgegnete: „Haben Sie denn nicht *Die rote Tapferkeitsmedaille* gelesen?" Das war seine ganze Antwort.[*]

[*] In diesem Roman von Stephen Crane bekommt der Held einen Orden für Tapferkeit, obwohl er eigentlich desertiert ist. (Anm. d. Übers.)

Von: (Name dem Autor bekannt)
An: scottadams@aol.com

Scott,

gerade als ich dachte, Management könne eigentlich nicht noch unbedarfter sein ...

Eine Bekannte von mir hier bei [Firma] hat heute schriftlich gekündigt. Das Management schickte ihr den Brief mit Rotstift korrigiert zurück; sie sollte ihn neu schreiben. Aufmerksamerweise legte man die Kopie der Kündigung eines Kollegen bei, der letzte Woche gekündigt hatte, als Muster dafür, was man zu sehen wünschte.

Übrigens nannten beide Mitarbeiter „unbedarftes Management" als einen der Gründe ihres Weggangs. Sie wurden aufgefordert, Beispiele zu nennen.

Au wei ...

Von: (Name dem Autor bekannt)
An: scottadams@aol.com

Scott,

vor einigen Jahren besuchten die Vizepräsidenten von [Firma] eine Reihe von Unternehmen, um herauszufinden, welche Management-Methoden für deren Erfolg verantwortlich waren. Eine der Firmen war Federal Express.

Und mit was kamen sie nach wochenlangen Besuchen zurück? Die Angestellten bei Federal Express werden offenbar „Teilhaber" genannt, nicht Angestellte. Also geht es Federal Express deshalb so gut!

Dann wurde bei uns mit viel Getöse angekündigt, daß wir fortan keine Angestellten mehr seien, sondern „Teilhaber". Und zwar sollte das für alle gelten – eine schöne Gleichmacherei, die unsere Effizienz und Produktivität erhöhen sollte. Einige Wochen später kündigte der Vizepräsident von Human Ressources an, es gebe jetzt „Teilhaber", „Führungskräfte" (d. h. Supervisors und mittlere Manager) und „obere Führungskräfte" (d. h. das obere Management).

Das war das sichtbarste (und wirkungsvollste) Resultat der Firmenbesuche der Vizepräsidenten.

Von: (Name dem Autor bekannt)
An: scottadams@aol.com

Scott,

kürzlich kam ich in eine Situation, in der ich mich genau wie Dilbert fühlte:

(1) Der Chef fragt mich nach meiner Meinung zu einer Idee, die meine Abteilung betrifft.

(2) Ich sage, daß ich die Idee nicht für sinnvoll halte.

(3) Die Idee wird in unzähligen Besprechungen, Telefonkonferenzen und E-Mails diskutiert.

(4) Die allgemeine Meinung ist, daß sich die Umsetzung nicht lohnt.

(5) Der Chef entscheidet, sie zu verwirklichen.

(6) Der Chef des Chefs fragt per E-Mail an, warum die Idee durchgeführt wurde; sie mache nämlich keinen Sinn.

(7) Der Chef reicht die E-Mail an mich weiter, fragt, warum wir den Vorschlag durchgeführt hätten, und verlangt von uns, eine Antwort vorzubereiten!

Von: (Name dem Autor bekannt)
An: scottadams@aol.com

Scott,

hier eine Geschichte aus dem wirklichen Leben.

Ich arbeite an einem Projekt in Kooperation mit [große Firma]. Bei diesem Projekt müssen wir einen Namen für ein [Produkt] finden. Dabei gab es große Schwierigkeiten.

Heute erfuhren wir, man sei in der Namenswahl einen entscheidenden Schritt vorangekommen. Das Management-Team der anderen Firma erklärte, man habe ein Team von Managern ins Leben gerufen, das bis nächsten Montag eine weitere Person auswählen würde, die dann einen Zeitplan für die Namensbestimmung ausarbeiten würde.

Und wir haben uns schon Sorgen gemacht, die anderen würden gar nichts tun ...

Von: (Name dem Autor bekannt)
An: scottadams@aol.com

Scott,

ein neu ernannter Vizepräsident meiner Firma wurde in einem Interview für das firmeninterne Mitteilungsblatt gefragt, ob Angestellte der Firma umziehen müßten, wenn die Firma einen in Aussicht stehenden Vertrag abschließe, oder ob das Unternehmen statt dessen dort Mitarbeiter aus der Umgebung einstellen wolle. Er sagte dazu:

„Ingenieure sind grundsätzlich eine Ware. Es ist unwirtschaftlich, daß das Unternehmen Umzüge bezahlt, wenn wir dieselbe Ware vor Ort kaufen können."

Das verursachte natürlich bei einigen Leute in der Belegschaft Unbehagen, und eine Reihe von ihnen tauchte auf einer Vollversammlung auf, die ein paar Tage später von diesem Vizepräsidenten abgehalten wurde. Sie setzten sich in die erste Reihe, mit Schildern in der Hand, die sie als „Bananen", „Schweinebäuche" usw. auswiesen.

Der Vizepräsident versuchte tapfer, einen Eiertanz um diese Aussage herum zu vollführen, er konnte jedoch nur wenige Leute bekehren.

Von: (Name dem Autor bekannt)
An: scottadams@aol.com

Scott,

mein Unternehmensbereich beschloß, die Angestellten auf wahrhaft republikanische Weise zu motivieren, indem man jedem Ingenieur eine sieben mal zwölf Zentimeter große Plastikkarte mit einem zehn Punkte umfassenden „[Name des Unternehmensbereiches]-Auftrag" überreichte. In dem Begleitschreiben stand:

„Es hat einmal jemand gesagt, erst wenn man eine Bitte abschlagen könne, wisse man, daß die eigene Strategie richtig sei. Verwenden Sie die Karte auf diese Weise. Wenn man Sie bittet, etwas zu tun, das nichts mit dem Auftrag auf der Karte zu tun hat, bezweifeln Sie die Wichtigkeit der Bitte und konzentrieren Sie sich weiter auf Ihren Auftrag. Nur so eröffnen wir uns eine großartige Zukunft voller Möglichkeiten, Wachstum und Gewinn."

Zuerst einmal: War es nicht Dogbert, der den Unterschied zwischen einer Firma mit Strategie und einer ohne Strategie definiert hat?

296

Vielleicht hat das Leben in diesem Fall die Kunst imitiert. Der Leser entscheide selbst. Sehen Sie sich diesen Cartoon aus einem 1991 veröffentlichten Buch an:

DIE BEDEUTUNG VON STRATEGIEN

ALLE UNTERNEHMEN BRAUCHEN EINE STRATEGIE, DAMIT DIE ARBEITNEHMER WISSEN, WAS SIE NICHT TUN.

Von: (Name dem Autor bekannt)
An: scottadams@aol.com

Scott,

diese Geschichte stammt von einem Freund, der für [Firma] arbeitet.

Zwei hohe Vizepräsidenten wollen das Labor besuchen. Natürlich liegt die Arbeit für eine Woche lahm, in der Fußböden poliert werden, das Labor umgeräumt wird und die Toiletten gereinigt werden. (Also hatte der Besuch wenigstens etwas Gutes.)

Eine unserer Managerinnen ging daran, die ganze Ausstattung des Labors zu beschriften. Sie etikettierte alles bis zum Bleistiftspitzer. Mein Freund entfernte einige der Etiketten wieder, weil sie ab einem gewissen Punkt zu albern waren.

Gott sei Dank klebte ein Etikett „Logic-Analysator" auf dem Logo des HP Logic-Analysators. Ich glaube, das Schildchen „gebohnerter Boden" wollte wegen des Bohnerwachses nicht haften. Doch damit noch nicht genug der Absurdität.

Ein Vizepräsident der hiesigen Abteilung sieht sich das Labor vorab an, meint kopfschüttelnd: „Mein Gott, ich wollte mir das Labor ansehen, kein Theaterstück", und geht. Ein Raunen durchläuft die Reihen der Verantwortlichen:

„Er wollte kein Theaterstück." „Er wollte kein Theaterstück." Krönung der Albernheit war, als man nach seinem Weggang an einigen der kahlen Stellen am Eingang neue Rasenstücke auslegte.

Ein weiterer halber Tag geht verloren, weil man das Labor erneut umräumt.

Ich sehe schon die Vizepräsidenten mit ihrem Gefolge vor mir. Voraus geht einer, der vor den Füßen der Vizepräsidenten Rasen auslegt, damit ihre Füße nicht mit Sand in Berührung kommen. Ich frage mich, wie viele Leute erst nötig sind, um diese Burschen über die Toilettensitze zu halten, und wie man sie alle in die Kabine reinkriegt???

Von: (Name dem Autor bekannt)
An: scottadams@aol.com

Scott,

das Dümmste, was mein Chef je für unsere Gruppe getan hat, war, ein Punktesystem einzuführen. Wir bekamen alle Checklisten, auf denen wir abhakten, was wir den Tag über erledigt hatten, und dafür bekamen wir dann Punkte.

Der Typ war nicht sehr helle.

Von: (Name dem Autor bekannt)
An: scottadams@aol.com

Scott,

eine wahre Begebenheit:

Als es uns in einem Jahr mal schlecht ging, beschloß unser damals noch ziemlich neuer Konzernchef, daß wir eine motivierende Konferenz inklusive eines professionellen Firmenmotivationsvideos nötig hätten. Das Video zeigte die „Versuch-es-bis-du-Er-folg-hast"-Einstellung des Ballonfahrers Maxie Anderson; dazu wurde ein an uns ge-richteter Brief des berühmten Ballonfahrers verlesen. (Maxie war allerdings schon drei Jahre zuvor bei einem Ballonunfall ums Leben gekommen.)

Von: (Name dem Autor bekannt)
An: scottadams@aol.com

Scott,

eine wahre Geschichte:

Eines Tages hing einer der Chefs bei einer Konferenz Tagträumen nach und kaute da-bei auf seinem Füllfederhalter herum. Der Füller begann zu lecken, aber niemand sag-te ihm, daß ihm blaue Tinte von der Lippe aufs Hemd tropfte. Alle verbissen sich das Lachen, während ihm die blaue Tinte über das Gesicht floß.

Das haben sie die ganze Konferenz durchgehalten.

Von: (Name dem Autor bekannt)
An: scottadams@aol.com

Scott,

bestimmte für Ingenieure charakteristische Fähigkeiten sind in unserer Gegend sehr gefragt, so daß die erfahrenen Ingenieure die Firma verlassen haben, um bei anderen Unternehmen bis zu 15 Prozent mehr Geld für die Hälfte der Arbeit zu bekommen.

Das Management beruft eine Besprechung mit den restlichen Ingenieuren ein.

Die Ingenieure erwarten eigentlich, daß das Management einige Korrekturen an Gehältern und Arbeitsbelastung vornehmen wird. Die Besprechung wird abgehalten – das Management verteilt T-Shirts und wünscht allen noch einen guten Tag.

Später kann man dann die Ingenieure dabei beobachten, wie sie in ihren Büros auf den T-Shirts tanzen.

Von: (Name dem Autor bekannt)
An: scottadams@aol.com

Scott,

Sie werden das vielleicht nicht glauben; ich habe es zuerst auch nicht geglaubt, aber es ist wahr.

Ein Programm hier bei [Firma] verlangt pro Woche fünf Überstunden. Wir werden aber für die ersten fünf Überstunden pro Woche nicht bezahlt. Wie dem auch sei – eine Frau, die an diesem Programm arbeitete, nahm zwei Wochen Urlaub. Als sie zurückkam, sagte man ihr, sie sei für die Zeit, in der sie im Urlaub war, zehn Überstunden im Rückstand.
Die Frau erwiderte, sie sollten ihr den Buckel runterrutschen. Ich finde, sie hat das noch viel zu nett ausgedrückt.

Von: (Name dem Autor bekannt)
An: scottadams@aol.com

Scott,

der Technische Geschäftsbereich hat die neue Darstellung des Leitbildes von [Firma] verteilt und verlangt von allen Angestellten, sie zu unterschreiben und damit ihre Unterstützung der Firmencredos deutlich zu machen.

Wenn man unterschrieben hat, bekommt man eine spezielle Anstecknadel, die man tragen soll. Dann (und jetzt kommt das Beste) soll man, wenn man jemand anders mit derselben Anstecknadel begegnet, diesen mit dem „geheimen Gruß" grüßen. Dabei berührt man die Anstecknadel mit der Hand und grüßt dann mit erhobenem Daumen. Wahrscheinlich wäre es einfacher gewesen, den *Nazi-Gruß* zu verwenden.

Mit besten Grüßen aus Wonderland

Von: (Name dem Autor bekannt)
An: scottadams@aol.com

Scott,

wir haben hier einen „Teamleiter", der auch zu diesen Leuten (Idioten) zählt, die zu jeder Besprechung eine Viertelstunde zu spät kommen und dann darauf bestehen, jedes Thema, das bereits erörtert wurde, noch einmal anzusprechen.

Über die Feiertage war nicht viel los, und der Teamleiter hatte nichts zu tun. Deshalb tauchte er bei einer Besprechung auf, die nichts mit ihm oder seiner Abteilung zu tun hatte. Er erklärte, er habe das Gefühl, er arbeite nicht richtig, solange er nicht an einer Besprechung teilnehme. Da dies die einzige Besprechung war, die bei uns an diesem Tag stattfand, wollte er daran teilnehmen.

Wir waren einverstanden, daß er dabei saß, wenn er unbedingt wollte, aber nur, wenn er den Mund hielt. Das konnte er natürlich nicht, und er sprach einige irrelevante Dinge an, die wir bereits erörtert hatten.

Von: (Name dem Autor bekannt)
An: scottadams@aol.com

Scott,

das achtjährige Jubiläum unserer Firma stand vor der Tür. Einige Angestellte taten sich zusammen, um im Hof hinter dem Gebäude eine Party zu organisieren. Als der Chef das hörte, wollte er unbedingt eine Rede halten.

Na ja, alles lief nach Plan. Über hundert Angestellte kamen, um Grillwürste zu essen und jede Menge Bier zu trinken. Dann stieg der Chef auf eine Kiste und hielt seine Rede, die inhaltlich aus folgendem bestand: „Wir sind vielleicht eine neue Firma, aber wir werden immer besser werden, indem wir Mitarbeiter einstellen, die besser sind als unsere jetzigen Mitarbeiter."

Das Amüsante dabei war, daß dieser Mensch gar nicht merkte, daß er soeben sämtliche Mitarbeiter der Firma beleidigt hatte. Wir sprechen von dieser „berüchtigten Rede" bis heute.

Von: (Name dem Autor bekannt)
An: scottadams@aol.com

Scott,

ist das Management Ihrer Firma auch so originell?

Aus der ersten Seite des Total-Quality-Mitteilungsblattes von [Firma]: „Der entscheidende Faktor, der erfolgreiche Unternehmen von ihren erfolglosen Konkurrenten unterscheidet, ist die Fähigkeit, in einer hochgradig am Wettbewerb orientierten Welt wettbewerbsfähig zu bleiben! ..."

Hat das Management das Banale nun fest im Griff oder wie ...??

Von: (Name dem Autor bekannt)
An: scottadams@aol.com

Scott,

unser Generaldirektor sprach vor Weihnachten einige aufmunternde Worte vor versammelter Belegschaft. Dabei definierte er unser Ziel wie folgt: „Wir sollten für Kunden, Geschäftspartner und Arbeitnehmer die Firma ihrer Wahl sein." Im Februar kündigte er, um einen Führungsposten bei der Konkurrenz anzutreten.

Na ja, er hat seine Wahl getroffen.

Von: (Name dem Autor bekannt)
An: scottadams@aol.com

Scott,

ich sitze so da und esse ein Rosinenbrötchen. Als ich gerade beim vorletzten Bissen bin, höre ich, wie ein Kollege im Büro auf der anderen Seite des Ganges etwas von „Führungskräften im Unternehmen" daherredet, die „es sich nicht leicht machen" ... Ich stellte mir vor, wie wunderbar der letzte Bissen in meiner Hand von seinem Kopf abprallen würde, wenn ich ihn mit voller Kraft hinüberwerfen würde ...

Von: (Name dem Autor bekannt)
An: scottadams@aol.com

Scott,

folgende Geschichte:

Vor einigen Jahren stellte ich ein Problem mit einem Schaltkreis, den wir entwickelt hatten und den wir in die meisten unserer Produkte einbauten, grafisch dar. Auf einer Besprechung mit dem stellvertretenden Chef der Konstruktionsabteilung sagte ich, wir hätten ein Problem, und zeigte ihm die Zeichnung.

Er nahm sie, warf einen Blick darauf und meinte: „Wahnsinn."

Ich dachte, er hätte denselben Sachverhalt wie ich erkannt: Es gab ein Problem mit dem Schaltkreis, und wir mußten den Fehler in einem großen Teil unserer Produktpalette beheben.

„Wahnsinn", sagte er noch einmal, „wie haben Sie das gezeichnet?"

Die nächsten zwei Wochen verbrachte ich die meiste Zeit damit, Zeichnungen für den stellvertretenden Chef der Konstruktionsabteilung anzufertigen, die dieser in den Besprechungen des Managementausschusses verwendete. Dort konnte er jetzt endlich den Clowns vom Marketing (anderen stellvertretenden Chefs) mit ihren Mac-Grafiken, an denen ihre Sekretärinnen eine Woche lang gearbeitet hatten, die Schau stehlen.

Wenn ich die Zeichnung auf Millimeterpapier angefertigt hätte, hätte er das Problem vielleicht erkannt, und wir hätten es behoben. So konnte ich mich ein Jahr lang nicht mehr mit dem Problem beschäftigen, bis unsere Kunden schließlich ein Problem hatten und herausfanden, daß die Ursache unser Chip war (dasselbe Problem) und dann verlangten, daß wir ihn behoben.

Seltsam war nur (oder vielleicht auch nicht), daß ich eine Auszeichnung bekam – aber nicht dafür, das Problem erkannt zu haben, bevor unsere Kunden Ärger mit dem Produkt hatten, sondern für die Behebung des Fehlers, nachdem die Kunden das Problem erkannt hatten.

Von: (Name dem Autor bekannt)
An: scottadams@aol.com

Scott,

ein Manager hatte eine Idee, wie man Pünktlichkeit bei Besprechungen durchsetzen könnte:

Für jede Minute Verspätung sollte die unpünktliche Person einen Dollar an alle Anwesenden zahlen, die deshalb hatten warten müssen.

(Strafgeld = Anwesende x Minuten)

Das Ganze wurde bald wieder abgeblasen, als der Urheber dieses Verfahrens zu einer Besprechung mit 30 Teilnehmern 40 Minuten zu spät eintraf!

Von: (Name dem Autor bekannt)
An: scottadams@aol.com

Scott,

in unserer Firma wurde von uns verlangt, über unsere Arbeitszeit auf Zeitkarten in SECHSMINÜTIGEN INTERVALLEN Rechenschaft abzulegen. Immerhin waren wir doch Arbeitnehmer mit festen Gehältern.

Der Grund für dieses pingelige Vorgehen liegt einige Jahre zurück. Damals wurden ein paar von den Oberen der Abteilung dabei erwischt, wie sie in den Büchern herumpfuschten. Das Heilmittel dafür war aber nicht, die Fürsten zu bestrafen, sondern die Bauern zu schikanieren, indem man sie zwang, über ihre Arbeitszeit detailliert Auskunft zu geben (und wir haben für die verschiedenen Arten von Arbeiten elfstellige Nummern).

Vor einer Weile wurde einer unserer Leute ganz überraschend kontrolliert. Er wurde gefragt: „An was arbeiten Sie? Was für eine Nummer hat diese Arbeit? Haben Sie je einen Betrug begangen?" (Die letzte Frage ist kein Witz. Die fragen das tatsächlich!!)

Das Gespräch dauerte über sechs Minuten ... (sieben Minuten, um genau zu sein). Später wurde der Betreffende dann zusammengestaucht, weil er die Interview-Zeit seinem Projekt zugerechnet hatte!! Er mußte sich schriftlich entschuldigen, sein Supervisor mußte schriftlich versichern, daß so etwas nie wieder vorkommen würde, und der „unterrichtete Vizepräsident" (ein Widerspruch in sich) schrieb, daß Köpfe rollen würden, falls ein so ungeheuerliches Fehlverhalten sich wiederhole ...

Dennoch hat sich etwas gebessert: Die Bestimmungen wurden gelockert, und wir müssen über unsere Arbeitszeit jetzt nur noch in viertelstündlichen Intervallen Rechenschaft ablegen ...

Von: (Name dem Autor bekannt)
An: scottadams@aol.com

Scott,

kürzlich erzählte mir ein Human-Resources-Manager von einem Angestellten, der Ärger mit einem wiederkehrenden Streßsyndrom hatte, das man mit dem Gebrauch einer PC-Maus in Verbindung brachte. Ich schlug vor, dem Betreffenden für 150 Dollar eine Schreibgarnitur anstelle der Maus zu beschaffen und so die Schmerzen zu lindern und gleichzeitig seine Arbeitskraft wiederherzustellen.

Darauf sagte der Manager: „Aber erzählen Sie niemandem davon. Wenn herauskommt, daß man Schmerzen und Leiden vermeiden kann, wollen alle so etwas haben!"

Von: (Name dem Autor bekannt)
An: scottadams@aol.com

Scott,

während eines besonders heftigen Krieges zwischen den verschiedenen Büros, als alle um ihre Jobs Angst hatten, kam der Direktor in eine der wöchentlichen Besprechungen, stellte einen Kassettenrekorder auf den Tisch und schaltete ihn ein. Alle saßen aufrecht da und blickten mit ausdrucksloser Miene nach rechts und links.

Der Direktor beschimpfte die Anwesenden, weil sie bei Besprechungen nichts sagten und „zu gestreßt" seien.

Dann verteilte ein Gehilfe des Direktors Exemplare eines Formulars, auf dem „STRESSOMETER" stand. Das Formular zeigte sieben Kästchen, die verschiedene Streßgrade bezeichneten. Die Bezeichnungen reichten von „mir ist alles egal" (Null Streß) bis „ich bin am Explodieren" (Streß der Stufe sieben).

Jedes Formular mußte ausgefüllt, unterschrieben und zurückgegeben werden.

Die STRESSOMETER-Formulare wurden gesammelt, die Werte addiert, ein Durchschnittswert wurde ermittelt, und diese Zahl wurde dann an der Wand angebracht.

„Der Streß liegt diese Woche bei 4,3!"

In der folgenden Woche: „Der Streß liegt bei 4,2; gute Arbeit!"

Natürlich wurden die „vertraulichen" Formulare an die Wand des Pausenraums geklebt, so daß jeder herausfinden konnte, wer am Explodieren war und wer in seinem Büro schlief.

Von: (Name dem Autor bekannt)
An: scottadams@aol.com

Scott,

hier die letzten Neuigkeiten aus meiner Firma:

Wir haben vor kurzem eine Reihe von Entlassungen gehabt, jede angeblich die letzte. Ganze Gruppen wurden wegrationalisiert, jedoch erst nach langen, öffentlichen Debatten darüber, warum ihr umfassendes technisches Wissen „nicht werterhöhend" war. Es gibt ein sogenanntes „Scharfrichter-Team", das versucht, diesen Rationalisierungsbefehl umzusetzen. Wir haben gerade eben reorganisiert, und die Hälfte des Managements ist ganz offensichtlich auf der Basis ihrer Fähigkeit, dem für diese Hälfte zuständigen Kerl in den Arsch zu kriechen, eingestellt worden.

Die Stimmung könnte besser sein.

Jetzt wurde immerhin erkannt, und das war überraschend genug, daß die Stimmung schlecht ist. (Ich glaube, man macht sich Sorgen, Mitarbeiter könnten die Firma verlassen, ohne entlassen worden zu sein.) Eine „Besprechung zur Ausarbeitung eines Plans" wurde einberufen. Dabei wurden folgende Lösungen erörtert:

– Anerkennung und Belohnung technischer Sachkenntnis

– Anpassung des Gehaltstarifs bis fast an den Marktwert

– Bekanntgabe geplanter Stellenstreichungen

– Umschulung von Leuten mit besagten geringeren „werterhöhenden" Fähigkeiten.

Nachdem all diese Alternativen (und viele andere) erörtert worden waren, war das Ergebnis der langdauernden Überlegungen ... das SPASS-Team!!!

Die Stimmung unter den Arbeitnehmern ist schlecht. Wir brauchen mehr Picknicke und Kegelabende. Wenn wir nur geselliger werden, verschwinden alle Probleme.

Hätte ich an mehr Schulungen für Führungskräfte teilgenommen, dann würde ich das jetzt verstehen ...

Die Bedeutung der Haartracht für männliche Führungskräfte

Keine Erörterung von Führungsqualitäten ist ohne die Berücksichtigung der Haartracht vollständig. Bei Frauen reicht es, daß sie Haare haben. Bei Männern jedoch ist die Qualität der Haare ein wichtiger Bestandteil ihrer Führungsqualitäten. Ich habe die Entsprechung von Haaren und Führungsqualitäten zuerst bemerkt, als ich bei der Crocker Bank und dann bei Pacific Bell arbeitete. Nach und nach erkannte ich dann, daß das kein Zufall sein könnte. An der Spitze von

Unternehmen findet man durchweg Männer mit dichtem, halblangem und ge-
scheiteltem Haar. Es ist die Art Haar, das mit der Zeit silbergrau, aber nie dünn
wird, Dauerwellenhaar wie bei Jack Kemp oder Newt Gingrich. Haar, das nie
weniger wird, das eine Kugel ablenken kann und ein Raumfahrzeug beim Wiedereintritt in die Erdatmosphäre schützt.[*]

Es gibt natürlich Ausnahmen. Manchmal durchbricht eine so kompetente glatz-
köpfige Führungskraft wie Barry Diller die Regel wie ein Delphin, der einem
Thunfischnetz entkommt. Das ist aber selten, und ich schreibe es meist der Tatsache zu, daß diese Führungskräfte zum Teil Delphine sind. (Wenn Sie sich
Barry Diller genau ansehen, sehen Sie ein kleines Atemloch oben auf seinem
Kopf.) Die Führungskräfte, die teils Delphine sind, können durch zwei auffal-
lende Merkmale identifiziert werden:

1. Sie haben keine Haare.
2. Sie verlangen von Ihnen, eine „Delphin-Aussage" zu verfassen.

Schlußfolgerung

Ich sage in diesem Kapitel nicht, Führungskräfte seien dasselbe wie Hochstapler. Der Unterschied ist gewaltig, denn Führungskräfte sind viel besser bezahlt und müssen nicht besonders intelligent sein. Ich kann Ihnen allen diesen Beruf nur empfehlen.

Führungsqualitäten im Bild

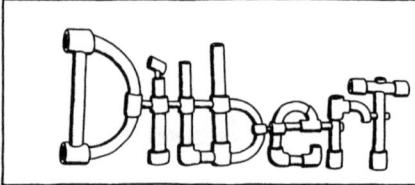

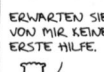

KÖNNEN SIE MIR ER-KLÄREN, WARUM SIE EINE WOCHE IM VERZUG SIND?

IHRE SCHLECHTE FÜHRUNG HAT MIR JEGLICHE BEGEISTERUNG GERAUBT, DIE FÜR EINEN ERFOLGREICHEN ABSCHLUSS NOTWENDIG WÄRE. ABER DAS IST NICHT NUR IHRE SCHULD.

AUCH IHRE ELTERN SIND VERANTWORTLICH, WEIL SIE SIE IN DIE WELT GESETZT HABEN.

AUCH WENN SIE BETRUNKEN WAREN?

MEIN NEUER MANAGEMENTSTIL STRENGT AN.

ICH HÖRTE EINIGE LEUTE VON MDHL REDEN, VON „MANAGEMENT DURCH HERUMLAUFEN".

ICH BIN DEN GANZEN WEG ZUM PARK UND ZURÜCK GEGANGEN, KANN ABER NICHT BEHAUPTEN, DASS SICH HIER INZWISCHEN ETWAS VERBESSERT HAT.

LAUT EINER VERLÄSS-LICHEN QUELLE HAT DER VIZEPRÄSIDENT BEIM MITTAGESSEN ETWAS WIE „RÜLPS" GESAGT.

WAS BEDEUTET DAS? SIGNALISIERT DAS EINE REIHE NEUER PRIORI-TÄTEN? WIR MÜSSEN ENGAGEMENT FÜR DIESE VISION ZEIGEN.

IN WELCHEM ZUSAMMENHANG WURDE SIE GEÄUSSERT?

WIR WISSEN NUR, DASS ER EIN HÖRN-CHEN ASS.

WIR HABEN DEN ORGANI-SATIONSPLAN UMGESTAL-TET, UM ZU ZEIGEN, WIE DAS MANAGEMENT HIER UNTEN DIE WICHTIGSTEN MITARBEITER STÜTZT!

FRAGE: WARUM KRIEGEN DIE WICHTIGSTEN ARBEITNEHMER AM WENIGSTEN GELD?

WEIL SIE NIE EINE IDEE WIE EINEN AUF DEN KOPF GESTELLTEN ORGANISATIONSPLAN HÄTTEN.

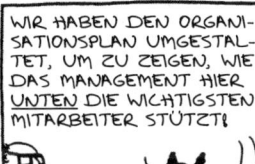

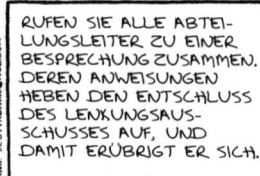

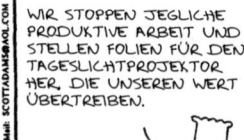

26

FU5: Ein neues Unternehmensmodell

Dieses Kapitel enthält verschiedene noch nicht erprobte Vorschläge eines Autors, der bisher nur seine Katzen erfolgreich gemanagt hat. (Da fällt mir ein, daß ich die graue Katze seit ein oder zwei Tagen nicht mehr gesehen habe.)

Einige Leute glauben, weil ich die gängigen Managementmethoden so kenntnisreich verspotte, müßte ich einige tolle Ideen haben, die ich aber egoistisch für mich behalte. Nach und nach bin ich selbst zu dieser Überzeugung gelangt (und wenn das nicht meine zentrale These beweist, daß wir alle Idioten sind, dann gibt es überhaupt keine Beweise).

Ich bezweifle, daß etwas von dem, was Sie hier lesen, Ihr Leben verbessern wird. Auf der anderen Seite wage ich zu hoffen, daß es Ihnen auch nicht schadet. Und das ist mehr, als sich von den meisten Dingen sagen läßt, die Sie gerade tun.

Wenn Sie so naiv sind, meine Empfehlungen für bare Münze zu nehmen, sagen Sie bitte nicht, ich hätte Sie nicht gewarnt. Davon abgesehen werden Sie hier, glaube ich, einige interessante Gedanken finden.

Grundlegendes

Der Weg zu gutem Management ist zu wissen, was für den Erfolg wichtig ist und was nicht. Nachfolgend nun mein großartiger Einblick in unternehmerische Grundlagen:

Firmen mit tüchtigen Angestellten und guten Produkten geht es meist gut.

Trara, trara!!

Das mag wie eine Binsenweisheit anmuten, aber sehen Sie sich in Ihrer Firma um und überlegen Sie, wie viele Tätigkeiten um mindestens eine Stufe von etwas entfernt sind, das die Menschen effektiver und die Produkte besser macht.[*] (Achtung: Wenn Sie eine solche Tätigkeit als Beruf ausüben, sehen Sie sich am besten nach einer anderen Stelle um.)

Jede Tätigkeit, die um eine Stufe von den Menschen und dem Produkt entfernt ist, wird letztlich scheitern oder wenig Nutzen bringen. Bei der Ausübung dieser Tätigkeit wird Ihnen das nicht so vorkommen, aber das Ergebnis ist regelmäßig dasselbe.

Zu definieren, was ich als „eine Stufe entfernt" bezeichne, ist schwierig, aber Sie werden es sofort erkennen, wenn Sie darauf treffen. Zur Veranschaulichung einige Beispiele:

- Eine neue Softwareversion zu schreiben ist etwas Grundlegendes. Dadurch verbessern Sie nämlich das Produkt. Wenn Sie aber nur eine Richtlinie für das Programmieren von Software schreiben, sind Sie eine Stufe davon entfernt.
- Verbesserungen der Montage eines Produktes auszuprobieren, ist ebenfalls etwas Grundlegendes. Wenn Sie dagegen in einer Projektgruppe mitarbeiten, die ein System zur Entwicklung von Vorschlägen entwickeln soll, sind Sie eine Stufe davon entfernt.
- Wenn Sie mit einem Kunden reden, ist das auch grundlegend. Wenn Sie *über* Kunden reden, sind Sie wahrscheinlich eine Stufe davon entfernt.
- Wenn Sie mit einem Eintrag der folgenden Liste zu tun haben, sind Sie eine Stufe von der Unternehmensbasis entfernt, und man wird Sie nicht vermissen, wenn Sie von Außerirdischen entführt werden.

NICHT GRUNDLEGEND

Qualitätsprüfung
Team zum Prozeßmanagement
Prämienausschuß
Umfragen zur Zufriedenheit der Arbeitnehmer
System für die Einbringung von Vorschlägen
ISO 9000
Standards
Verbesserung von Richtlinien
Reorganisation

---

[*] Wenn ich von „Produkt" spreche, meine ich die gesamte Produkterfahrung aus der Sicht des Kunden, einschließlich Auslieferung, Image und Vertrieb.

Budgetplanung
Erarbeiten einer Strategie
Erarbeiten einer Vision
Verfassen einer „Liste genehmigter Geräte"

Alle diese „einmaligen" Tätigkeiten sind sehr verlockend, und für jede läßt sich ein überzeugendes Argument finden. Zum Beispiel kann man ohne eine geregelte Budgetplanung keine Firma führen. Ich sage auch gar nicht, daß Sie das versuchen sollten. Ich finde nur, man sollte seine Kraft mehr auf die grundlegenden Dinge (Menschen und Produkte) konzentrieren, und zwar, indem man einer einfachen Regel für die obengenannten Tätigkeiten folgt.

Diese Regel für „einmalige" Tätigkeiten lautet: Beständigkeit. Widerstehen Sie dem Drang, munter drauflos zu pfuschen. Man ist immer versucht, die Organisationsstruktur zu „verbessern", Richtlinien für den Umgang mit neuen Situationen zu verfassen oder Ausschüsse einzurichten, um die Moral der Arbeitnehmer zu heben. Für sich allein genommen scheinen all diese Dinge einen Sinn zu ergeben. Die Erfahrung zeigt indessen, daß dabei gewöhnlich nichts Besseres herauskommt als das, was schon da war.

So pfuschen Firmen etwa endlos an einer Formel für die Gehaltszahlungen herum. Das macht die Arbeitnehmer selten glücklicher oder produktiver. Sie vergeuden ihre Kraft dann mit Meckern und der Vorbereitung von Bewerbungen für andere Stellen, und die Manager vergeuden ihre Kraft mit Erklären und Rechtfertigen des neuen Systems.

Folgen Sie dagegen der Regel der Beständigkeit, behalten Sie den gegenwärtigen Gehaltsplan mit allen Fehlern und Schwächen bei, es sei denn, er ist wirklich völlig unmöglich. Eine Firma, die sich auf das konzentriert, was grundlegend wichtig ist, macht so viel Umsatz, daß die Gehälter auf jeden Fall angemessen sind.

Das beste Beispiel einer fruchtlosen „einmaligen" Tätigkeit, die vielleicht zunächst als etwas Gutes erscheint, ist die Reorganisation. Oder kennen Sie vielleicht ein Unternehmen, bei dem sich aufgrund einer Reorganisation die Produktivität der Angestellten oder die Qualität des Produktes dramatisch verbessert hätte? Manchmal ergibt sich ein indirekter Nutzen, weil die Reorganisation ein guter Vorwand ist, Dummköpfe rauszuwerfen. Das rechtfertigt jedoch kaum den ganzen Aufwand. Die Regel der Beständigkeit besagt, daß es besser ist, die bisherige Organisation beizubehalten, es sei denn, der Charakter der Geschäfte überhaupt hätte sich grundlegend geändert. Vergrößern oder verkleinern Sie den Mitarbeiterstab nach Bedarf, aber belassen Sie den organisatorischen Rahmen. Sonst verbringen die Angestellten ihre Zeit nur noch damit, neue Visitenkarten zu bestellen.

Viele der „einmaligen" Aktivitäten erledigen sich von selbst, wenn Sie mit Mitarbeitern und Produkten richtig umgehen. In einem Unternehmen mit einem guten Produkt muß man nur selten erklären, wofür man arbeitet. Tüchtige Arbeitnehmer machen Verbesserungsvorschläge, auch ohne einem Quality-Team anzugehören. Einen Prämienausschuß wird niemand vermissen, wenn tüchtige Manager gute Leistungen regelmäßig würdigen. Und die Budgetvergabe wird auf einmal sehr leicht, wenn genügend Geld da ist (weil man sich auf die Produkte konzentriert).

So wichtig Beständigkeit ist, eine Ausnahme würde ich zulassen: Veränderungen, die so weit gehen, daß sie als „Reengineering" betrieblicher Prozesse gelten können. Ich bin nicht gegen die Beseitigung von Mängeln oder die Verschlankung von Prozessen, ich habe nur etwas gegen endlose Fummelei.

Wenn Sie mir glauben, daß zuviel Kraft mit „einmaligen" Aktivitäten vergeudet wird, stellt sich als nächstes die Frage, wie man sich auf die grundlegenden Ziele konzentriert, die Menschen effektiver und die Produkte attraktiver zu machen.

Ich helfe Ihnen dabei.

Feierabend um fünf

Ich habe das Konzept des perfekten Unternehmens entwickelt. Wichtigste Aufgabe dieser Firma ist, die Mitarbeiter so wirtschaftlich wie möglich einzusetzen. Ich gehe davon aus, daß die besten Produkte gewöhnlich von den effektivsten Arbeitnehmern hergestellt werden. Deshalb ist die Effektivität der Arbeitnehmer das Allerwichtigste. Ziel meiner hypothetischen Firma ist, die maximale Leistung aus den Mitarbeitern herauszuholen und trotzdem sicherzustellen, daß sie den Arbeitsplatz um fünf Uhr nachmittags verlassen. Die Arbeit um fünf zu beenden ist von derart zentraler Bedeutung für alles andere, daß ich, um das zu betonen, die Firma FU5 genannt habe (Feierabend um fünf). Mißachtet man diesen Teil des Konzepts, fällt alles auseinander. Sie werden sehen, warum.

In der heutigen Berufswelt genießt der Arbeitnehmer, der das Gebäude um fünf Uhr verläßt, weniger Achtung als ein Michael-Jackson-Kinderhort. Das Ziel von FU5 ist es, das zu ändern – nämlich zu garantieren, daß der Arbeitnehmer, der um fünf Feierabend macht, vollwertige Arbeit geleistet hat und dies allgemein anerkannt wird. Damit das möglich ist, muß FU5 einige Dinge anders tun als gewöhnliche Firmen.

Unternehmen verwenden viel Energie darauf, die Zufriedenheit der Arbeitnehmer zu erhöhen. Das ist zwar nett, aber seien wir doch ehrlich – Arbeit strengt an. Wenn die Menschen gern arbeiteten, würden sie es umsonst tun. Der Grund, warum man Menschen für Arbeit bezahlen muß, ist der, daß Arbeit im Vergleich zu den Alternativen unweigerlich schlechter abschneidet. Bei FU5 haben wir erkannt, daß man Arbeitnehmern die Arbeit dadurch erträglich macht, daß man ihnen ermöglicht, sie so schnell wie möglich wieder zu verlassen.

Die Firma FU5 ist allerdings nicht bereit, sich mit einer geringeren Produktivität der Arbeitnehmer zufriedenzugeben, lediglich mit kürzerer Arbeitszeit. Dahinter stehen folgende Annahmen:

- Glückliche Arbeitnehmer sind produktiver und kreativer als unglückliche.
- Dem Glück, das man der Arbeit abgewinnen kann, sind Grenzen gesetzt. Weitere Steigerungen sind nur möglich, wenn man mehr Zeit außerhalb der Arbeit verbringt.
- Der Durchschnittsmensch ist nur einige Stunden am Tag geistig produktiv, egal wie viele Stunden er „arbeitet".
- Die Menschen wissen, wie sie ihre Tätigkeiten komprimieren können, um sie in weniger Zeit zu erledigen. Dies zu tun, steigert ihre Energie und ihr Interesse. Der Lohn dafür erfolgt prompt und direkt – sie können früher nach Hause gehen.
- Ein Unternehmen kann nicht viel tun, um Glücksgefühl und Kreativität anzuregen, es kann aber viel tun, beides zu verhindern. Der Trick liegt darin, sich herauszuhalten. Wenn Unternehmen versuchen, Kreativität anzuregen, ist das so, als tanze ein Bär mit einer Ameise. Früher oder später merkt die Ameise, daß das keine gute Idee ist, auch wenn der Bär es vielleicht nicht merkt.

Sich heraushalten

Die meisten Menschen sind von Natur aus kreativ und ganz von selbst glücklich. Es sieht nur nicht so aus, weil das moderne Management alles tut, diese Impulse zu unterdrücken. Ein Unternehmen wie FU5 hält sich im Hintergrund und läßt das Gute geschehen. Das geht so:

1. Die Angestellten können sich kleiden, wie sie wollen, ihren Arbeitsplatz einrichten, wie sie wollen, und ihre Berichte gestalten, wie sie wollen. Niemand hat je bewiesen, daß diese Dinge einen Einfluß auf die Produktivität haben, aber wenn Sie sie „managen", geben Sie damit deutlich zu verstehen, daß Konformität mehr gilt als Effizienz oder Kreativität. Halten Sie sich also besser heraus, und verlangen Sie statt dessen mit Nachdruck, daß die Mitarbeiter sich auf das Wesentliche konzentrieren.

   Ich empfehle allerdings nicht, daß die Arbeitnehmer beliebige Computer benutzen. Bei aller Verschiedenheit der Einzelsituation kann es doch aus übergreifenden Gründen der Effizienz sinnvoll sein, mit demselben Computertyp zu arbeiten. Effizienz muß das der Kreativität übergeordnete Prinzip sein, sonst ist das Resultat Chaos.

2. Vermeiden Sie es, „Kreativität" künstlich erzwingen zu wollen, etwa durch das betriebliche Vorschlagwesen oder durch Quality-Teams. Kreativität ergibt sich von ganz allein, wenn alles andere stimmt. Hat man ein funktionierendes E-Mail-System, einen soliden Organisationsplan und einen streßfreien Arbeitsplatz, kommen die richtigen Ideen ohne Hilfe von außen. Man muß den Menschen nur zu verstehen geben, daß Kreativität etwas Gutes ist, und sich ansonsten heraushalten.

Was tut ein FU5-Manager?

Man kann die Tätigkeit des Managers natürlich nicht mit „sich heraushalten" beschreiben. Wenn Sie Manager in einer Firma vom Typ FU5 sein wollen, müssen Sie auch richtig arbeiten. Nachfolgend die nützlichsten Tätigkeiten, die ich mir für einen Manager denken kann.

1. Schalten Sie Arschlöcher aus. Nichts zermürbt Ihre Angestellten mehr als ein paar sadistische Arschlöcher, deren einzige Existenzberechtigung es scheint, anderen Menschen das Leben schwer zu machen.

Leider haben Arschlöcher oft wichtige Fähigkeiten, auf die man nicht verzichten will. Ich finde allerdings, daß sie nie einen Kompromiß wert sind. Wer bei FU5 einen Mitarbeiter unglücklich macht, ist per definitionem inkompetent. Man kann „hart" sein, „aggressiv" oder anderer Meinung – man kann sich sogar anbrüllen, ohne deshalb notwendigerweise ein Arschloch zu sein. Konflikte sind manchmal sehr heilsam. Doch wer den anderen dabei mißachtet, wer nur noch streitet und wem das offenbar Spaß macht, der ist – raten Sie mal, was – ein Arschloch. Und fliegt raus.

2. Sorgen Sie dafür, daß die Arbeitnehmer täglich etwas lernen. Im Idealfall sollten sie sich Fähigkeiten aneignen, die ihnen bei der Arbeit helfen, doch sollte das Lernen überhaupt gefördert werden. Je mehr jemand weiß, desto mehr Nervenzellen sind im Gehirn vernetzt und desto leichter fällt eine neue Aufgabe. Lernen macht zufrieden mit der Arbeit und stärkt Selbstbewußtsein und Leistungskraft. Als FU5-Manager müssen Sie sicherstellen, daß alle täglich etwas lernen. Nachfolgend einige Möglichkeiten, wie Sie das erreichen:

- Unterstützen Sie Wünsche nach Schulung, auch wenn sie nicht direkt mit der Arbeit zusammenhängen.
- Teilen Sie Ihr Wissen mit anderen, und verlangen Sie von diesen dasselbe, idealerweise in kleinen, verdaulichen Brocken.
- Machen Sie Fachzeitschriften und Zeitungen zugänglich.
- Wenn es der Etat erlaubt, lassen Sie die Angestellten mit Computern und Software auf dem neuesten Stand arbeiten. Ermöglichen Sie den Internet-Zugang.
- Unterstützen Sie gelegentlich Experimente, auch wenn Sie wissen, daß sie nichts bringen (wenn sie nicht viel kosten).
- Machen Sie das „Unterrichten" zu einem Teil aller Stellenbeschreibungen. Belohnen Sie Arbeitnehmer, die nützliche Informationen an andere Mitarbeiter weiterleiten.

3. All diese Kleinigkeiten schaffen zusammen ein Klima, das Neugier und Lernen fördert. Stellen Sie sich vor, Ihr Chef fragt Sie, wenn Sie etwas vermasselt haben, „Was haben Sie daraus gelernt?" statt „Was haben Sie sich eigentlich dabei gedacht?"

4. Zeigen Sie den Arbeitnehmern, wie sie effizient arbeiten. Gehen Sie mit gutem Beispiel voran, halten Sie die anderen aber beständig zu folgender Arbeitsweise an:

- Erledigen Sie vormittags kreative Arbeit und nachmittags die hirnlose Routinearbeit. Belegschaftsbesprechungen sollten nachmittags stattfinden (wenn überhaupt). Das kann die tatsächliche und die subjektive Effektivität eines Mitarbeiters gewaltig steigern.

- Halten Sie Besprechungen kurz. Kommen Sie zum Punkt und dann gleich zum nächsten. Machen Sie deutlich, daß Kürze und Klarheit geschätzt werden. Der Lohn der Kürze ist, daß man die Firma guten Gewissens um fünf Uhr nachmittags verlassen kann. Zwar heißt es in jedem Unternehmen, Kürze sei etwas Gutes, aber nur eine FU5-Firma belohnt das direkt.

- Stoppen Sie Aktivitäten mit geringer Priorität und machen Sie klar, warum. Lassen Sie sich nicht in eine Tätigkeit hineinziehen, nur weil die Höflichkeit gebietet, etwas zu tun. Handelt es sich um eine „einmalige" Tätigkeit, lehnen Sie gleich ab. Erklären Sie, warum Sie ablehnen. Seien Sie direkt.

- Unterbrechen Sie höflich Menschen, die zu lange reden, ohne zum Punkt zu kommen. Zunächst wirkt das grob. Doch erlauben Sie damit letztlich allen, dasselbe zu tun, und das ist ein Handel, den sie durchaus schätzen werden. Denken Sie daran, es gibt eine Belohnung – Sie können um fünf Feierabend machen.

- Seien Sie auch in kleinen Dingen effizient. Statt etwa Bürobedarf durch ein kompliziertes bürokratisches Verfahren auszuteilen, zahlen Sie den Angestellten einfach jeden Monat 25 Dollar mehr als „Auslagenpauschale". Damit können sie im Laden um die Ecke selbst kaufen, was sie brauchen. Wer weniger ausgibt, darf den Rest behalten.

- Wenn ein internes Memorandum, das Sie geschrieben haben, einen Tippfehler enthält, bessern Sie ihn aus und verschicken Sie das Memorandum trotzdem. Drucken sie es nicht noch einmal aus. Oder schicken Sie es besser gleich per E-Mail.

Das große Ziel

Eine Kultur der Effizienz fängt mit den alltäglichen Dingen an, die man selbst regeln kann: Kleidung, die Länge von Besprechungen, Gespräche mit Mitarbeitern und ähnliches. Die Art und Weise, wie man solche Dinge angeht, etabliert eine Kultur, die auch die anderen, wichtigen Tätigkeiten bestimmt. Welchen Eindruck vermittelt eine Firma, die ihre Manager tagelang ein Leitbild ausbrüten läßt, das sich dann in etwa so anhört:

Wir entwickeln auf einer internationalen Basis integrierte Lösungen der Weltklasse.

Antwort: Die Firma vermittelt den Eindruck, daß die Manager weder schreiben noch denken, noch Prioritäten setzen können.

Manager sind von einem „Gesamtbild" besessen; nach ihm suchen sie in ihren Leitbildern, Visionen und Qualitätsprogrammen. Ich glaube, das Gesamtbild ergibt sich aus den Details: aus der Kleidung, dem Bürobedarf, den beiläufigen Kommentaren und dem Kaffee. Auch ich will an einem Gesamtbild arbeiten, aber man muß wissen, wo es zu finden ist.

Schließlich – und das ist das letzte Mal, daß ich das sage – sind wir alle Idioten und werden immer wieder Fehler machen. Das ist nicht unbedingt schlimm. Ich meine: „Kreativität heißt, sich Fehler zu erlauben. Die Kunst ist zu wissen, welche man beibehält."

Sorgen Sie dafür, daß Ihre Leute ausgeruht, glücklich und effizient sind. Setzen Sie ein Ziel, und halten Sie sich dann heraus. Lassen Sie die Kunst geschehen. Manchmal bringen Idioten wunderbare Dinge zustande.

Geschichten von Firmen, die sich selbst zugrunderichten

Es folgen einige meiner Lieblingsgeschichten von Angestellten, die man rauswerfen sollte.

Von: (Name dem Autor bekannt)
An: scottadams@aol.com

Scott,

ich möchte Ihnen von einem Vorfall berichten, der die menschliche Hamsternatur auf bizarre Weise charakterisiert.

Ein Techniker versucht verzweifelt, einem Kunden zu helfen, dessen System nicht mehr funktioniert. Er findet schließlich die Ursache und braucht ein Ersatzteil. Stunden später, nachdem er es auf jede erdenkliche Weise versucht hat, macht er endlich den für solche Notfälle zuständigen Mann ausfindig. Der Mann ist über den späten Anruf überraschenderweise kaum verärgert. Die beiden suchen auf dem Mikrofiche die Ersatzteilnummer, fragen in der Datenbank des Ersatzteillagers nach und finden ein Teil in einem Depot, das in der Nähe liegt.

„Großartig – ich bin wirklich froh!"

„O je – DAS Teil kann ich Ihnen nicht geben."

„Warum denn nicht!?" (aufkommende Panik ...)

„Es ist das letzte – wenn ich Ihnen das gebe, habe ich keins mehr!"

... ein schmerzerfüllter Schrei, abgebrochen durch das Freizeichen des Telefons ...

Von: (Name dem Autor bekannt)
An: scottadams@aol.com

Scott,

ich muß erst noch jemanden davon überzeugen, daß das Folgende tatsächlich passiert ist. Kurz nachdem ich meinen ersten Job angetreten hatte, reichte ich einen Reisebericht und eine Spesenabrechnung ein. Ich bekam die Rechnung zurück, weil ein Posten gegen „die Prinzipien der Firma verstößt". Da ich ein gewissenhafter Angestellter bin, sprach ich sofort mit dem zuständigen, in Bälde zurücktretenden Karrierebürokraten. Ich brachte meine Zerknirschung zum Ausdruck und fragte nach einem Exemplar der Firmenprinzipien, damit ich weitere Verstöße vermeiden könne. Der Bürokrat teilte mir mit, daß die Firmenprinzipien geheim und nicht für die allgemeine Verteilung bestimmt seien, denn dann „würde sie ja jeder kennen". Nach einem Augenblick schweigenden Nachdenkens schlich ich an meinen Schreibtisch zurück, in der Erkenntnis, daß ich dagegen völlig machtlos war.

Von: (Name dem Autor bekannt)
An: scottadams@aol.com

Scott,

der MIS-Manager, der keine Ahnung von Computern hat, kauft immer nur einen Computer, damit er ihn mit seiner privaten Kreditkarte erwerben kann. Dann läßt er sich auf seiner Spesenabrechnung das Geld vergüten. Warum macht er das? Um möglichst viele Flugmeilen gutgeschrieben zu bekommen, die die Firma seiner Kreditkarte gewährt. Deswegen dauert es ein ganzes Jahr, 20 Computer zu kaufen.

Von: (Name dem Autor bekannt)
An: scottadams@aol.com

Scott,

das Folgende passierte meinem Zellennachbarn.

Er benützt einen Terminkalender, um keine Verabredungen, Termine usw. zu vergessen. Im Dezember ging er (wie jeden Dezember) zum „Versorgungsfeldwebel" (der Sekretärin unseres Direktors), um einen neuen Kalender zu holen. Sie sagte, sie habe lediglich welche für das „Management" bestellt, zu dem er nicht gehörte, und für ein paar andere Leute, zu denen er offenbar auch nicht gehörte.

Sie sagte allerdings, wenn er ihr seinen alten Kalender von '94 bringe (um zu beweisen, daß er ihn auch benutzt), würde sie ihm eine neue Kalendereinlage geben.

Seine Antwort ... „Trotzdem danke. Ich finde schon eine andere Möglichkeit, Notizen zu machen und Verabredungen zu halten." Als erfinderischer Software-Ingenieur hat er sich unzählige Papierhandtücher von der Toilette besorgt, die jetzt vom Regal über seinem Schreibtisch hängen.

Von: (Name dem Autor bekannt)
An: scottadams@aol.com

Scott,

ich bin gegenwärtig ein leitender Software-Ingenieur bei [Firma]. Ich bin noch sehr jung (24), deshalb behandelt mich einer unserer „erfahreneren" Ingenieure recht verächtlich.

Auf einer von mir abgehaltenen Besprechung stand dieser Typ auf und meinte, ich sei vollkommen auf dem Holzweg und was ich vorschlüge, würde nie funktionieren. Als ich ihn nach einer Alternative fragte, schweifte er schnell in die Diskussion eines anderen Themas ab. Schließlich erklärte er, wir müßten die Angelegenheit auf seine Weise angehen, obwohl überhaupt nicht klar war, was er mit „seiner Weise" meinte, und er nicht auf unser Problem einging.

Als man ihn bat, seine Meinung zu begründen, sagte er nur: „Ich habe langjährige Erfahrung." Als man ihn noch einmal bat, sich etwas genauer auszudrücken, wurde er ein wenig klarer: „Ich habe langjährige Erfahrung – Sie verstehen das nicht."

Unnötig zu sagen, daß er nicht zu weiteren Besprechungen eingeladen wurde.

Von: (Name dem Autor bekannt)
An: scottadams@aol.com

Scott,

das ist eine wahre Geschichte:

Ein Kunde wünscht ein Produkt, und wir bestellen es für ihn. Der Typ in der Versandabteilung bestätigt das und gibt den Namen des Kunden und die Bestellung in die Datenbank ein. Ein paar Tage später ruft der Kunde an, um nach seiner Bestellung zu fragen. Wir rufen den Versand an, und der Typ meint: „Ach ja, ich konnte den Kunden in meiner Datenbank nicht finden, deshalb habe ich die Bestellung storniert" (natürlich ohne jemandem etwas zu sagen). Wir bitten ihn also, sofort die BESTELLNUMMER, die er uns gegeben hatte, aus der Datenbank herauszusuchen. Er erwidert: „Geht nicht, ich finde den Kundennamen nicht in meinem Computer." Also sagen wir: „Gut. Dann versuche es jetzt mal mit der BESTELLNUMMER, die du uns gegeben hast." Er meint: „Ach, hier ist es ja – hier steht, daß ich die Bestellung storniert habe, weil ich die Nummer nicht in der Datenbank finden konnte." Hmmm.

Von: (Name dem Autor bekannt)
An: scottadams@aol.com

Scott,

unsere Firma ist so schlimm, daß es bei uns eine Vereinigung der Ingenieure gibt. Der Unternehmenssprecher teilte der Vereinigung bei einer unserer letzten Verhandlungen mit, das Unternehmen wolle die Mittagspause von gegenwärtig 42 Minuten (ja – exakt 42 Minuten – selbst ein Klingelzeichen gibt es) auf 30 Minuten verkürzen. Auf die Frage nach dem Warum entgegnete er, daß nicht genügend Leute die Cafeteria benutzten; wenn die Mittagspause nur noch 30 Minuten lang sei, könne keiner mehr zum Essen weggehen, und alle müßten die Cafeteria benutzen. Offenbar machen sie Verluste!! (Übrigens stinkt das Essen hier wirklich.)

Von: (Name dem Autor bekannt)
An: scottadams@aol.com

Scott,

vor einigen Wochen hörte ich in der Eingangshalle zufällig eine Diskussion über ein neues, firmenweites Software-QA-Handbuch. Ich blieb stehen und hörte jemanden sagen, in der Einleitung des Handbuchs würden alle Angestellten, die Software für brisante Arbeiten entwickelten oder benutzten, darauf verpflichtet, sich an die im Handbuch beschriebene Vorgehensweise zu halten. Alles, was ich tue, hat mit solcher Software zu tun. Also irgendwie seltsam, daß ich nur durch Mithören eines Gesprächs von der neuen Bestimmung erfuhr.

Ich ging also in die Dokumentationsabteilung und bat um ein Exemplar. Der Typ dort sagte mir: „Ich kann Ihnen keins geben, die Bücher liegen unter Verschluß."

„Und wie kriege ich dann eins?"

„Sie müssen dieses Formular von allen Managern abzeichnen lassen."

„Aber es heißt doch zu Beginn des Handbuchs, daß ich mich unbedingt nach ihm richten muß!"

Er sah mißtrauisch zu mir auf und fragte: „Woher wissen Sie das?"

Ich gab es auf und nahm eines der Formulare.

Von: (Name dem Autor bekannt)
An: scottadams@aol.com

Scott,

das ist wirklich passiert:

Wir sind kürzlich in ein neues Gebäude umgezogen. Da ja überall die Gewinne knapper werden, werden nicht mehr automatisch jede Menge Bürobedarf und Stühle, Aktenschränke, und was man eben so braucht, geordert. Es wird nur noch auf Anfrage bestellt. Unsere Büromöbel wurden geliefert und zusammengebaut. Kurz darauf wurden auch die „weißen Tafeln" geliefert und an den Wänden befestigt. Auf einer Besprechung der Abteilungsleiter tauchte dann die Frage auf: „Bekommen wir dafür auch Stifte und Tafelwischer?"

Die Antwort des für den Bürobedarf verantwortlichen Managers war: „Eigentlich nicht ... ich dachte, es wird einmal auf die Tafeln geschrieben, und das bleibt dann stehen."

Erst als er unsere Gesichter sah, fügte er hinzu: „Vielleicht denke ich nochmal darüber nach."

Von: (Name dem Autor bekannt)
An: scottadams@aol.com

Scott,

was mir an meinem jetzigen Job so gut gefällt, ist, daß ich nicht, wie in meinen vorigen Job, alle fünf Minuten das Bedürfnis habe, laut zu schreien: „Ich lebe in einem Dilbert-Cartoon!"

Na ja, es hat mir jedenfalls gefallen. Bis jetzt.

Ich beschreibe Ihnen die Mineralwasserkrise von [Firma] in der Hoffnung, daß Sie unserem Elend etwas Amüsantes abgewinnen, etwas, womit Sie dann Dilbert und Wally quälen können.

Bis vor kurzem waren wir ein kleines, aufstrebendes Unternehmen. Wie die meisten solcher Firmen tut unser Unternehmen alles, um uns bei der Arbeit zu halten. Ununterbrochen. Auf jede erdenkliche Weise soll sichergestellt werden, daß wir unsere Schreibtische nicht verlassen. Wir bekommen Essen, Säfte, Mineralwasser, Espressomaschinen, Videospiele und alle Annehmlichkeiten von zu Hause. Jedenfalls war das so.

Das Essen verschwand als erstes. Uns wurde gesagt, man „denke darüber nach", offenbar die Abkürzung für: „Das gibt es nicht mehr, und wir hoffen, Sie vergessen es bald und machen deswegen keinen Ärger". Als nächstes wurde uns mitgeteilt, daß für Ersatzzugangskarten künftig eine Gebühr von drei Dollar zu entrichten sei, da „die Leute die Karten zu häufig ›verlieren‹".

Die Anführungszeichen bei „verlieren" in der E-Mail empörten eine Menge Leute. Wie bitte? Wir verlieren unsere Zugangskarten „absichtlich"???? Gibt es denn einen Schwarzmarkt für Zugangskarten? Ha ha!

Der kostenlose Fruchtsaft und das Mineralwasser schienen unangreifbar – bis jetzt.

Vor zwei Tagen bemerkten wir, daß die Kühlschränke irgendwie leerer aussahen. Beliebte Mineralwassermarken waren verschwunden, die Milch für die Espressomaschinen existierte nur noch in der Erinnerung, und das Sortiment an Saftflaschen wirkte ziemlich spärlich.

So ging es tagelang weiter, und die Ausstattung der Kühlschränke wurde parallel zur Qualität des Mineralwassers immer schlechter. Schließlich waren die Kühlschränke völlig leer, und die Angestellten schickten E-Mails an die Facility-Leute.

Es folgte die Antwort, die sie bekamen und die an alle Mitarbeiter geschickt wurde. Ich habe nur den Namen des Missetäters weggestrichen.

––––––––

326

Liebe Mitarbeiter:

Wir durchlaufen momentan ein „Kostensenkungsexperiment" mit Kaffee, Getränken, Küchenzubehör und Bürobedarf. Wir haben unsere Lieferanten vorübergehend gebeten, unsere üblichen wöchentlichen Bestellungen zu senken.

Wir hoffen, bei diesem Experiment festzustellen, welche Art von Getränken und Kaffee bevorzugt konsumiert werden. Wir wollen herausfinden, welche Sorten Saft und Mineralwasser wir entfernen können, um zu gewährleisten, daß wir von den beliebten Getränken nicht zuwenig und von den weniger beliebten nicht zuviel da haben.

Dasselbe gilt für den Bürobedarf. Wir versuchen festzustellen, wie viele unterschiedliche Typen an Kugelschreibern, Papier, Kuverts usw. wir wirklich vorrätig haben müssen.

Besondere Artikel bestellen wir weiterhin auf Ihre Nachfrage hin. Wir bitten Sie lediglich darum, die Kosten niedrig zu halten. Ein Rolodex für 15 Dollar leistet dieselben Dienste wie einer für 50 Dollar. Wir appellieren an Ihre Vernunft.

Bitte haben Sie etwas Geduld mit uns. Ich werde den Bestand an Getränken und Kaffee und an Bürobedarf bei diesem Experiment ständig im Auge behalten. Bitte informieren Sie mich, wenn wir nur noch wenig oder gar keinen Kaffee, Mineralwasser, Cola, Milch usw. mehr vorrätig haben. Dasselbe gilt für den Bürobedarf. Benutzen Sie in der Zwischenzeit unsere anderen Küchen und Lagerräume auf den anderen Stockwerken, und holen Sie sich dort, was Sie suchen. Genauso würden wir es zu schätzen wissen, wenn Sie die Produkte völlig aufbrauchten, also Ihr Mineralwasser leertrinken, bevor Sie sich ein neues holen, oder einen gebrauchten Aktenordner benutzen, bevor Sie sich einen neuen holen.

Bitte helfen Sie uns auch, unsere Küchen und Lagerräume sauberzuhalten, wie Sie es auch bei sich zu Hause tun würden.

Vielen Dank für Ihre Hilfe. Ich informiere Sie, sobald dieses Experiment beendet ist.

-K

_____

Ich glaube, der Rest der Geschichte spricht für sich. Hier einige Reaktionen auf die E-Mail und die Antworten des geheimnisvollen

K. _____

Reaktion und Antwort Nr. 1:

_____

An K:

Es ist uns nicht klar, inwiefern eine Verringerung des Getränkebestandes dazu beitragen kann, den Verbrauch festzustellen. Ist der Bestand reduziert, fehlen die von uns bevorzugten Getränke, und wir sind gezwungen, minderwertige Getränke zu konsumieren.

Ich bevorzuge beispielsweise Coke. Das gibt es jetzt im gesamten Gebäude nicht mehr, deshalb trinke ich statt dessen Root Beer. Das Problem ist nur, daß ich Root Beer hasse. Ich trinke es nur, weil ich Koffein brauche und Root Beer noch besser ist als die anderen Alternativen. Wenn ich Root Beer trinke, heißt das für Sie wahrscheinlich, daß es eine Nachfrage dafür gibt, und dann bestellen Sie noch mehr davon. Da ich außerdem mehr Root Beer als Coke trinke, denken Sie, daß ich es mag, und bestellen künftig mehr Root Beer als Coke.

Sapperlot!

Eine wirkungsvolle Methode, den Konsum zu überwachen, wäre doch, gleich große Mengen aller Getränke zu bestellen, eine Woche zu warten und dann zu sehen, wieviel von jeder Sorte übrig ist.

-T

An T:

Ein ausgezeichnetes Argument! Doch wenn Sie ein begeisterter Coke-Trinker sind, wie Sie sagen, sind Sie sicher bereit, in ein anderes Stockwerk zu gehen, um eine Coke zu holen. Ich weiß, daß wir hier auf der ersten Etage Coke haben. Das ist vielleicht etwas umständlich, aber es ist einen Ausflug wert. Ich trinke selbst begeistert Diet-Coke. Ich mag zwar auch Root Beer, Mountain Dew und Coke, bevorzuge aber Diet-Coke. Deshalb bin ich bereit, zuerst auf anderen Etagen nachzusehen, bevor ich eine Alternative wähle. Aber das gilt wohl nur für mich.

-K

Reaktion und Antwort Nr. 2:

K, ich will nicht unverschämt sein, aber das ist doch lächerlich. Ich bin nicht bereit, die wichtige Arbeit, die ich hier auf der dritten Etage mache, zu unterbrechen, auf den anderen beiden Stockwerken herumzuirren und nachzusehen, ob es dort eines der von mir bevorzugten Getränke gibt. Das würde meine Produktivität zerstören, und wenn ich auf anderen Stockwerken nicht finde, was ich suche, macht mich das nur wütend. Wenn manche Getränke manchmal auf anderen Etagen erhältlich sind, ist das keine vernünftige Alternative.

Wenn Sie feststellen wollen, welche Getränke die Leute bevorzugen, dann führt das System, von allen Getränke geringere Mengen zu bestellen, zu falschen Ergebnissen, worauf T hingewiesen hat. Die Leute konsumieren Getränke, die nicht die ihrer Wahl sind, einfach deswegen, weil das bevorzugte Getränk nicht erhältlich ist.

In der letzten Zeit habe ich nur Apfelsaft getrunken. Mehrere Male in den vergangenen Wochen gab es keinen Apfelsaft. Dann habe ich überhaupt nichts getrunken und war schlechtgelaunt. Ich weiß nicht, ob Ihnen diese Angaben bei Ihrem Experiment helfen, aber vielleicht können Sie etwas damit anfangen.

-J

An J:

Vielen Dank für Ihre Angaben!

-K

Reaktion und Antwort Nr. 3:

An K:

Der Mangel an Saft ärgert mich sehr. Im Kühlschrank auf der dritten Etage gibt es überhaupt keinen Saft. Ich trinke aber nichts mit Kohlensäure. Deshalb ist der Very-fine-Fruchtsaft das einzige Getränk der Firma, das ich trinke.

Die frühere Zuteilung an Säften war bereits spärlich genug, so daß der Saft gewöhnlich aufgebraucht war, bevor der Kühlschrank aufgefüllt wurde. Jetzt haben wir offenbar noch weniger Saft, und es gibt schon vormittags keinen mehr.

Ich begann mit meinem Lunch, bevor ich merkte, daß es keinen Saft mehr gab. Ich bin sehr durstig, genervt und muß eine Menge Arbeit erledigen. Ich werde nun wohl alle anderen Stockwerke abklappern müssen, um herauszufinden, ob es dort etwas Trinkbares gibt. Haben Sie das Getränkesystem geändert, um künstlich einen Mangel herbeizuführen? Warum?

Für mich ist das wirklich lästig!!

-D

An D:

Haben Sie das Getränkesystem geändert, um künstlich einen Mangel herbeizuführen?

JA!

Warum?

ES WAR NICHT MEINE ENTSCHEIDUNG. NOCH EINMAL: ES HANDELT SICH NUR UM EIN EXPERIMENT, DER BESTAND WIRD IN KÜRZE WIEDER ERHÖHT.

Für mich ist das wirklich lästig!!

TUT MIR LEID. ICH MACHE NUR, WAS MAN MIR SAGT.

-K

Ist K ein Medium, durch das Catbert spricht?

Ich glaube, man hätte weniger Leute verärgert, wenn man für das Mineralwasser einfach nur Geld verlangt hätte. Zur selben Zeit kaufen wir weiter teure Geräte und bezahlen nutzlose Arbeitnehmer. Ich finde, wir sollten das Mineralwasser dadurch finanzieren, daß wir einfach mit einem/einer Angestellten hinter das Haus gehen und ihn/sie dort erschießen. Ich schlug vor, den Betreffenden durch eine Abstimmung der ganzen Belegschaft auszuwählen. Bis jetzt hat mich noch niemand für verrückt erklärt.

Es gibt Hoffnung

Und – zu guter Letzt – meine Lieblings-E-Mail aller Zeiten. Sie gibt mir die Hoffnung, daß unsere Spezies eine Chance hat, zu überleben.

Von: (Name dem Autor bekannt)
An: scottadams@aol.com

Scott,

als ich jünger war, fuhr ich einmal nach Chicago. Als ich aus dem Taxi stieg, fiel mein Schirm auf die Straße, und Autos fuhren darüber, ehe ich ihn zurückholen konnte. Schließlich reichte ich meine Spesenabrechnung ein und fügte 15 Dollar für den Schirm hinzu. Natürlich erkannte der Buchhalter das nicht an. Als ich das nächste Mal eine Spesenabrechnung einreichte, schrieb ich an den unteren Rand: „Finden Sie jetzt den Schirm!"